国际功夫联合会
International Kung Fu Federation

团体会员单位
Group Member Unit

2013年9月，混元太极成为国际功夫联合会团体会员单位

国际功夫联合会
International Kung Fu Federation

混元太极总会
Hunyuantaiji Association

2013年9月23日，国际功夫联合会混元太极总会成立，成为国际功夫联合会拳种分会之一

2013年4月，意大利体育协会邀请作者参加国际功夫交流会讲授混元太极拳

2013年5月29日，北京体育大学邀请作者讲授混元太极拳

1991年，作者在担任少林武术学校校长期间和儿童组师生合影留念

作者为弟子传授混元太极拳揉手（推手）

1994年，作者在河南大学少林武术学院与师弟示范硬气功——银枪刺喉

2006年，首届青岛民俗体育节，作者教弟子、学员练习少林禅学——双盘坐

2013年4月，作者在意大利国际功夫交流会传授混元太极拳

延龙入道内经系列丛书

混元太极拳拳学

释延龙 著

人民体育出版社

武　德

　　武德育良师，苦恒出高手，习武为健身，以德来养性。一名真正的武林高手，必须具备高尚的道德品质，遵纪守法、尊师敬业、勤学研练、武禅兼修、德才兼备，以继承和发扬中华传统武学文化为己任，弘扬民族精神，为祖国奉献，为人民造福。做有理想、有道德、有文化、有纪律、有觉悟、有智慧、有才能、有爱心的新一代武术人才。

释延龙
1991年9月于少林

前　言

　　随着人们对健身养生的日益关注，中国传统文化在世界各地的传播，太极拳在全球受到了广泛的关注，习拳之人越来越多。然大多数太极拳爱好者由于缺乏科学系统的理论指导，在习练过程中常有悖拳之理规，难以入门，更难出成果。何以入门？清人陈鑫在《学拳须知》中强调："学太极拳先学读书，书理明白，学拳自然容易。"习拳之初应先学"拳理"，也就是要先明白太极拳拳学理论。

　　习拳，首先要知道什么是"拳"？混元太极理论认为："招招势势，无处不拳；行住坐卧，无拳不学；拳内藏权，无刻不练；千真万术，无不权也。""拳情拳景妙在理，理存于中为之性，理发于外为之情。宁静里孕含生机，淡泊中意在致远，奇情从端正处出，奇景由松活中来。"习练混元太极拳要从人自身这个太极入手，进而和虚空大自然混化，达到"天、地、人"相合、"精、气、神"相融的境界。

　　笔者从小有幸追随多位老师研习禅法、武学，习练太极拳四十多载，通过体行、心领、神会，对太极拳渐有所悟。今借鉴诸多经典真言，本着知无不言，言必由衷的精神，将探索太极拳艺之所得，点点滴滴付之于墨，与有缘之士，同修证道，共研太极拳艺之真谛。

　　混元太极拳从功法到套路，动作千变万化，层次井然，拳功一体，理法圆融，形成了一个循序渐进、科学锻炼的体系。《混元太极拳拳学》对此进行了详细阐述，是混元太极拳习练者习拳明理必修之课程。本书在《混元太极拳入门》《混元太极拳健身养生学》的基础上，进一步诠释混元太极拳拳学之精髓。其第一部分从介绍内家拳与外家拳的特点开始，详细探究太极拳的起源与发展（第一章），使读者对各种拳术及太极拳的发展有整体的了解；第二部分详细论述习拳理法，研习祖师经典，穷究拳理（第二章）；第三部分系统阐述了套路、内功的习练法诀，解密内劲习练方法及功夫层次，同时为使太极拳爱好者求得内功真谛，介绍了混元太极拳内功

"炼精化炁、炼炁化神、炼神还虚、炼虚合道"等修丹心法（第三章）；第四部分详细介绍了四十六式混元太极拳（第四章）和易筋、易骨形神桩(第五章)。

混元太极作为一种身心兼修的健身养生方法，有着丰富的思想、科学的内涵，在医疗康复、强身健体、延年益寿、陶冶情操、开发潜能等方面都有着不可估量的作用。她不仅是一门武学，更是一门人体生命科学，需要习练者勤学苦练，悉心体悟，理法圆融，步步深入，内外贯通，方能成就。只有功夫到处，方能铁杵成针，"非用力之久，不能豁然贯通焉"（王宗岳语）。因而须持守"真、悟、恒"，潜心揣摩，循序渐进，"劲以积日而有益，功以久练而后成"（陈长兴语）。

本书在编撰的过程中得到了李兴丽、钟秋、张明强、吴金运、朱小龙、吴欣鸽、许文、楼高正、王文倩等同仁的大力支持和帮助，在此表示衷心感谢！不足之处，深望各位同仁及健身爱好者予以批评、指正，并愿此书的出版能为体育、健身、养生事业奉献绵薄之力。

释延龙
2011 年 11 月

目 录

第一章 混元太极拳拳法、功法综述 ……………………………………（1）

  第一节 开启"拳术"的金钥匙 ……………………………………（1）
    一、各种拳术分门不分家 …………………………………………（2）
    二、"内家拳"与"外家拳"的特点 ……………………………（2）
    三、"内家拳"的渊源 ……………………………………………（3）
    四、"形意拳"的渊源 ……………………………………………（6）
    五、"八卦掌"的渊源 ……………………………………………（7）
  第二节 太极拳的起源与发展 ……………………………………（8）
    一、太极的历史渊源 ………………………………………………（9）
    二、宋朝以前的太极拳传说 ………………………………………（9）
    三、宋朝之后有代表性的太极拳流派 ……………………………（12）
  第三节 混元太极拳的起源和发展 ………………………………（16）
    一、继承传统太极文化之精髓 ……………………………………（17）
    二、发扬传统武学精神 ……………………………………………（19）
    三、建立了一个完整科学的练功体系 ……………………………（20）

第二章 研经典理法入太极大道 ………………………………………（23）

  第一节 太极拳理论渊源简述 ……………………………………（23）
  第二节 张三丰祖师经典理论是习练太极拳的指路明灯 ………（25）
    一、学太极拳须敛神聚气论 ………………………………………（25）
    二、太极拳经歌诀 …………………………………………………（26）
    三、太极拳经谱 ……………………………………………………（29）
  第三节 混元太极拳对《十三势》运用探释 ……………………（30）
    一、"掤"劲心解 …………………………………………………（31）

二、"捋"劲心解 …………………………………………（33）
三、"挤"劲心解 …………………………………………（34）
四、"按"劲心解 …………………………………………（35）
五、"采"劲心解 …………………………………………（36）
六、"挒"劲心解 …………………………………………（37）
七、"肘"劲心解 …………………………………………（38）
八、"靠"劲心解 …………………………………………（38）
九、"进"的心解 …………………………………………（40）
十、"退"的心解 …………………………………………（40）
十一、"顾、盼"的心解 …………………………………（41）
十二、"定"的心解 ………………………………………（42）

第四节 王宗岳《太极拳论》是习练太极拳的宝典 ………（43）
一、王宗岳《太极拳论》原文 …………………………（43）
二、混元太极拳对王宗岳《太极拳论》易解 …………（44）

第三章 混元太极拳习拳阐要 …………………………………（60）

第一节 混元太极拳入门基础心法 …………………………（60）
一、拳架是习练混元太极拳内功的基础 ………………（60）
二、提高内功层次是习练混元太极拳的关键 …………（61）
三、功夫效益是习练混元太极拳内功的根本 …………（64）

第二节 混元太极拳套路运用法诀 …………………………（66）
一、熟练招式 ……………………………………………（66）
二、化掉僵劲 ……………………………………………（66）
三、分清虚实 ……………………………………………（67）
四、掌握劲力 ……………………………………………（67）
五、以意引气 ……………………………………………（68）

第三节 混元太极拳内劲探析 ………………………………（69）
一、太极拳内劲的形成 …………………………………（70）
二、"明劲"习练心法 ……………………………………（71）
三、"暗劲"习练心法 ……………………………………（72）
四、"听劲"习练心法 ……………………………………（72）

五、"化劲"习练心法 ……………………………（73）

　第四节　混元太极拳内劲运用六个层次 ………………（75）

　　一、"肢体力"心解 ………………………………（75）

　　二、"脊柱力"心解 ………………………………（76）

　　三、"丹田力"心解 ………………………………（76）

　　四、"身法力"心解 ………………………………（77）

　　五、"整体力"心解 ………………………………（78）

　　六、"浑圆力"心解 ………………………………（79）

　第五节　混元太极拳内功应用五种境界 …………………（80）

　　一、练拳似练权平衡阴阳 …………………………（80）

　　二、练拳似休息心静体松 …………………………（82）

　　三、练拳似练功自我按摩 …………………………（83）

　　四、练拳似画图天地人合 …………………………（83）

　　五、练拳似吐纳通经活络 …………………………（84）

　第六节　混元太极拳内功修丹心法 ………………………（85）

　　一、太极拳内功与丹道的关系 ……………………（85）

　　二、修炼混元太极拳拳功合一 ……………………（88）

　　三、太极拳授秘歌是内功练丹之心法 ……………（91）

第四章　四十六式混元太极拳义解 …………………………（96）

　第一节　四十六式混元太极拳综述 ………………………（96）

　第二节　四十六式混元太极拳拳谱与动作名称 …………（97）

　第三节　四十六式混元太极拳动作路线示意图说明 ……（98）

　　一、动作路线图说明 ………………………………（98）

　　二、动作路线图 ……………………………………（99）

　第四节　四十六式混元太极拳拳法解述 ………………（100）

　第五节　四十六式混元太极拳口令词 …………………（198）

第五章　易筋易骨形神桩义解 ………………………………（206）

　第一节　易筋易骨形神桩综述 …………………………（206）

　第二节　易筋易骨形神桩功谱与解述 …………………（207）

一、易筋易骨形神桩功谱与动作名称 …………………………（207）

　　二、易筋易骨形神桩解述 ………………………………………（207）

　第三节　易筋易骨形神桩口令词 …………………………………（284）

附　录 ……………………………………………………………（292）

　　一、八式混元太极拳 ……………………………………………（292）

　　二、十二式混元太极拳 …………………………………………（292）

　　三、十六式混元太极拳 …………………………………………（292）

　　四、二十式混元太极拳 …………………………………………（293）

　　五、二十二式混元太极拳 ………………………………………（293）

　　六、二十八式混元太极拳 ………………………………………（294）

　　七、三十六式混元太极拳 ………………………………………（294）

　　八、四十六式混元太极拳 ………………………………………（295）

　　九、六十四式混元太极拳 ………………………………………（296）

　　十、九十九式混元太极拳 ………………………………………（297）

　　十一、一百二十八式混元太极拳 ………………………………（299）

　　十二、混元太极拳拳法基本功 …………………………………（301）

　　十三、混元太极拳桩法基本功 …………………………………（301）

　　十四、混元太极揉手基本功 ……………………………………（301）

后　记 ………………………………………………………………（302）

第一章 混元太极拳拳法、功法综述

混元太极拳是笔者在诸多授业恩师所传功夫的基础上，以传统混元理论为基础，圆融佛家、道家、儒家、武学、医学、哲学，以及现代科学等思想，结合自己多年习练、教学的实践与体会，本着"尊重传统、与时俱进、开拓创新"的精神，汲取了古今多家拳法之精、功法之髓、习练之诀，经深入挖掘，反复实践编创而成。混元太极拳从功法（桩法）到套路（拳法），由健身（养生）至揉手（推手）技击形成了一个科学的习练体系；其动作千变万化，内容丰富多彩；理法圆融，层次井然。混元太极拳与传统武学心心相印、息息相关，因此要系统领悟混元太极拳拳学、拳理，首先要了解拳术的渊源和拳理的内含。

第一节 开启"拳术"的金钥匙

有人曾问，什么是"拳"？招招势势，无处不拳；行住坐卧，无拳不学；拳内藏权，无刻不练；千真万术，无不权也。武学里有"拳法、拳学、拳术"之名；理法上有"练拳、解拳、用拳"之称；手卷曲有"拳心、拳背、拳面"之分；《十三势》有"掤、捋、挤、按、采、挒、肘、靠，进、退、顾、盼、定"之诀；习练时有"阴拳、阳拳，隐拳、显拳"之妙；运用上有"明劲、暗劲、听劲、化劲"之法；修炼中有"实拳、虚拳、空拳、无拳"之道。一个完整的套路，从起势到收势，无招不拳。所以，拳家们常说，"拳"者，"权"也（参阅第三章中"练拳似练权平衡阴阳"）。拳之动作，千变万化；拳内使权，奥妙无穷。"拳情拳景妙在理，理存于中为之性，理发于外为之情。宁静里孕含生机，淡泊中意在致远，奇情从端正处出，奇景由松活中来。"习拳之人"要入房室，须开心锁；吾开法门，先解密码"。"参悟玄机，拳内行权；禅武一体，来去自如"。"刚柔相济，攻防并用；千锤百炼，代代相传"。"拳行天下，套路万千；理法圆融，广结良缘"。"内外相融，万法归宗；天地人合，一炁混元"。

一、各种拳术分门不分家

"拳"，分为长拳、内家拳、南拳、象形拳等等，长拳是相对短打而言，包括查拳、华拳、梅花拳、六合拳、迷踪拳、花拳、通背拳、少林罗汉拳、看家拳、大小洪拳等，泛指遐举遥击、进退疾速的徒手攻防技术和运动形式。长拳拳术招势舒展、大方，动作灵活、敏捷，腿法和鼠窜跳动作较多；"内家拳"包括"形意拳、心意拳、六合八法拳、八卦掌、太极拳、禅门太极拳"等，要求"以柔克刚，刚柔相济"，各家都有自己的特点。"南拳"，包括"洪拳、蔡李佛拳、虎鹤双形拳、咏春拳、截拳道、鹤拳、五祖拳"等，流行于我国长江以南的地区，而且这些地方的南拳因地域不同也有各自练法、运用的特点。"象形拳"，包括"猴拳、鹰爪拳、鸭形拳、蛇拳、醉拳、岩鹰拳、地躺拳、螳螂拳"等，泛指模仿某一种动物的技能、特长和形态（或模仿某种特定人、物的动作形态），结合攻防技法、艺术手法而编创的拳术。还有"劈挂拳、八极拳、翻子拳、戳脚、弹腿、短打、单打"，等等。可以说中国的拳术，百花齐放；从古至今，人才辈出。

笔者认为各种拳种因为立论不同，各有千秋。从武术至武功到武道：在武术中各有侧重，大家互相学习、交流、探讨，共同提高；在武功中有内功和外功之分，有硬功和软功之妙，运用时千变万化，各有所长；进入武道则万法归一，"……炼精化炁、炼炁化神、炼神还虚、炼虚合道……"古往今来，许多拳家都同时精通一种或多种拳术。如形意拳与太极拳形虽各异，理则相似；太极拳与心意拳渊源颇深，有的理论基本一致，有些理论完全相同，在劲源、缠丝、螺旋、抖弹、爆发力等运用中都十分相似；八卦拳与形意拳理更贴近，许多形意拳习练者兼习八卦拳，八卦拳习练者兼练形意拳；心意拳是形意拳的前身，形意拳是在戴氏心意拳基础上，吸收实战的经验和其他拳种的优点演化而成。

二、"内家拳"与"外家拳"的特点

在中国武术的谚语中有"内练一口气，外练筋骨皮"的说法，内家拳法与外家拳法就是以该拳法在练气和练筋骨皮中以何为重来区分的。练气（以意引气，以气运行四肢百骸）重于练筋骨皮的拳法叫做内家拳法，它的任何招式都是以用意领先，拳脚随后，更讲究知己知彼，以柔克刚。练筋骨皮（先强筋壮骨，增加打击力度和抗击打能力）重于练气的拳法叫做外家拳法，它更讲究以力量和速度克敌，以招式为先。

从外形看，一般来说，外家拳以刚猛为主，是为刚中有柔；而内家拳则以柔为主，是为积柔成刚。如少林拳和长拳一类的拳术，往往是直来直去的动作，并且有许多蹦跳和腾空的动作，所谓发拳似流星，腿击如闪电，讲究气势和力度。临阵对敌，不避不让，硬打硬劈，全以功力取胜。而内家拳，特别是太极拳和八卦掌则是以柔为主，讲究引进落空、借力打力，讲究圆转和柔化，讲究极柔软然后极坚刚。太极拳的套路演练，追求的是中正安舒，绵绵不断，胜人不在力，而在于借力，所谓"四两拨千斤"是也。

外家拳的指导理论是通过强健筋骨，实现技击的突破，功法上让身体的关节或者皮肉局部趋于坚强以增加承受程度。在习练中是尽量拉伸身体的极限运动范围，如提高踢腿幅度、坚强枝梢以及增强整体的承受击打能力，并通过肢体局部运动和无氧运动长期刺激达到技术成型。如目前流行的散打和国外传入的拳击、跆拳道、泰拳等，其习练基本以踢打沙袋、桩靶、梨型球为基础功法，技术上是以习练双人对抗中的攻防技术为主。

内家拳是以桩功修炼丹田混元气为基础，培养身体的自然能力（或快速反应能力）。以养生练形神为核心，运用中讲究养我灵觉，以柔克刚，松静自然，松活弹抖，来去自如。内家拳以锻炼内在精气神为主，武当、峨眉等地的许多拳种都在此列。即使是威名天下少林功夫，也是禅武一体。武功修炼至上层武道阶段，则已无内家外家之分，这就是中国武术内外结合的哲学思想。

三、"内家拳"的渊源

据说中国内家拳理论起源于春秋战国的道家学说，与道家内丹有着很大的联系，至明末清初形成系统化的体系。唐宋时期，百家拳术逐渐汇聚少林，成少林一派。元末明初，张三丰祖师嵩山访道，习得少林拳法，结合道家丹道功夫，创建了辉煌灿烂数百年的内家拳。后明成祖大修武当，亦使得张三丰内家理论和丹道理论都得以传之后世。明中期，张三丰所创内家理论经过不断发展至张松溪时已然完善成型。明清时期，陈王廷祖师创编了陈氏太极拳，使内家拳理论得到进一步发展。至清末民初，由杨露禅（太极拳代表）、李洛能（形意拳代表），董海川（八卦掌代表）等祖师将内家拳推广开来、大行于世，经后代武术家不断发展，逐步使内家拳成为国人习武的主流。

1. 太极拳

太极拳历史悠久，经历代武术家结合吐纳、导引、丹道习练术，反复实践、总结，不断发展与完善，形成了众多流派（参阅本章第二节，"太极拳的起源与发展"）。

2. 六合八法拳

六合八法拳是一门拳术套路。据文献记载，1930年铁岭满族人吴翼军开始在上海传授此拳。吴自述此拳是从河南开封陈光兴、陈鹤侣等师学得，源自宋初道士陈抟"见蛇鹤相争，而悟创拳"。也有人认为，六合八法拳源自太极拳，兼取心意六合拳和八卦拳之长编成；或者源自心意六合拳，兼取太极拳和八卦拳之长编成。

3. 禅门太极拳

禅门太极拳是一个拳术套路。相传为少林和尚根据"广大圆满无碍大悲陀罗尼"经咒，演绎其意融入拳式而编成。初名"大悲陀罗尼拳"（简称"大悲拳"）。

4. 八卦掌

八卦掌为武术流派之一，原名"转掌"，后称"八卦掌"，亦称"八卦转掌"、"游身八卦掌"、"揉身八卦掌"、"八卦连环掌"，影响较大的有程派、尹派、梁派等。八卦掌有以下几种形式：①老八掌：老八掌为八卦掌系的8个基本组合动作的练习形式，据说传自八卦掌始祖董海川，故言"老"。又以此8掌为变化衍生的基本掌法，称为"八母掌"。八卦掌的很多掌法都从此8式中生化而出，故老八掌亦称母八掌、八大掌、变式掌。②六十四掌：六十四掌是八卦掌系的64个基本组合动作或单个招式的练习形式，亦称六十四式、六十四手。③新八掌：新八掌为八卦掌练习形式之一，由河北沧州人姜容樵创编。④形意八卦掌：形意八卦掌是近年流传的一种八卦掌练习法，传自任定财。其师张占魁，本从师刘奇兰，精通形意拳，后又拜入董海川师门，得八卦掌精要。⑤八卦掌对手：八卦掌对手是两人以固定招法的对抗练习形式，亦名八卦对子、八卦对折、八卦散手。

5. 心意拳

心意拳全称心意六合拳，亦称六合拳。后代传习者以此拳强调心之发动曰意，意之所向为拳，而惯称之为"心意拳"。关于此拳的起源传说不一，一般认为此拳创自明末清初山西蒲州人姬际可（字龙凤）。有人附会为岳飞所传。

6. 形意拳

形意拳"取其以心行意之义"，亦称为"行意拳"。此拳讲究"象其形，取其意"，要求"心意诚于中，肢体形于外，内意和外形高度统一"，故名。形意拳脱胎于心意六合拳而自成一体，其内容包含：①五行拳：五行拳是形意拳的基本拳。包括劈拳、钻拳、崩拳、炮拳、横拳五拳。形意拳将此五拳配以金、木、水、火、土五行，故名。②五行生克拳：五行生克拳为形意拳对练套路名称，此套路采用劈拳、崩拳、钻拳、炮拳、横拳（即五行拳）技法，运用五行相生相克理论，自生互破进行演练。③五行连环拳：五行连环拳为形意拳基本套路，亦简称连环拳，是以五行拳为基本动作编组而成的。④十二形：十二形是形意拳系传统套路之一，取十二种动作（龙形、虎形、猴形、马形、龟形、鸡形、鹞形、燕形、蛇形、鹤形、鹰形、熊形）的形态和特点创编而成。⑤八字功：八字功是形意拳系拳术套路之一，因其传者将其拳路要诀概括为八字（斩、截、裹、胯、挑、顶、云、领）得名。⑥百形拳：百形拳为新编形意拳套路，传自姜容樵，是他根据形意拳谱和周侗的百形图创编而成的。⑦意拳：意拳是拳术的名称，是形意拳的古名之一。相传清乾隆十五年（1750）成文的《心意六合拳序》中云："（岳飞）精通枪法，以枪为拳，另立一法，以教将佐，名曰意拳。"

近代王芗斋的意拳又称"大成拳"。

总之，内家拳门派众多，形式各异，但以形意、八卦、太极三大派为内家拳总代表。

四、"形意拳"的渊源

形意拳出现于明末清初，为山西蒲州（今永济）人姬际可（字龙峰）所创。相传姬际可早年曾到嵩山少林寺苦学10年，颇得少林秘传，尤精枪术。当时正值天下大乱，姬际可考虑到处于乱世可执枪护身，倘若处于太平之世，不带兵刃，一旦遇到不测，将何以自卫？于是他变枪为拳，取"以意为始，以形为终"之意，创编出迅猛雄悍的形意拳。

后来，形意碰撞逐渐衍化成三大流派，内容也不断丰富。第一是山西派，代表人物是山西祁县人戴龙邦。第二是河北派，代表人物是李洛能。李洛能是河北深县人，以经商为主，拜戴龙邦次子戴文勋为师，苦学10年，人称"神拳李"，回到河北原籍后传授不少弟子，形成河北一派。第三是河南派，代表人物是戴龙邦的师兄弟马学礼。马学礼是洛阳人，回民，所传多为河南回民，形成河南一派。民国初年，河北、河南两派形意先后南传至四川、安徽、上海等地，其后又远传海外。山西一派至今流传不广。

形意拳作为博大精深的中华武术内容之一，经过历代传人不断钻研、实践、总结、提高，逐渐形成较为完整的理论体系。其各派拳法虽各有千秋，但其拳理却渊源颇深。讲究以意领气，以气导力，意形二表，形意一体。通过对形与意的相互调节，内与外的相互作用来达到体用兼修的功效。形意拳以冶炼操守、强健体魄为宗旨，不仅有强身健体，修身养性之功效，而且具有富于实战意义的技击效果。

形意拳很注重基本功的习练，三体式是最重要的基础桩法。形意拳从刚劲练起，招式简单实用，讲究短打近用，招招用劲，是三大内家拳中最快、最猛拳法。形意拳的基本套路，如五行拳、十二形等，多是单练式，一个动作左右互换，来回走趟。日积月累，年复一年，一个动作可重复演练达数万次之多。一旦遇敌，在速度、力量、准确性方面均可达到惊人的地步。在技击原则上，形意拳主张后发先至，抢占中门。拳谱说："视人如蒿草，打人如走路"，"练拳时无人似有人，交手时有人似无人"。在交手时，则要求"遇敌犹如火烧身，硬打硬进无遮拦"，"拳打三节不见形，如见形影不为能"，"起如风，落如箭，打倒还嫌慢"。形意拳要求在最短时间内解决战斗："不招不架，只是一下"。意思是敌人打来，我根本不必招架，只须致命一击，便可取胜。

五、"八卦掌"的渊源

八卦掌的起源，据考证为清代河北文安县人董海川（约1813—1882）在江南游历时得到道家修炼的启示，结合武术加以整理而成。董海川曾在清朝肃王府作拳师，故八卦掌首先在北京一带流传开来，近百年来遍及全国，并传播到国外（如东南亚地区）。八卦掌又称游身八卦掌、八卦连环掌，是一种以掌法变换和行步走转为主的拳术。由于它运动时纵横交错，分为四正四隅八个方位，与"周易"八卦图中的卦象相似，故名八卦掌。有些八卦掌老拳谱常以卦理解释拳理，以八个卦位代表基本八掌。八卦掌是我国流传较广的拳种，也是道家养生、健身、防身的一个体现。它以八大桩法为转掌功，又集八大圈手于一体，下配一至八步的摆、扣、顺步法为基础，以绕圈走转为基本运动路线，以掌法为核心，在走转中全身一致，步似行云流水，身法要求拧转、旋翻协调完整，走如游龙，翻转似鹰。手法主要有：穿、插、劈、撩、横、撞、扣、翻、托等。

八卦掌的特点是身捷步灵，随走随变，与对方交手时身体起伏拧转，敏捷多变。拳谚说它"形如游龙，视若猿守，坐如虎踞，转似鹰盘"。其基本功以桩步、行步为基础。身型要求顶头竖项，立腰溜臀，松肩垂肘，实腹畅胸，吸胯提裆。步法要求起落平稳，摆扣清楚，虚实分明，行步如蹚泥，前行如坐轿，出脚要摩胫（两脚踝关节相贴而过）。走圈时，内脚直进，外脚内扣，两膝相抱，不可敞裆。身法讲究拧、旋、转、翻，圆活不滞。手型有龙爪掌、牛舌掌两种。主要手法有推、托、带、领、搬、拦、截、扣、捉、拿、勾、打、封、闭、闪、展16法。要求能进能退，能化能生，虚实结合，变化无穷。每掌发出，皆要以腰作轴，周身一体，内外相合，外重手眼身法步，内修心神意气力。八卦掌的动作要求顺颈提顶、松肩垂肘、畅胸实腹、立腰溜臀、缩胯合膝、十趾抓地。八卦掌以"滚钻争裹、奇正相生、走转拧翻、身随步走、掌随身变、行走如龙、回转若猴、换势似鹰、威猛如虎"，即以曲刹直、以动扰静、以静刹动为修炼原则。

八卦掌分为"定架子""活架子""变架子"三步功夫。"定架子"是基础功夫，要求一招一式，规规矩矩，宜慢不宜快，以求姿势正确，桩步牢固，行步平稳，切实做到"入门九要"，即塌（塌腰）、扣（含胸）、提（尾闾上提、谷道内提）、顶（头上顶、舌上顶、手前顶）、裹（裹臂）、松（松肩、沉气）、垂（垂肘）、缩（胯根、肩窝内缩）、起钻落翻（臂内外旋）等要领，切忌挺胸提腹、努气、拙力（称为三大病）。"活架子"主要练习动作协调配合，使基本要领在走转变换中运用娴熟。"变架子"要求内外统一，意领身随，变换自如，随意穿插，不受拳套节序限制，做到轻如鸿毛、变如闪电、稳如磐石。

八卦掌的基本内容是八母掌，也称老八掌，即单换掌、双换掌、顺势掌、背身掌、翻身掌、磨身掌、三穿掌和回身掌，各地流传内容不完全相同，有以狮、鹿、蛇、鹞、龙、熊、凤、猴八形代表的，也有用双撞掌、摇身掌、穿掌、挑掌等作为基本八掌的内容。其中每一掌都可以衍化出很多掌法，素有"一掌生八掌、八八六十四掌"之说。

八卦掌有单练、对练和散打等形式。根据老拳谱记载，八卦掌拳系尚有十八趟罗汉手、七十二暗脚、七十二截腿，但目前很少传习。八卦系统所有器械有刀、枪、剑、戟等，练法仍体现随走随变、械随身走、身随步换、势势相连的特点，另外，还有鸳鸯钺、鸡爪锐、风火轮、判官笔等短小的双器械，这在其他拳种中较为少见。八卦掌有利于训练人的柔韧、速度、耐力，对下肢力量的培养尤为突出。中华人民共和国成立后，八卦掌被列为全国武术表演和比赛项目。

第二节　太极拳的起源与发展

太极拳是中华民族文化传承下的历史财富，也是一种体育运动和武术项目。数百年来，经过人们的反复实践证明，太极拳是一种优秀的体育健身养生运动。太极拳流派众多，有武当太极、陈式太极、杨式太极、吴式太极、武式太极、孙式太极、混元太极等等。可以说是百花齐放，各有千秋。

一、太极的历史渊源

华夏民族千年文明传承下许多的传说、神话和圣贤故事，其中即蕴含着太极之道，有些在历史文献中就有记载。如盘古混沌"开天地"（开天辟地）；伏羲画卦分阴阳（画出八卦）；女娲熔炼五色石（修补苍天）；黄帝观战"编太极"（蛇鹊相斗）等等。

太极文化历史悠久，源起于自然（道）的生化。据文献记载，远在7000年前，中华始祖部落之一伏羲氏族发明创造了太极文化的经典"太极图"（太极的原理可以追溯到远古的龙马负图、伏羲观象画卦），由此阐明宇宙的根源和事物发展变化的规律。据传，伏羲氏仰观天文，俯察地理，近取诸身，远取诸物而成先天八卦，后周文王将先天八卦演变为后天八卦。八八六十四卦三百八十四爻，可以说是尽性命之理，寓养生之道，远在六合之外，近于一身之中。在《周易》和《黄帝内经》两书中对八卦和生命运动及祛病养生的原理有更为详尽的叙述。

二、宋朝以前的太极拳传说

1. 原始太极拳法

传说原始太极拳法最初出自中国的老祖宗轩辕黄帝（轩辕黄帝是五千年中华文明的肇造者，是华夏炎黄子孙共同的祖先）。他根据蛇和喜鹊相斗的形态创出此拳法。中国道教邋遢派所传老拳谱上有这么一段话："黄帝隅行于坡前，看见蛇鹊相斗紧相连。鹊攻尾，首来救。鹊攻首，尾相援。鹊攻中，首尾连。黄帝一见非隅然，从此留下太极拳。"老拳谱上记载着各种拳势动作的形成过程及创编人和创编的时间地点。还记载着演变出的多种拳法，如吕洞宾祖师创编的"吕式太极拳"，陈抟老祖创编的"华山太极拳"……原始太极拳有十三势，所谓"十三势"并非一些固定的动作和招式，而是一些技法，"十三势"中各势的名称为："起势，抱球势，单推势，探势，托势，扑势，担势，分势，云势，化势，双推势，下势，收势"。

习练原始太极拳有三个特点：在劲力上要求刚柔相济，主张只柔不刚则不坚，只刚不柔则不圆，刚柔相济才完全；在拳速上要求快慢相兼，主张只快不慢则不轻，只慢不快则不精，快慢融合方为灵；在技击上主张以静制动，彼不动，己不动，彼微动，己先动的神明境界。

2. 老子创拳之说

民间流行着一首歌谣："太极之先，天地根源。老君设教，宓子真传。玉皇上帝，正坐当筵。帝君真武，列在两边。三界内外，亿万神仙。传与拳术，教成神仙。"老君即老子，宓子即老子高徒宓喜（号尹文始）。老子教的拳是武当拳，也可能是早期的太极拳。老子"贵柔"，他说："柔弱处上"。太极拳运动强调柔和放松，这恰恰体现了老子的"贵柔"思想。而"四两拨千斤"这一太极拳技法包含了老子"柔弱胜刚强"的精神思想。后人在练拳时领悟出分清虚实，刚柔相济等心法，与老子的拳道精神不谋而合。

老子《道德经》一文说："人法地，地法天，天法道，道法自然。"老子认为人是效法自然的，应顺乎自然规律。老子认为道是万物之始，万物乃由道而生，"道生一，一生二，二生三，三生万物"。万物的变化越是伸展，离道就越远，而最后终归要收敛，返回于道。道的运行规律是循环往复，其轨迹是一个圆圈形。

据说张三丰就是以老子的本体说作为他创拳的理论基础。他在创拳过程中，始终贯穿着道法自然的法则，按照"顺其自然"的规律行拳。创下的原始太极拳均以圆弧轨迹为主，在行拳过程中或平圈、或立圈、或斜圈、或止圈、或倒圈、或半圆……以弧形为本，变化多端。

3. 太极拳起源另一说

有人说太极拳起源于古代骑兵的枪法、长柄大刀法。古代骑兵枪、刀的基本用法是开、合、发，其训练的基本方法是踩着高跷模拟训练，这与作为古代步兵枪法、刀法的少林拳（1500多年）很不一样，要求骑兵们要做到分清虚实与刚柔相济等。由于战马不宜饲养，所以骑兵数量很少，骑兵的格杀术也因此难以流传下来。而与之相对的少林派步兵格杀术却广为流传，至今仍有"天下功夫出少林，少林弟子甲天下""天下功夫数少林，刚柔相济化太极"的说法。

4. 程氏太极拳

程氏太极拳创始人为南北朝梁时（公元502—557年）人韩拱月。歙州太守程灵洗得其传，并以此训练士卒，幸免侯景之乱。500年后传至程珌。珌精易理，改名小九天，共十五势。有《用功五志》《四性归原歌》。

5. 宋氏太极功

宋氏太极功为唐朝（公元681—907年）许宣平所创。许宣平为江南徽州府歙县人，隐城阳山，结庐南阳。身长七尺六寸，髯长至脐，发长至足，行及奔马。每负薪入市，独吟曰："负薪朝出卖，沽酒日夕归。借问家何处，穿云入翠微。"据说，李白曾访之不遇，题诗《望仙桥》而归："我吟传舍咏，来访真人居。烟岭迷高迹，云林隔太虚……"许宣平传太极共三十七势，故名三十七，亦名长拳。传至第十四代为明之宋远桥，记有《宋氏太极功源流支派论》（宋远桥著）流传至今，并传《八字歌》等五篇要诀。至近代辛亥革命时期，宋氏后人宋书铭（宋远桥之十七代孙，原袁世凯的机要秘书）将宋氏拳谱公开。

6. 俞氏太极功

俞氏太极功为唐时李道子创。李道子为安庆人，常居武当山南岩宫。不火食，只食麦麸，人称麸子李。所传太极名先天拳，亦名长拳。俞氏得其传。至宋朝时有俞清慧、俞一诚，明朝时有俞莲舟、俞岱岩等，传有《太极拳真义》诀。

相传一日俞莲舟偕友游武当山，见一道人蓬头垢面，呼俞莲舟曰："徒再孙焉往。"俞莲舟怒曰："汝系何人无理如此。"道人曰："汝与俞清慧俞一诚相识否。"莲舟悚然曰："此皆予上祖之名也。"急跪曰："原来是我之祖师。"李道子曰："我在此数十寒暑，未曾开口，汝今遇我大造化哉！汝来，我再授汝些功夫。"自此莲舟不但无敌，并得全体大用矣。

7. 后天法

相传后天法系扬州人胡镜子所创，传与宋仲殊。此法为十七势，肘法较多。宋仲殊为安州人，常游姑苏台。柱上倒书一绝云："天长地久任悠悠，你既无心我亦休。浪迹天涯人不管，春风吹笛酒家楼。"由此可见先人之风采。后天法传至明代时有殷利亨等。

以上说法，均无确切考证。《宋氏太极功源流支派论》云："宋氏、俞氏太极及后天法的传人宋远桥、俞莲舟、俞岱岩、殷利亨、莫谷声（不知何派），与张三丰弟子张松溪、张翠山常相往来。七人曾至武当山请益张三丰月余。"此说虽待考证，却可以看出，太极之源，乃汇小溪而成巨流。太极拳自萌生而完善，决非一人一代之功，它凝结了中华民族千百万人的智慧。这颗光辉灿烂的明珠照耀世界，为世界人民体育健身事业作出了巨大的贡献。

三、宋朝之后有代表性的太极拳流派

1. 武当太极拳

武当太极拳为张三丰祖师（生活于南宋末至明初时期，传说张三丰祖师活了140余岁）创编，据说他少年时代曾于少林寺学过少林内家拳法，后来到武当山自立武当派。张三丰祖师是中华修炼之士的杰出代表，祖师继承了从远古时期形成并不断发展的太极文化和思想，在此基础上，总结道家原有的各种导引术及少林武功，创编了武当太极拳。此拳既囊括了道家的各种动功体系，又包含了少林拳术的精华，其以伏羲太极图为指导，将道家、少林两派的功夫浓缩贯穿于太极阴阳八卦五行的观念和形式之中。《武当秘鉴》作者乾宣道长严嘉康记载，张三丰先后创编无极拳十二式、太和拳八式、太极拳十六式。后将三种拳术精华熔于一炉，通称为太极拳三十六式。此拳在道内又经各代逐步扩充，现为一百零八式，被称为三丰太极拳或武当太极拳。

据文献记载，张三丰在指导弟子修炼时传下了数十种修炼太极拳的经典要论，是为后世传人、弟子不可多得的修习资料。如《张三丰太极炼丹秘诀》中有关太极拳的论著《学太极拳须敛神聚气论》《太极行功法》等都是讲太极拳与行功之奥妙。前者是道门中的命功，论述的是如何习练太极拳；后者是道门中的性功，即盘腿的静坐功，以及修炼"心、身、面、耳、目、口、舌、齿、鼻"等功。"拳属动而功属静"，必须"刚柔相济，动静相因"方可进入道境。

2. 陈式太极拳

陈式太极拳为陈式门派第九代传人陈王廷祖师（明末清初人，1600—1680）于晚年隐居期间，依据祖传拳术，博采众家精华创编而成。陈式太极拳的诸多动作（比如金刚捣碓、踢二起等）与少林武术颇有渊源。

陈氏始祖陈卜全家定居清风岭上的常阳村后，勤劳耕作，兴家立业，为了保卫桑梓不受地方匪盗危害，精通拳械的陈卜在村中设立武学社，传授子孙习拳练武。陈卜及其后代六世同堂（二世陈刚、三世陈琳、四世陈景元、五世陈堂、六世陈宗儒等人），到七世开始分家立业（七世陈思贵、八世陈抚民、九世陈王廷等）。陈王廷文武双全，曾单骑独闯玉带山，负有盛名。祖师晚年收心隐退，在耕作之余以自家祖传的一百零八式长拳为基础，博采众家之精华，结合易学上有关的阴阳五行之理，并参考传统中医学中有关经络学说以及道家导引、吐纳术，发明创造出了一套具有阴阳相合、刚柔相济特点的陈式太极拳。

陈式太极拳中老架一路、二路最具代表性。老架一路以柔为主，柔中有刚。架式舒展大方，步法轻灵稳健，身法中正自然，内劲统领全身。以掤、捋、挤、按为主，采、挒、肘、靠为辅，运动如行云流水，绵绵不断，发劲时松活弹抖，完整一气。陈式太极拳的老架二路亦称炮捶。其以刚为主，刚中寓柔。震脚发力，闪展腾挪，窜蹦跳跃，松活弹抖，完整一气。有狂蟒出洞、猛虎下山之气魄，蛟龙出海、雄狮抖毛之神威。练习二路拳时要求手领、身随、步法活、根稳、劲整、精神足，以采、挒、肘、靠为主，掤、捋、挤、按为辅，真正体现二路拳快、刚、猛的特色。

3. 杨式太极拳

杨式太极拳是杨露禅祖师（1799—1872）习得陈式太极拳之后，又研究武当太极拳，将两者结合编创而成的偏重于养生的太极拳法。杨式太极拳拳架舒展简洁，结构严谨，身法中正，动作和顺，轻灵沉着。练法上由松入柔，刚柔相济，形成独特的风格。杨式太极拳经杨露禅祖师及其子杨班侯（1837—1892）、杨健侯（1839—1917），其孙杨澄甫（1883—1936）世代修订完善而形成为当代流行的杨式太极拳85式、103式、108式等套路。

杨露禅武技高超，在北京教拳时，名扬京师、燕赵之地，未有出其右者，人称"杨无敌"，清朝的王公贵族多向他学习。同治、光绪两代帝师翁同龢在观看杨露禅与人比武后，与同行的大臣们说："杨进退神速，虚实莫测，身似猿猴，手如运球，犹太极之浑圆一体也。"帝师还为杨露禅亲题对联："手捧太极震寰宇，胸怀绝技压群英"。杨氏祖孙三代在北京颇负盛名。太极文化能形成当今享誉全球、百花齐放的繁荣景象，这与杨氏历代祖师是分不开的。杨式太极拳因其练法平正简单，易教易学，因而在世界各地广为流传，成为当今最为流行的太极拳之一，为太极文化的传播作出了很大的贡献。

4. 吴式太极拳

吴式太极拳是吴鉴泉祖师（1870—1942）在杨式太极拳的基础上创编而成的。吴鉴泉父亲全佑（1834—1902）满族人，武功超群，任王府护卫。全佑首先跟杨露禅学习太极拳，后又奉命拜杨露禅第二个儿子杨班侯为师，学习杨式小架太极拳。全佑善于柔化，自成一格，成为太极拳高手。吴鉴泉自幼跟父亲学习小架太极拳，并改汉姓为吴。在父亲的教导下，吴鉴泉对太极拳苦心钻磨，增益修订，造诣日益精深。1912年吴鉴泉在北京体育研究社教授太极拳时，对家传的太极拳加以充实和修改，去掉重复和跳跃动作，使拳架更加柔化并形成吴式太极拳流传至今。

吴式太极拳的特点：动作轻松自如，连绵不断，松静自然。吴式太极拳虽然架式小巧，但具有大架功底，开展而紧凑，在紧凑中又舒展自如。吴鉴泉祖师不仅精于太极拳，对各种器械，如太极剑、太极刀、太极十三枪等也非常精熟。

吴式太极拳传人吴图南老师（1884—1989）幼年体弱多病，九岁时听从医生不能光靠药物治疗的建议，开始加强锻炼身体，并拜吴鉴泉为师，学习太极拳练架（定势、连势）、器械、太极推手等。八年后，又拜杨少侯为师，学习太极拳用架（亦称快架、小架子）、太极功和打手等。在明师的教导下，经过十数年的刻苦磨炼，终于学成太极拳、刀枪、剑棒等武术的精湛功夫。吴图南老师深得吴、杨两家之精髓，是吴式太极拳一代宗师，其一生致力于太极拳科学化、实用化、大众化的研究，并以年逾百岁之高龄，亲身印证了太极拳益寿延年之功效，为"我命在我不在天"——后天对先天的能动作用，作了生动有力的注解，值得后人学习。

5. 武式太极拳

武式太极拳起源于清朝咸丰年间，由河北永年武禹襄祖师（1812—1880）在陈式太极拳小架的基础上创编而成的，至今大约有130年的历史。武式太极拳人称干枝老梅、朴实无华。手高不过眉，远不出足，双手各管半个身子，互不逾越，讲究内外三合，进退须有折叠，内潜之气支配外形，行云走架，双足如在大地上写书法，一笔一划严守格律，与人交手，不重招数，注重接劲打劲。

武禹襄祖师从小酷爱武术，初习洪拳，后跟杨露禅学习太极拳，又跟陈清萍学习陈式太极拳新架，得其精髓。武禹襄悟性极高，在得了王宗岳《太极拳论》后，潜心研究，远法王宗岳，近师陈清平，以儒家学说为指导，参以兵家奇正虚实之道，医家气血经络之说，养生家吐纳导引之功，技击家蓄发提放之巧，专心研习，创编了武式太极拳。不仅如此，他还根据修炼心得著有《十三势行功要解》《太极拳解》《太极拳要论解》《十三势说略》《四字秘诀》《打手撒放》《身法八要》等著名拳论和习拳要旨，把太极拳升华为练意、练体、养气（蓄神）三者相结合的高级拳术。武禹襄是历史上有据可考的第一位将太极拳著书立传之人，开创了太极拳理论体系之先河，对于太极拳艺的深入研究有着很高参考价值。

6. 孙式太极拳

孙式太极拳是在武式太极拳以及形意拳、八卦拳等的基础上创编而成的。创编人孙禄堂祖师（1861—1932）从小酷爱武术，先学形意拳、八卦掌，后又学武式太极拳。他以自己数十年的化境武功为基础，参考了武式太极拳的理法，融会了形意拳、八卦拳之精义，而创编了孙式太极拳。孙式太极拳的特点是进退相随，舒展圆活，动作灵敏，转变方向多以开合相接，故又称"开合活步太极拳"。

孙禄堂曾拜于李奎垣门下，随形意拳鼻祖郭云深习拳7年有余，后又拜师程廷华先生、郝为桢先生习八卦拳、太极拳，得其真髓，自创一家。孙禄堂把武术前辈所传拳术套路和拳意真髓与自己的习武心得整理成书，著有《形意拳学》《八卦拳学》《八卦剑学》《太极拳学》和《拳意述真》等五本武术经典著作，使传统武术免换原貌，拳之真意不入歧途。孙式太极拳自创立以来，颇得国内外武术爱好者喜爱，现已列入优秀传统武术拳种和套路，并在原有基础上新编了孙式太极拳竞赛套路，向国内外推广。

7. 现代太极拳的发展

现代太极拳的发展（特别是混元太极）与武当太极有着直接的关系。据文献记载，张三丰祖师将太极拳心法传于山西王宗岳（王宗岳著《太极拳论》等），王宗岳传于河南温县蒋发和浙江张松溪。蒋发传给陈家沟陈长兴（据说陈式太极拳传人陈长兴等研究过武当太极拳）及赵堡镇的邢喜怀，陈长兴传给杨露禅等；另一路线由浙江张松溪传单思南等，单思南传王征南等，形成松溪派太极，亦称为南派太极。此后由武当太极、陈式太极、杨式太极发展到吴式、武式、孙式、混元太极等太极拳流派（包括诸多专家推出的各种套路等）。

中华人民共和国成立后，党和政府非常重视太极拳。1952年6月，毛泽东主席为中华全国总工会第二届代表亲笔书写了"发展体育运动，增强人民体质"的题词，号召大家做体操、打球、爬山、游泳、打太极拳。1956年2月，中华人民共和国体育运动委员会推出了一套简化太极拳（24式太极拳），随后又推出48式太极拳、88式太极拳、8式太极拳、16式太极拳、42式太极拳（竞赛套路）等。1978年11月16日，邓小平同志题词"太极拳好"，对太极拳事业的发展起到了极大的推动作用，这一光辉题词已载入太极文化的史册。

第三节 混元太极拳的起源和发展

"混元太极拳"以"传统太极拳"为基础，以传统混元理论为指导，以武学、医学、哲学以及佛家、道家、儒家等思想为习练根本，融合了"道家混元派内丹术""少林易经、洗髓内功"和古今多家功法之精髓，形成了混元太极所特有的、科学的、完整的理法体系。它把传统文化和现代文化有机地结合在一起，研究人体生命科学，指导人们通过科学的锻炼获得身心健康。其禅武一体，内外兼修，性命双运，练形合道的修拳之法，是太极拳发展史上的又一个里程碑。

一、继承传统太极文化之精髓

古人说："太极即一炁，一炁即太极"。"太极"是中国古代的哲学概念，涵有宇宙本源之义。自有文字记载史考证，"太极"一词始于《周易·系辞》："易有太极，是生两仪"、"一阴一阳之谓道"。此处之"有"，可译为"出自于"。"易有太极"就是易经出自于太极。《易纬·乾凿度》曰："易始于太极，太极分而为二。"这就是阴阳。周易是一部占卜的筮书，占卜就是预测未来，可见，从时间上说，过去、现在、未来是源于太极之理的。以此言之，太极就是一种天地万物存在的道理。《庄子·大宗师》曰："夫道……在太极之先而不为高，在六极之下而不为深，先天地生而不为久，长于上古而不为老。"此处，六极则是指天地四方和上下极限之义，太极则是指最大的极限。由上可见，广义的太极（参阅混元太极入门）指总括四方上下、涵盖宇宙时空的运行之"道"，以及推究万物存在及变化之"理"；而狭义的太极，在中国古代哲学家、经学家那里有几种指称涵义，如：以"元气"释太极（《汉书·律历志》，汉，郑玄与王充；唐，孔颖达；宋，张载；清，王夫之），以"图"、"神"释"太极"（宋·陈抟与周敦颐），以"道"、"心"释"太极"（宋·邵雍），以"理"释"太极"（宋·朱熹与二程）。

混元太极拳的练拳思想正是依据以上古人的太极之"理"与太极之"道"形成的（由太极功练太极拳直走太极道）。"练功须待入静时，不静不见动之奇""练拳须从无极始，阴阳开合认真求"，此皆据于太极之理。这一思想是对中华上古时代形成的太极文化的最好继承。依此理，就可达到练混元太极拳疏通经络、强身健体、内劲浑厚、益寿延年之目的。

"混元太极"不仅依据了"太极之理"，而且特别突出强调"混元"之义。何谓混元？"混元"一词，宋，张君房所辑道家典籍《云笈七签》（卷二）曰："混元者，记事于混沌之前，元气之始也。"此处"混元"之义，是指元气的开始状态，既可指宇宙，也可指人身。对世间诸事物而言，内虚外无为混沌，混沌之前为混元，精感生真一，和气生混元，气运立天地，化施通万物。《性命圭旨》曰："夫天地之太极，一气斯析，真宰自判，交映罗列，万灵肃护，阴阳判分，是为太极，是为'一生二'也，是曰虚皇。阴阳既判，天地位焉，人乃育焉，是为'二生三'也，是曰混元。"这段话的意思是说：天地之气原本是茫茫无际、混沌莫测的，包含灵气而又玄妙至极，这就是太乙，称之为"无始"。天地开始之初，元气不断地流动鼓荡，虚空之境忽开忽合，阴阳二气互相感应，黑白二色互相融合凝聚，"有"与"无"互相追逐求取，呈现一派混沌景象，冲淡虚静又神圣至极，在恍惚之中确立了中正的准则，这就是太易，称之为"元始"。天地之太极在混沌之气判分为阴阳二气后，清气为阳上升为天，浊气为阴下降为地，天地阴阳两离分，就是太极，称之为"虚皇"。阴阳二气分离之后，天地各安其所，就有了人，这叫"二生三"，故称之为"混元"。《易纬·乾坤凿度》曰："有太易，有太初，有太始，有太素也"；"太易变，教民不倦；太初而后有太始；太始而后有太素；万物，素质者也；质素未离混元"。综合以上"混元"之说法，即古人所指"混元"，乃是指宇宙或人体中的阴阳混沌之气。宇宙间的任一事物，都有其特定的"混元"之"道"。

在《性命圭旨》（亨集）中，从道家内丹功的角度，对"混元""太极"之义另有一段描述如下："父母一念将媾之际，而圆陀陀，光烁烁先天一点灵光，撞于母胞，如此而已。儒谓之'仁'，亦曰'无极'；释谓之'珠'，亦曰'圆明'；道谓之'丹'，亦曰'灵光'。皆指此先天一气，混元至精而言。实生身之源，受气之初，性命之基，万化之祖也……究竟生身本原，皆从太极中那一些儿发出来耳。"这是最早对人体"混元"之义的描述。它是指生命形成之初始的阴阳混合先天之气而言的。因此，用"混元"一词来概括太极拳，又意味着继承了中国古代道家内丹术的精华及核心。故而，以"混元太极"之名来命名太极拳，恢复太极拳本来面目和原本练法。它首先告诉了人们："练拳须明理"的"理"之所在，是几千年中华文明的传统文化积淀。其次说明，该"理"之所在，乃是指符合宇宙与人体的自然成化之"道"，万事万物皆如此。所以"混元太极"的理论是以中国传统文化作为理论渊源的源头，具有了内在的博大精深之理的根基。

"混元太极拳"正是继承了各家"道论"的精华，提出了自己的习练大道："修心养性，性命双修"；从"人天混融"，到"天地人合"；由"混元一气"，到"一炁混元"的大道境界。混元太极拳之大道，可从三方面予以概括：一曰人合于天；二曰道合于德；三曰理合于易。

人合于天是说人身之小宇宙要合于自然之大宇宙。老子曰："人法地，地法天，天法道，道法自然。"天之道就是自然。练拳要与自然相合、要与自然对话，行、住、坐、卧，不离这个。不合于自然处，必离大道。如练拳之道，必达到混元一体方为上乘。要达到混元一体，就须太极太和；要太极太和，就须五行和顺；要五行和顺，就须臾不离太极；要须臾不离太极，就须时刻不离丹田；要时刻不离丹田，就须起于无极，合于自然。道合于德是说练拳之道要合于练拳之德，做人之道要合于做人之德。练拳之道要合于做人之德有三个层次。老子曰："道生之，德畜之，物形之，器成之。是以万物莫不尊道而贵德。"是说道生出的东西，需要德去蓄养它，从而物才能成形，器才能造成。拳道亦如此，做人之道与练拳之道相辅相成，拳道练出的功夫需要仁德去濡养才能走入正道，达至化境。无德则外五行必为七情六欲所滋扰，内外五行不和顺。所以，混元太极理论特别强调练太极须太和。内不和顺伤自己，外不和顺伤他人。中医理论认为：久伤则五行逆犯，经络阻滞，病入膏肓，回天无力。何谈功夫之有？所以，习练混元太极拳强调"养浩然正气"之大道，即练拳要正，做人要正，行气要正，养气也要正。天无正气逆天道，地无正气伤五行，人无正气丧人伦，功无正气失混元。只因人间有正气，才出现了文天祥"人生自古谁无死，留取丹心照汗青"及谭嗣同"我自横刀向天笑，去留肝胆两昆仑"的豪迈境界和崇高的民族精神。混元太极拳追求的正是这样一种独立于天地间的"浩然正气"。行浩然正气则"君子坦荡荡"，走歪门邪道则"小人常戚戚"。习练混元太极拳的人都要有一身正气立于天地间，为后辈树立榜样，"贫贱不能移，富贵不能淫，威武不能屈"。这才是太极之大道。

二、发扬传统武学精神

混元太极从内功入手修炼精气神，由太极功（桩法）入门修太极拳直走太极道，其不仅健身养生效果好，而且在揉手（推手）的技击运用中实战性也很强。练习混元太极拳要想具有技击实战能力，首先要练出扎实的基本功，抻筋拔骨，松筋松骨，炼炁入骨，元炁洗髓……其虽然以健身养生为主，但是内含技击功用是不能丢掉的，在技击上极其讲究功夫的层次，"……炼精化炁，炼炁化神，炼神还虚，炼虚合道……"（参阅《九十九式混元太极拳》、《混元太极拳道学》中的"混元太极内功十二层"和"混元太极十八要诀");拳法上讲究三节、四象、五行、六合诸法,练法上从"上下相随、内外相合、周身一家、混元一体"四个层次入手;劲法上由"明劲、暗劲、听劲、化劲"四个层次领悟。

　　王宗岳太极拳论云:"太极者,无极而生。"混元太极从一开始就强调"练拳须从无极始,阴阳开合认真求"。因此,无论站桩还是练拳,先强调从无极中生化出太极。桩之"无极",就是意念的空无一物,然后从丹田中生出一点灵犀,运化混元,方为真太极。拳之"无极",是说在盘拳走架中,当灵犀未动时意不在拳,而在空、虚、无中,有拳也是无拳,此谓拳之"无极",在招式运行中,"虽变化万端,而理惟一贯",这与祖师经典理论不谋而合。对于"无过不及,随屈就伸",混元太极拳更是强调甚严,练拳步型不许膝过足尖、裆口不许低于膝、站桩不许意念过,推手不许使蛮力。习练混元太极拳处处强调"和顺",意和气顺百脉通。不管桩法(内功)、拳法(套路)、劲法(揉手)都是拳功一体,不离"混元"二字。修炼混元太极要将各法融于螺旋缠丝混元圈中,混元圈分为外螺旋和内缠丝两种。以肢体之轴旋转为内缠丝,以体外之轴旋转为外螺旋,外螺旋和内缠丝皆修炼丹田混元。所以,修炼混元太极不仅是练,更重要的是"养"和"修","炼"则不同于"练",因其特别强调精气神,故要养精、养气、养血、养神、养骨、养髓,要修道、修德、修性养命。人们常说:"练拳不知养,到老功不长。"

三、建立了一个完整科学的练功体系

　　混元太极分为"混元太极拳""混元太极功"和"混元太极道"三个层次。混元太极从功法到套路,动作千变万化,次序井然。每个动作有起有落,起是动的开始,落是暂时的静。外形静时内气欲动,内气静时外形欲发。形断气不断,气断意不断,意断神相连,达到形无形、意无意、无意之中有真意,此境界是混元太极修炼之上乘功夫。

1. 混元太极拳拳法

　　混元太极拳是在武当、陈式、杨式太极等的基础上编创的,共有九个主要套路。"八式"、"十二式""十六式"和"二十八式"混元太极拳是以初学者和身体虚弱者习练为主的，它既能健身养生又能治疗慢性疾病，并且不需要太大的空间场地，一人习练仅需三平方米左右空间，老弱者亦可在室内习练；三十六式混元太极拳就需要有一定范围的场地才能习练。前面这五套拳动作简单，层次井然，男女老少皆宜，适合全民健身；四十六式与六十四式混元太极拳都是比赛套路；九十九式和一百二十八式混元太极拳以及揉手（推手）是为有功底的人向高层次武功习练做准备的。

2. 混元太极拳功法

混元太极功是在师传功夫的基础上编创的，有六部主要桩法，以习练内功为主，从抻筋拔骨、松筋松骨开始到炼炁入骨、元炁洗髓。它借鉴了内家拳上乘功夫习练心法，即"明劲"习练易骨法（炼精化炁）；"暗劲"习练易筋法（炼炁还神）；"听劲"炼炁入骨法（炼神还虚）；"化劲"元炁洗髓法（炼虚合道）等。使习练者层层深入，步步提高（混元太极功的功谱与动作名称，参阅《混元太极拳入门》附录）。

3. 混元太极拳入道心法

混元太极道集"佛、道、儒"三家之精髓，阐述了混元太极拳从内功入手，习练"精、气、神"所遵循的主旨。在形体习练中，由抻筋拔骨到松筋松骨，一动以腰带动，全身无处不动，从节节放松至节节拉开到节节贯通；形神相合，动静如一，上下相随，内外兼修；动作连绵不断，如行云流水。在意念活动中，做到拳无拳，意无意，无意之中有真意；由招熟而渐悟懂劲，由懂劲而阶及神明。在技术运用上，达到彼不动，我不动，彼微动，我先动；人不知我，我独知人；与人交手，进退攻防，刚柔相济；松活弹抖，意到气到；足稳身固，无坚不摧。混元太极道以十大要领、十大理论、十八要诀、运用心诀、太极二十三解、内功十二层等理论来指导练拳修道的全过程。

习练混元太极的过程是人与大自然混化的过程，是从人天混融到天人合一的整体过程。混元太极的习练既是动中求静，亦是静中有动，即虽动而静，视动犹静。招势动作练到纯熟、通顺、连贯、协调以后，要平心静气地用意运气，轻轻开始，慢慢运行，默默停止。静心想着阴阳开合；静心听着天机流动；静心看着浩气旋转。周身上下浑然不觉，四肢百骸，荡然无存。"不知身之为我，我之为身"，惟有心中一片觉明景象，逐渐达到始于无形，归于无迹的无极、太和之原象。此境界是混元太极拳修炼之上乘功夫。师曰："莫道解脱路难寻，恩师教诲迎阳春；欲期达到身心健，长寿之道在于勤。"

第二章 研经典理法入太极大道

混元太极拳不仅是一种身体训练的体育运动而且是一种意识训练的内家功夫，欲求混元太极拳真功夫，必须先掌握符合太极拳原理的练习方法。太极拳是隐于内的功夫，"以天下之至柔，驰骋天下之至坚"，"见之如妇，夺之如虎"，所以在外形上一般很难看出太极高手内在的力量。只有亲身实践，刻苦研习，才能感悟到其内在的无穷奥妙。初学者往往偏重于形体动作的走向，因为形体动作显于外，通过观察、模仿便可学会，而神意气的走向隐于内，尤其是在没有感知神意气走向的初期阶段的确不易把握。混元太极拳认为：习练者在接触拳架之初就应学习、体会用神意气引领和催促形体动作，这样对拳式动作的学练进展速度虽然显得慢一些，但从真正地掌握和理解太极拳拳艺的长远角度出发，却是一条事半功倍的习拳捷径。练拳明理十分重要，研习祖师的经典理论是窥入太极之门的捷径。

第一节 太极拳理论渊源简述

太极拳由"太极"和"拳"组成。"太极"者，道也、理也，"拳"者，技艺也。以"太极"之理修大道，以"太极"之法练拳技。古人以"〇"表示"无极"，其含义为"空"、"无"，"无一物而包万物"。在代表无极的圆圈之中再画上一对旋转对称、首尾相合的黑白鱼，代表阴阳，黑者为阴，白者为阳，黑鱼中有一白眼珠，代表阴中有阳，白鱼中有一黑眼珠，代表阳中有阴，阴阳互交，动静相倚，周祥活泼，妙趣自然。这就是太极图。古人把宇宙间的万事万物，及千变万化的自然现象高度概括，抽象化为太极图，用于理解、领悟和感知太极之精义。

《太极图》包含着五个层次，太极拳拳理正是遵循这五个层次而展开的。首层为圆形，其意为"无极而太极"，指太极拳开始时，混沌无极（虚灵顶劲、气归丹田、落地生根、心静体松）和太极出世（开合升降、人天混融、混元一气、动静一体）的状态。第二层为弧形，意为"太极分阴阳"。它是太极生两仪的过程，动之则分，静之则合；阳中有阴，阴中有阳；柔中有刚，刚柔相济。第三层为生化，其意为"五行顺布"。这是五行生化的过程，内含进步、退步、左顾、右盼、中定（前进属火，后退属水，左顾属木，右盼属金，守中属土）。第四层为中道，意为"中和、平衡"。其是调整人体平和状态，如逢前先后、逢左先右、逢上先下、逢内先外等，达到前后相应、左右平衡、上下相随、内外相合。第五层为自然，其意为"天人合一"，是人天混化的过程。其阐述万物各具一太极，人体处处皆太极。通过习练太极拳，达到内气外放，外气内收，由人天混融到天地人合。

太极文化是我国古老本土文化的结晶，是传统文化的集中体现。中华民族传统文化推崇中庸之道，中庸之道是中国人传统的隐性行为规范。最早阐明中庸定义的是老子，在《道德经》如是说："其多闻，其数穷，皆不若守于中。"后人朱熹对中庸之道的诠释是："'中'者，无过无不及之名也；'庸'者，平常也。"朱熹是宋代著名的儒家学士，同时代的另一位著名儒家学士程颐则解释为："不偏之谓'中'，不倚之谓'庸'。"中庸之道也是佛道，佛道教育我们，凡事不要太左或太右，不要太紧也不要太松；能够不偏不倚即为"中"。经过长期的历史发展，儒、释、道三大主流教派在思想、文化、理论上相互渗透、融合。太极拳就是在这样的文化背景中产生的，它的理论有着醇厚的传统文化气息。太极拳拳理要求：立身中正，阴阳互根，刚柔相济，动静结合，快慢相间，高低起伏，舒展紧凑，收放自如，神形兼备……由此可见修炼太极拳已不单是学拳健身，从中还可以探索我国传统文化的精髓，并通过学习太极拳领悟传统哲学的奥秘。

为了使混元太极习练者能够比较全面地了解太极拳理论及其运用，本章按四部分（太极拳理论渊源综述，张三丰《学太极拳须敛神聚气论》《太极拳经歌诀》等理论原文，混元太极拳对《十三势》的运用探释，混元太极拳对王宗岳《太极拳论》的修炼）来阐述，以诸位圣贤的拳论著作为基础，加之笔者多年来对太极拳的体悟和心得，供混元太极习练者学习参考。

第二节　张三丰祖师经典理论是习练太极拳的指路明灯

太极拳是传统武术中理论最为完整的拳种，其中张三丰、王宗岳等祖师的"拳经""拳论""气论""心诀"等经典理论是各派太极拳所公认的最重要、最经典的理论，是祖师留给后人的宝贵财富。

一、学太极拳须敛神聚气论

张三丰祖师在《学太极拳须敛神聚气论》一文中详细阐释了什么是太极之道，应怎样习练太极拳，习练时应有哪些注意事项等等。他要求徒子徒孙和世世代代的太极拳习练者，在学拳之前，先明太极之大道。混元太极拳习练者应认真研读、悉心领会。原文如下：

太极之先，本为无极。鸿蒙一气，混然不分，故无极为太极之母，即万物先天之机也。二气分，天地判，始成太极。二气为阴阳，阴静阳动，阴息阳生。天地分清浊，清浮浊沉，清高浊卑。阴阳相交，清浊相媾，氤氲化生，始育万物。

人之生世，本有一无极，先天之机是也。迨（dài）入后天，即成太极。故万物莫不有无极，亦莫不有太极也。人之作用，有动必有静，静极必动，动静相因，而阴阳分，浑然一太极也。人之生机，全恃神气。气清上浮，无异上天。神凝内敛，无异下地。神气相交，亦宛然一太极也。故传我太极拳法，即须先明太极妙道。若不明此，非吾徒也。

太极拳者，其静如动，其动如静。动静循环，相连不断，则二气既交，而太极之象成。内敛其神，外聚其气。拳未到而意先到，拳不到而意亦到。意者，神之使也。神气既媾，而太极之位定。其象既成，其位既定，氤氲化生，而谓为七二之数。

太极拳总势十有三：掤、捋、挤、按、采、挒、肘、靠、进步、退步、右顾、左盼、中定，按八卦，五行之生克也。其虚灵、含拔、松腰、虚实、沉坠，用意不用力，上下相随，内外相合，相连不断，动中求静，此太极拳之十要，学者之不二法门也。

学太极拳，为入道之基，入道以养心定性，聚气敛神为主。故习此拳，亦须如此。若心不能安，性即扰之。气不内聚，神必乱之。心性不相接，神气不相交，则全身之四体百脉，莫不尽死。虽依势作用，法无效也。欲求安心定性，敛神聚气，则打坐之举不可缺，而行功之法不可废矣。学者须于动静之中寻太极之益，于八卦、五行之中求生克之理，然后混七二之数，浑然成无极。心性神气，相随作用，则心安性定，神敛气聚，一身中之太极成，阴阳交，动静合，全身之四体百脉周流通畅，不粘不滞，斯可以传吾法矣。

二、太极拳经歌诀

几百年来，《太极拳经》一直被各太极拳流派奉为经典著作。由于在漫长的流传过程中，《太极拳经》的各部分被分开传抄，再者各派太极拳传人为了保密将持有部分藏于密室，有的甚至宁可让《太极拳经》陪葬也不随意传人，从而逐渐失其原貌。笔者经过对多本《太极拳经》的对照比较，基本恢复了张三丰祖师所著，王宗岳先师精解的《太极拳经》原貌。

1. 歌诀全文（张三丰）

歌诀一：顺项贯顶两膀松，束肋下气把裆撑，
　　　　威音开劲两捶争，五指抓地上弯弓。

歌诀二：举步轻灵神内敛，莫教断续一气研，
　　　　左宜右有虚实处，意上寓下后天还。

歌诀三：拿住丹田练内功，哼哈二气妙无穷，
　　　　动分静合屈伸就，缓应急随理贯通。

歌诀四：忽隐忽现进则长，一羽不加至道藏，
　　　　手慢手快皆非似，四两拨千运化良。

歌诀五：极柔即刚即虚灵，运若抽丝处处明，
　　　　开展紧凑乃缜密，待机而动如猫行。

歌诀六：掤捋挤按四方正，采挒肘靠斜角成，
　　　　乾坤震兑乃八卦，进退顾盼定五行。

2. 歌诀注解（王宗岳）

歌诀一：顺项贯顶两膀松，束肋下气把裆撑，
　　　　威音开劲两捶争，五指抓地上弯弓。

①顺项贯顶两膀松：虚灵顶劲，气沉丹田。含胸拔背，松肩空腋。

②束肋下气把裆撑：提顶吊裆，松腰松胯，心肾相交，水火既济。

③威音开劲两捶争：开合按势怀中抱，七星势视如车轮，柔而不刚。彼不动，己不动，彼微动，而己意先动。

④五指抓地上弯弓：由脚而腿，由腿而身，如练一气。如转鹘之鸟，如猫擒鼠。发劲如弓发矢，正其四体步履要轻随，步步要滑齐。

歌诀二：举步轻灵神内敛，莫教断续一气研，
　　　　左宜右有虚实处，意上寓下后天还。

①举步轻灵神内敛：一举动，周身俱要轻灵，由节节放松至节节拉开到节节贯通。

②莫教断续一气研：气宜鼓荡，神宜内敛。无使有凸凹处，无使有断续处。其根在脚，发于腿，主宰于腰，形于手指。由脚而腿而腰，总须完整一气。向前退后，乃得机得势，有不得机得势处，身便散乱，其病必于腰腿求之。

③左宜右有虚实处：虚实宜分清楚。一处自有一虚实，处处总此一虚实。周身节节贯串，无令丝毫间断耳。

④意上寓下后天还：上下左右前后皆然。凡此皆是意，不在外面。有上即有下，有前即有后，有左即有右。如意要向上，即寓下意。譬之将植物掀起，而加以挫之之力，斯其根自断。损坏之速乃无疑。

歌诀三：拿住丹田练内功，哼哈二气妙无穷，
　　　　动分静合屈伸就，缓应急随理贯通。

①拿住丹田练内功：拿住丹田之气，练住元形，能打哼哈二气。

②哼哈二气妙无穷：气贴背后，敛入脊骨。静动全身，意在蓄神，不在聚气，在气则滞。

③动分静合屈伸就：太极者，无极而生，阴阳之母也。动之则分，静之则合。无过不及，随屈就伸。

④缓应急随理贯通：人刚我柔谓之走，人背我顺谓之粘。动急则急应，

动缓则缓随。虽变化万端，而理与性惟一贯。由招熟而渐至懂劲，由懂劲而阶及神明。然非用力之久，不能豁然贯通焉。

歌诀四：忽隐忽现进则长，一羽不加至道藏，
　　　　手慢手快皆非似，四两拨千运化良。

①忽隐忽现进则长：不偏不倚，忽隐忽现。左重则左虚，右重则右杳。仰之则弥高，俯之则弥深。进之则愈长，退之则愈促。

②一羽不加至道藏：一羽不能加，蝇虫不能落。人不知我，我独知人。雄豪所向无敌，盖皆由阶而及也。

③手慢手快皆非似：斯技旁门甚多，虽势有区别，概不外乎强欺弱，慢让快耳。有力打无力，手慢让手快，是皆先天自然之能，非关学力而有也。

④四两拨千运化良：察四两拨千斤之句，显非力胜，观耄耋能御众之形，快何能为。立如秤准，活似车轮。偏沉则随，双重则滞。每见数年纯功，不能运化者，率皆自为人制，双重之病未悟耳。欲避此病，须知阴阳。粘即是走，走即是粘。阴不离阳，阳不离阴。阴阳相济，方为懂劲。懂劲后，愈练愈精。默识揣摩，渐至从心所欲。本是舍己从人，多误舍近求远。所谓差之毫厘，谬以千里。学者不可不详辨焉。此论句句切要，并无一字陪衬。非有凤慧之人，未能悟也。先师不肯妄传，非独择人，亦恐枉费工夫耳。

歌诀五：极柔即刚即虚灵，运若抽丝处处明，
　　　　开展紧凑乃缜密，待机而动如猫行。

①极柔即刚即虚灵：极柔软，然后极刚坚。能呼吸，然后能灵活。气以直养而无害，劲以曲蓄而有余。

②运若抽丝处处明：全身意在精神，不在气。有气者无力，无气者纯刚。气如车轮，腰似车轴。似松非松，将展未展。劲断意不断，藕断丝亦连。

③开展紧凑乃缜密：心为令，气为旗，腰为纛（dào），先求开展，后求紧凑，乃可臻于缜密矣。

④待机而动如猫行：牵动往来，气贴背，敛入脊骨。内固精神，外示安逸。迈步如猫行，运劲如抽丝。

歌诀六：掤捋挤按四方正，采挒肘靠斜角成，
　　　　乾坤震兑乃八卦，进退顾盼定五行。

十三势者，掤捋挤按、采挒肘靠于此八卦也。进步、退步、左顾、右

盼、中定，此五行也。合而言之，曰十三势。掤捋挤按，即坎离震兑，四正方也；采挒肘靠，即乾坤艮巽，四斜角也；进退顾盼定，即水、火、金、木、土也（本章第三节将对此进行详细的阐述）。

以上系三丰祖师所著。欲天下豪杰延年益寿，不徒作技艺之末也。

三、太极拳经谱

太极两仪，天地阴阳，阖辟动静，惟柔与刚。
屈伸往来，进退存亡，一开一合，有变有常。
虚实兼到，忽见忽藏，健顺参半，引进精详。
或收或放，忽弛忽张，错综变化，欲抑先扬。
必先有事，勿助勿忘，日就月将，质而弥光。
盈虚有象，出入无方，神以知来，智以藏往。
宾主分明，中道皇皇，经权互用，补短截长。
神龙变化，储测汪洋？沿路缠绵，静运无慌。
肌肤骨节，处处开张，不先不后，迎送相当。
前后左右，上下四旁，转接灵敏，缓急异常。
高擎低取，如愿相偿，不滞于迹，不涉于虚。
至诚运动，擒纵由余，天机活泼，浩气流行。
虚中有实，制胜权衡，顺来逆往，令彼莫测。
因时制宜，中藏妙诀，外引内击，中行无偏。
声东击西，由来皆然，寒往暑来，谁识其端？
千古一日，至理循环，上下相随，不可空谈。
循序渐进，仔细研究，果能攻苦，终跻浑然。
至疾至迅，缠绕回旋，离形得似，何非月圆。
精练至极，亦小亦圈，日中则昃，月满则亏。
敌如诈诱，不可紧追，若逾界限，势难转回。
况一失势，虽悔何追？我守我疆，不卑不亢。
九折羊肠，不可稍让；如让他人，人立我跌。
急与争锋，能上莫下；多占一分，我据形势。
一夫当关，万夫失勇，粘连黏随，会神聚精。

运我虚灵，弥加慎重，细腻熨帖，中权后劲。
虚笼诈诱，只为一转；来脉得势，转关何难？
实中有虚，预防中变；虚中有实，孰策机关？
不遮不架，不顶不延，不软不硬，不脱不粘。
突如其来，莫知所然，如风吹倒，灵敏难言。
试一形容，有经有权，宜轻则轻，斟酌无偏。
宜重则重，如虎下山，引视彼来，进由我去。
来宜听真，进贵神速，先窥其势，继窥其隙。
有隙可乘，即时而入，失此机会，恐难再得！
一点灵境，为君指出，至于身法，原无一定。
无定有定，在人自用，横竖颠倒，立坐卧伏。
中心莫乱，自有妙术，前俯后仰，左倚右倾。
中气贯通，无不皆得，变象无穷，难尽其形。
气不离理，一言可罄，开合虚实，即为拳经。
用力日久，豁然贯通，默会融贯，渐臻神圣。
浑然无迹，妙手空空，若有鬼神，助我虚灵。
推存此心，默诗以敬。

第三节　混元太极拳对《十三势》运用探释

据历史文献记载，《太极十三势》最早是张三丰祖师流传下来的，其不是十三种姿势，而是十三种方法。先师根据《易经》八卦中的卦画、卦名、卦位、卦象、卦与卦的交错以及爻位的变化，总结出了阴阳对立、阴阳互存、阴阳转化等规律，并将阴阳哲理和八卦、五行之理运用于拳义、拳理之中，创造出太极拳《十三势》流传至今。

《太极十三势》前八法（掤、捋、挤、按、采、挒、肘、靠）是八种不同的劲势和手法，这八种手法与文王八卦方位图有着严格的四正四隅对应关系。后五法（进、退、顾、盼、定）称之为五步，与五行相对应。其原理为：人自身这个"太极"，以刚柔（两仪）两种劲路，按照阴阳、五行八卦（太极图）的原则，用打八方（八卦）的手和跳踏五位（五行）的足，来完成一系列动作。八种劲法与八卦图相对应，各属其性，五种步法与五行相对应，各适其理，归纳起来讲就是"手按八卦，足踏五行"。

太极八劲，有四正劲与四隅劲之分。四正劲要与四正卦位相应，四隅劲要与四斜角卦位相对应，五步与五行相对应。四正劲即掤、捋、挤、按，要与四正卦位的坎（北）、离（南）、震（东）、兑（西）相对应；四隅劲是采、挒、肘、靠，要与乾（西北）、坤（西南）、艮（东北）、巽（东南）四斜角相对应。五步为进、退、顾、盼、定，与水（北）、火（南）、木（东）、金（西）、土（中）相对应。其中进退为水火之步（进为水，退为火）；顾盼为金木之步（顾为木，盼为金）；中定为枢机之轴，为中央戊己土。《太极十三势》是组成太极拳的基本骨架，八门（八劲）、五步为拳之结构与内容；八卦、五行方位是拳的运行框架。明确《太极十三势》的整体含义，对加深了解太极拳内涵有着至关重要的意义。

一、"掤"劲心解

① "掤"的含义："掤"指"捧、抖、弹、发、膨、托"等，是掤架、挡阻、防御对方进攻的意思。掤在八卦中属"坎中满"，方位是"正北方"，在五行属"水"，人体相应窍位为"会阴穴"，人体经络属"肾经"。其姿势是手臂在身前，由下向上为掤手。习练时，以意引气，内气由下丹田随手上掤而上行至中丹田，古人称之为抽坎补离，使心肾的二经之气相通，达到心肾相交，水火既济。

② "掤"的动作要求：以右"掤"为代表。在习练中"掤"手的手腕离自己胸部大约30厘米，右脚向前迈步时，大小适度。掤到终点右掌略高于肩，肘略低于掌，左掌随右臂向前推出，身、手、足的动作都必须自然地完成，速度均匀，连绵不断。前掤时胸正对前方，肩要平，不能一高一低，身体不可前倾，上体要垂直前移，到位后右膝关节不超过右脚尖，鼻尖、右膝关节与右脚尖方向一致。腰向后放松，尾闾中正，手向前和腰向后放松形成圆撑力。动作主要向前，方向为正。混元太极拳分为左掤和右掤两种劲法，均以腰带动，掤臂撑开如揉球，手臂由左（右）下向前、向上掤。无论左掤、右掤，都球不离体，旋转自如，劲力合一。"掤"法在揉手技击中，如时如发，变化万千。

③"掤劲"解说:"掤"的劲点,也就是接触点,在手腕到肘之间,在特殊情况下也可延至手指到上臂,即整个手臂。掤法要求沉肩坠肘,劲力上做到"掤"在两臂,其劲力是柔刚之劲。在技击中"掤"者,发也,用抖弹内劲可把人发出数米远。"掤劲"是一种似松非松、柔中寓刚、轻便灵活而又富有沉劲、弹性和韧性的力量,是一种具有粘、逼、化、舒相作用的劲。此劲之气来源于脚跟,发于腿,主宰于腰,形于手指。在揉手较技中,"掤劲"是掌握攻防和走化的技术,其在自我防护的同时,可随化随发,应变能力极强,威力巨大。

"掤劲"是一种在运转过程中应该始终保持的"内劲",也是一种发劲方式。揉手(推手)讲究"掤劲"不丢,就是要在与对方粘、连、黏、随的过程中,始终以"掤劲"探测,从而掌握对方的虚实,做到"灵敏应对,得机得势;缓急相宜,随机应变;外柔内刚,蓄发有备;守可自保,攻可制胜"。

"掤"的劲法特点是"圆撑",即"掤要圆撑"。"圆撑"二字,关键是圆,就是说,只"撑"不够,还要"圆撑"。因为圆形承受力大,抗压能力强。掤的时候,丹田气与肩、肘、腕相连,达到周身融通,内外相合。"十三势行功诀"中讲,"掤手两臂要圆撑,动静虚实任意攻"。运用"掤劲"要注意三点:第一,"掤劲"是粘住对方而不是与之相对抗;第二,"掤劲"之手臂要保持与自己身体有一定的距离,而不是将前臂靠近自己的胸腹;第三,"掤劲"要贯彻彼进我退,彼退我进的原则,这里讲的进退是指腰腿运动。

"掤"在所有劲法中为第一劲法,而且暗含在所有劲法中,无处不在。对方出手时你要掤接,不掤就要挨打;捋化中要有掤,无掤则软,就要被动。在揉手中"掤劲"以不丢不顶、粘连黏随为好。在练习混元太极拳架时,掤劲也要时时留意、处处暗含。比如做"雁落沙滩""退步跨虎"的动作,两臂的抽回、分离、圆转,均有"带"与"引"的意思,"带""引"二字,就含有"掤"劲。"掤劲"可大可小,要做到随机应变。至于掤劲的轻重缓急,则依对方来力大小、快慢而相应变化,要着意于"松柔中寓沉刚",就像江河湖海之水的力量"澎"着大船一样,水质是柔活的,而力量却是深厚的。拳谱歌诀:"掤劲义何解,如水浮舟行,先实丹田气,次须顶头悬,全身弹簧劲,开合一定间,任有千斤力,漂浮亦不难。"

二、"捋"劲心解

① "捋"的含义："捋"指顺、化、开、移、拨、拉等，是顺着来势、来力而抹带、引化的意思。捋在八卦中属"离中虚"，方位是"正南方"，在五行属"火"，人体相应窍位为"祖窍（上丹田）"，人体经络属"心经"。其姿势：两手臂前伸，由前往回收时叫捋手。习练时，意守于祖窍，手自然而捋回身前。可调整心经所属之脏腑机能，达到上下一体、内外相合。

② "捋"的动作要求："捋"在习练中要求两手保持约一个前臂长的距离（在揉手中一手搭在对方手腕，另一手搭在对方近肘部的上臂处来引进），两肘不可贴肋部，须沉肩坠肘，以起到护肋的作用。捋时要以腰胯带动，身体中正，做到肩胯相合，上下协调一致。捋由掤而来，捋法要求两肘微屈，以腰带手往回捋，动作走弧形。混元太极分为左捋、右捋两种，捋时手臂由上向左（或右）斜下方牵出。

③ "捋劲"解说："捋"的劲点在掌中，前手在尺骨下近掌腕部，后手在掌心或掌背。特殊情况下，前手劲点也可在腕肘之间，即：可用两手同时拿住对方的手、肘部，也可用前手前臂粘住对方的肘部，同时用后手手腕封对方另一手。"捋"，在技击中是指将对方攻来的双手顺着其攻来的方向拨带引开。比如二人揉手（推手），对方以右手掤来，我应以右手扶住彼腕，左手粘住彼肘，两手顺势往自己身前右下侧捋开。"捋"者，牵也。在武学里有顺手牵羊之功夫，能将人轻轻地引出丈外。

在混元太极拳法中将旁侧的横力向自身侧面引发谓之捋，是"掤劲"的反面，是顺着对方来劲方向向自身侧面斜线引动，也称"化劲"。运用"捋劲"应做到三点：第一，要随着对方的劲力而动，略微改变其方向；第二，一动以腰带动，坐胯、圆裆、含胸拔背、气沉丹田、落地生根；第三，须连着对方的腕肘，防止对方受捋而采取肩击、胯打。捋时其气根在脚，行之于腿，主宰于腰，形于掌指，有四两拨千斤之意。捋由掤而来，进如螺旋，退如抽丝，随心变化，攻防并用。

捋的劲法特点是"轻随"，即"捋要轻随"。"随"是顺的意思，"轻"是不用大力、拙力的意思，"轻随"就是顺着对方来势向后回引，因势利导，使对方的力得不到实点而落空。捋的劲法还要求做到"动短意长"。就是说，回捋动作不要大、长，而要小、短，但心意要长。这是因为，你捋住对方时，对方很有可能回撤，你这时就要"捋中寓挤，随捋即挤"。挤的方向与捋相反，所以捋要"动短"。拳诀有云："捋挤二法趁机使"，"搭手抨开捋掌使"，说的就是这个意思。至于"意长"，是指当自己得势、对方未能挤靠到自己时，就可放长捋势将对方捋倒。因此，在练习混元太极拳架中"捋"的动作既要有放长的动意，又要有迅速回挤的机势。刚柔相济，不温不火，得机得势，严谨自然，方为得法。

"捋劲"是用单手或双手黏住对方手腕与肘时，引进落空并顺势发劲。这是一种常见的化劲，是以柔克刚，四两拨千斤之典型技法。比如对方要攻击我的重心，我双手黏住其肘腕，把对方来劲引向自己的侧后方，顺势发劲，就可借对方的力加上自己的力，把对方向侧后方抛出。对方的来力愈大，摔得愈远愈重。捋的路线，要看对方来劲灵活掌握。一般说来，对方往往以"按"劲向我推来，我顺势借力，用捋劲将其发出，所以有"捋可破按"之说法。在揉手中，捋要轻柔顺势，不可顶抗，关键是边捋边引化，使对方来劲离开我之重心，因而必须注意以腰为轴，腰松、肘柔、胯活，随来劲转身，化解对方劲力。需注意的是，在引化过程中，仍然要保持掤劲不丢，待敌势背时，再用捋劲将其发出，所以说掤捋相连。拳谱歌诀："捋劲意何解，引导使之前，顺其来势力，轻灵不丢顶，力尽自然空，丢击任自然，重心自维持，莫为他人乘。"

三、"挤"劲心解

①"挤"的含义："挤"指压、推、撞、拥等，是互相拥挤、压榨、紧挨的意思。"挤"在八卦中属"震仰盂"，方位是"正东方"，在五行属"木"，人体相应窍位为"夹脊（夹脊：第一胸椎至第五腰椎，各椎棘突下旁开0.5寸）"，人体经络属"肝经"。其姿势：以右手为例，右手臂掌心向内，手指向左，手背向前；左手掌指敷于右手腕内侧，由左腹前向右、向正上方推出。推出后，前一手臂成半圆形为挤手。习练时，意在夹脊，以意引气，重心前移，两手自然随身挤出。此可调理肝经所属之脏腑机能，做到虚灵顶劲，气沉丹田，落地生根，上下一气贯通。

②"挤"的动作要求：前挤时，上体先转正（在混元太极拳习练中身

体左右旋转时，须以腰胯带动，沿轴心转动，而重心仍在后腿)，后掌贴于前手腕内侧，重心前移，腰向后放松，身体保持中正。挤出后，要求两臂撑圆，两手腕约与肩平，低不过胸口、高不过肩，膝不可过脚尖，劲力上做到挤在手背。

③"挤劲"解说："挤劲"是用前臂或手背挤向对方，使其失去平衡的技法，通常用另一手在挤手内侧使力。在技击中，"挤"者，防也，气沉丹田，稳健如山（在武功中有"气运顶门，轻如鸿毛；气运海底，重如泰山"之说）。挤，就是压迫，有向外之意，在动作中，一般以弓步站立，后掌贴于前手腕脉门之处，合力挤出，使对方双手均避于怀内而不得移动。挤，内含自我保护之意，一般起着封闭对方劲路，封住其重心，加强粘逼作用。挤中还内藏肘顶之密，一旦得手，丹田内劲瞬间爆发，威力无比。在揉手（推手）中，对方被封逼时，必作挣扎，趁其身体失衡，以长劲抖出，逼其出圈，无不将其摔倒在地，这就是"挤劲"的作用。

挤法是在自己受到对方捋劲时常用的技法，其手法都是手背向着对方，即对方往侧面捋，则向前挤，对方往其后面捋，则向其侧面挤。总之，其着力方向与对方着力方向垂直，即可破坏对方的捋劲，造成我顺人背之势，所以说"挤可破捋"。拳谱歌诀："挤劲意何解，用肘有两方，直接单纯意，迎合一动中，间接反应力，如球撞壁还，又如钱投鼓，跃然声铿锵。"

四、"按"劲心解

①"按"的含义："按"指止、制、压、拦、抑、捺、阻等，是止住、按压、阻拦、抑制的意思。"按"在八卦中属"兑上缺"，方位是"正西方"，在五行属"金"，人体相应窍位为"膻中穴"，人体经络属"肺经"。其姿势：两掌由上向下按为下按，由下向前、向上按为前按。习练时，意在膻中，以意引气，力出于腰，劲发于脊，气来于胸。双掌前按，气沉丹田，落地生根，达到上下一体，以肺经之气，补肾经之气，以金生水。

②"按"的动作要求：即用手指、手掌接触对方，自上向下或由下向前、向上弧形推按的方法。按法有双掌按和单掌按之分，一般多以双掌按，即双掌按对方一臂之腕部和肘部，也可按对方双臂。在混元太极拳的习练中，要求两腿呈弓步（前弓后蹬），两掌前伸，掌心相对，与肩等宽，高抱

球；重心后移，两掌以腰胯带动拢气回收，至胸前，把气贯进体内；两掌下按至腹，气沉丹田，真气送入命门；重心前移，再以腰的力量慢慢地由下向前弧形推出。要求两臂似直非直，与肩等宽，肩部与臂都要放松，身体中正，气沉丹田，劲力上做到按在腰攻。

③"按劲"解说：在技击中"按"者，攻也，借力打力，顺势弹出。在揉手（推手）中如对方出挤，即刻放松引进，使其落空而失去重心，同时变守为攻，适时按出，能使对方腾身退出数丈。"按劲"是带积极进攻性的一种长劲，成功的太极高手在揉手时运用此劲，能轻轻运行，潜移默化地将对方重心拔起，抛出圈外。此劲变化多端，运用得当，威力无比，是进攻的有效手段，有出乎意料的、十分惊人的技击效果，尽显太极之妙。拳谱歌诀："按劲意何解，运用如水行，柔中犹寓刚，急发势难当，遇高则膨满，逢洼向下潜，波浪有起伏，有孔无不入。"

"掤、捋、挤、按"四法是《十三势》运用之精髓。故张三丰《打手歌》曰："掤捋挤按须认真，上下相随人难进，任他巨力来打我，牵动四两拨千斤，引进落空合即出，粘连黏随不丢顶。"掤、捋、挤、按是四正的手法，由于具体攻防技法掤在两臂、捋在掌中、挤在手背、按在腰攻的运用劲势部位不同，故而在习练和运用中须要认真仔细的推求，才能体认到诸法之精髓，悟得诸法之妙谛。而运用掤、捋、挤、按四正手法的关键，在于"上下相随、内外相合"的功夫。

上下相随、内外相合是太极拳施招用手、施手用招的基本规矩和法则。即不管当时运用什么攻防招式、招法，上下相随、内外相合的规矩不能破坏，法则不能丢失，这才是太极拳行家里手，真功夫的体现内容。只有如此的施招用手、施手用招，才能具备方圆立体的攻防变化，他人是难以侵犯的。这样才能具备动变如轮之"任凭巨力来打我，牵动四两拨千斤"的能力。

五、"采"劲心解

①"采"的含义："采"指摘、取、抓、拿、掏、粘、挖、提等，是摘取、采取、采集、挖取、抓拿的意思。"采"在八卦中属"乾三连"，方位是"西北方"，在五行属"金"，人体相应窍位是"性宫和肺腧"，人体经

络属"大肠经"。其姿势：以手回抓为采。习练功时：意移性宫，以意引气，由性宫向肺腧吸，并直下涌泉，手随之而抓。此可调整大肠经而补肾经，以金生水。

②"采"的动作要求：即用手抓取对方的指、腕、肘、肩等活关节以控制对方，这在揉手中是"拿"的一种方法。采有单手采和双手采，其作用是牵制和发放。采与挒常常相互结合使用，巧妙控制对方，伤筋拿脉，以轻巧取胜。在混元太极揉手中，采是以柔劲抓、拿、掬去黏带对方用来进攻的相应部位，将其制住，而后以强刚之劲顺其运动之势，击其相应部位将其发出。

③"采劲"解说：在技击中将"采"制对方的劲力谓之采。采劲应是一松一紧或一落即发，先沉后提或先顺后逆。一般情况下运用短促抓拿，迅速一闪，使对方来劲突然落空，或在双方手臂相持、相接时，先下沉，使对方反抗而上托，然后顺势提动其足跟，这就是采劲的运用，若用之得法，则效果极佳。拳谱歌诀："采劲意何解，如权之引衡，任尔力巨细，权后知轻重，牵动只四两，千斤亦可平，若问理何在，杠杆作用存。"

六、挒劲心解

①"挒"的含义："挒"指扭、转、拗、移、扯、拉、撕、破等，是扭转、固执、扯拉、撕破的意思。"挒"在八卦中属"坤六断"，方位是"西南方"，在五行属"土"，人体相应窍位为"丹田"，人体经络属"脾经"。其姿势：抓住而拧为挒。习练时，意守丹田，以意引气，由丹田，经两肋上走性宫，可补肺金之气，以土生金。

②"挒"的动作要求：是扭转对方腕、肘、肩等关节的技法。挒有单手挒、双手挒、正挒、反挒、横挒等，其原理相同，都是旋转对方关节使其身体失去平衡。例如：自己用一手托对方的肘，另一手压其腕，相对拧扭其肩、肘等关节部位，使其跌倒。

③"挒劲"解说："挒劲"是将对方的劲转移返制于其身，它是顺着对方出力的方向弧线用力，使对方旋转的一种劲力。力学上称之力偶作用，它能使对方进入逆势而不能自主，只得被提空抛出。在混元太极柔手中以刚劲接对方攻来的相应部位后，通过走弧划圈的方法，将其劲柔化转移到

后手（或适当部位），再以强柔之劲发回其身使之失衡，此即捯劲的体现。运用捯劲时要注意身体、腰和双手相互配合，腰似轴，发劲如雷，才能制击对方。拳谱歌诀："捯劲意何解，旋转如飞轮，投物于其上，脱然掷丈寻，急流成漩涡，浪卷如旋纹，落叶坠其上，倏然便沉沦。"

七、"肘"劲心解

①"肘"的含义："肘"指推、挤、拥、靠、化、开、抵等，是肘靠、肘推、肘抵、肘挤的意思。"肘"在八卦中属"艮覆碗"，方位是"东北方"，在五行属"土"，人体相应窍位为"肩井穴"，人体经络属"胃经"。其姿势为用肘向外靠击，亦称为肘靠。习练时，先蓄劲，即意移之丹田，以意行气，由丹田向涌泉松沉；当肘要向外击时，再以意引气由涌泉上升，经尾闾，分由两肋上引，经肩井，耳后高骨处到泥丸宫为止，遂即外击。此可调整胃经机能，并降心经之火。

②"肘"的动作要求：用曲肘向对方心窝或其他关节部位贴身逼封，以上臂与前臂相接处向外凸起的部位击人。由于发劲充足，容易使对方受伤，因此要慎用。

③"肘劲"解说：是被对方抓拿或制住某一部位时，用强刚之劲突然折肘贴对方后，用柔劲抵住对方发出的劲力。"肘劲"是以肘部前击或用肘部化引的技法，肘击常在两人身体接近时采用，它的爆发力强，打击人体要害部位，轻者可伤，重者可致残。有俗语"宁挨十拳，不挨一肘"。在混元太极揉手中要时刻注意对方用肘攻击，要控制、封住对方的肘，保持攻防能力。如遇到对方来封肘，可随时改用拳击或肩靠。拳谱歌诀："肘劲意何解，方法有五行，太极分阴阳，虚实宜分清，连环势莫挡，开花捶更凶，六劲融通后，运用始无穷。"

八、"靠"劲心解

①"靠"的含义："靠"指击、倚、打、发等，是倚靠、肩靠、臂击、胯打的意思。"靠"在八卦中属"巽下断"，方位是"东南方"，在五行属"木"，人体相应窍位为"玉枕穴"，人体经络属"胆经"。其姿势：以自己

身体的有关部位膀、肘、肩、胯、膝等贴靠对方之身，使之不能得力。习练时，以意引气，由涌泉上至尾闾经玉枕过小周天路线，再转其劲由向外靠的部位发出。此可调整肝胆经之机能。

②"靠"的动作要求：是以肩、背、臂、胯、腿、膝等部位进击和发放的技击方法，一般以肩部靠击对方胸部为主，在肩、胯、腿的协调下，气沉丹田，整体发出弹力，从而将对方击倒。使用时，常在对方用蛮力向后牵拉时，趁机靠近对方，取巧而用。用之得当，确能显出八面威风，所谓"远拳，近肘，贴身靠"。

③"靠劲"解说：是用肩、背、臂、胯等部位发力的意思。就是在被对方粘黏压制时，先以强柔之劲顺其势，再以肩、背、臂、胯或其他相应部位贴住对方身体后，微移重心靠紧彼体，再用刚脆之劲于贴彼处突然发力，恢复自身重心，同时将彼发出的劲力化解。拳谱歌诀："靠劲意何解，其法肩背胸，斜行势用肩，肩中亦有背，一旦得机势，轰然如山崩，仔细维重心，失中徒无功。"

掤、捋、挤、按是大开大合，动作幅度大，这是习练混元太极拳的人最初的实践，是基本功的训练。只有在此阶段把身形、步法做扎实，把动作做大、做到位、做圆满，顺、逆自如，该放的能放出去，该收的能收回来，才能真正体会到开合、收放、吞吐和转换。这是一个长功夫、打基础的阶段，也是入门的阶段。只有经过长期的锻炼才可将虚浮僵硬之气化去，身体越练越柔，越来越轻灵，动作越来越自然，从招熟而渐悟懂劲，生铁即成钢。前人所谓"四正"者，方也。方者，刚也。刚者，以筑其基，以壮其骨也。老子所说的："虚其心，实其腹，弱其志，强其骨"就是这个意思。

采、挒、肘、靠是小开小合，小动作。比较前一阶段的习练则更偏重于手法技巧的训练，常用于技击中。经过了前一阶段练习之后，功夫见长了，可以把对手放进来，在半臂之内乃至贴身的距离上转化进招。此时的动作幅度变小了，化方为圆，内方外圆。掤捋挤按的劲路是明的（又称之为明劲），是方的，而此时采挒肘靠的劲路就是暗的（又称之为暗劲），是圆的。由于动作小，隐蔽性强，旋转性强，劲力容易集中，周身容易控制。且开中有合，合中有开，顺中有逆，逆中有顺，人不知我，我独知人，方寸之间将对方之劲力化解，化即是打，能化才能打。彼为我所制，全靠化得掉，要想化得掉，就须自身能至柔。越柔，则越敢将彼放进，无论对方势多沉力多猛，自己全敢放在身上，轻松化掉。越柔，则自己发力时动作越小越脆快，有如抽软鞭，又像金鸡抖翎和鲤鱼打挺，都是在极放松、极柔软的情况下发出超强的爆发力，其劲力之大、频率之快是超乎想象的。到此阶段，懂劲之功已成。

九、"进"的心解

①"进"的含义："进"指前、开、放、提、发等，是前进、进身、进步、进手、上提、开放、移动的意思。"进"即前进，是代表向前迈步的意思，是先发制人而不被对方所制的方法。在五行属"水"，方位是"正北方"，人体相应窍位为"会阴穴"，人体经络属"肾经"。当迈步时，意守会阴，上下相通，内外相融。

②"进"的作用：不但是含有步子的进，而且包括身体和手肘的进，在揉手中有进攻作用，有移动重心、保持平衡的作用。在发劲时，一般常将前足再上前跟进，以利进攻。其步法仍如拳架一样，迈似猫行，轻灵沉稳。在技击进攻时脚到手到，得机得势。

"进"主要是用来指导步法的，步法只有配合招势才能用来技击，因此进不能单独使用，它可用于指导劲力发放的方向和寓示技击的策略。进就是在对方已被制住，或其重心已经不稳或对方欲侧避时，及时向前踏进或发劲截发的技法。其寓示彼失势时急进之策略。拳谱歌诀："劲源在会阴，虚灵顶头悬，迈步如猫行，轻灵又沉稳。"

十、"退"的心解

①"退"的含义："退"指后、收、落、离、藏等，是后退、下落、后移、隐藏的意思。"退"是向后退步，躲开对方的攻击。在五行属"火"，方位是"正南方"，人体相应窍位为"印堂穴"，人体经络属"心经"。当退步时，引气促身后退。退步意在印堂，神意照体，立身中正，气沉丹田，落地生根。

②"退"的作用："退"是闪战腾挪之术，要看对方的来势，灵活转

变，也是取守的方法，先防守，避其锋，击其虚，后发先制。在揉手中很多人一般都不愿退守，宁愿前扑跌倒，也不肯后退半步，因此很难取得好效果。而成功的太极高手往往是在对手猛进之时后退半步，以缓冲其势，化险为夷，然后再量劲而行，效果就会更好。

"退"的作用包含进攻和防御。它是一种积极防御，可用于引进落空，亦可边退边打，在后退中实现得机得势，然后以退为攻。退法在揉手运用时，应虚实分明，旋转自如，不丢不顶，方可成功。"退"就是在对方正面攻来时，自身向后退步或重心后移以引进落空，使其攻势失效而转为被动的技法。其寓示在对手强大时应暂时避开，退于安全之处，以待其势衰的策略。拳谱歌诀："劲源在印堂，运气至脚掌，引进彼落空，以防转为攻。"

十一、"顾、盼"的心解

① "顾、盼"的含义："顾、盼"指看、望、观、想、察、探等，是观看、探望、感觉、体察的意思。在技击中若能达到眼观六路、耳听八方，就是功夫的上乘境界。"顾"属左顾；"盼"属右盼。左顾和右盼在揉手中不仅要体现出眼（心灵）的顾盼，而且要有腰腿手肘的顾盼，上下相随，左右协调，始终保持身体的轻灵沉着和动态平衡。

② "顾"是照顾、保护的意思。在五行属"木"，方位是"正东方"，人体相应窍位为"夹脊"，人体经络属"肝经"。能合理安排自己的身法摆布，先求知己，对攻防有全局观念。

"顾"在技击时避开正面而由两旁绕进，以避实就虚、避锋就钝的技法制胜对手。其寓示在对方以逸待劳时，避开其有防备的正面，绕至其防备较弱的一侧进攻的策略。拳谱歌诀："劲源在夹脊，力量由腰出，知己亦知彼，进退任自然。"

③ "盼"是盼望、得到的意思。在五行属"金"，方位是"正西方"，人体相应窍位为"膻中穴"，人体经络属"肺经"。通过"盼"能细心观察对手的举手动足，稳而不躁，以静待动，量劲而行，适可而止。盼，要求具有知人功夫，无的放矢、冒然进攻多是事倍功半，吃力不讨好。

"盼"就是当对方以变换而又不易对付的攻势进攻时，跟随其劲其步，不即不离，弧形后退，以使其攻势失效，而后寻机反击的技法。其寓示与对方周旋，不即不离寻机反击的策略。拳谱歌诀："劲源在膻中，存心觉彼方，避开千斤力，以柔运化刚。"

④顾盼的作用：顾盼的作用在于引领转体动作，故顾盼当为同义概念。顾盼又可配合步的变化，特别是四隅的步法。所以从某种意义上讲，进退是属四正手所需的四正步法，顾盼当属四隅手所需的四隅步法，以此与八法相适应。确切地说，顾盼也是眼法（心灵之法），当混元太极习练到高层次时，全凭心意用功夫。把神意和外形动作（转体、移步）相结合，达到眼观六路、耳听八方，此境界是混元太极内功运用之上乘功夫。

十二、"定"的心解

①"定"的含义："定"指正、稳、沉、静、整等，"定"是中定、稳定，心性沉着，身庄稳定，不过不及，深谋远虑，表现为冷静、以静带动。在五行属"土"，方位是"正中"，人体相应窍位为"中丹田"，人体经络属"脾经"。练功时重点留意丹田，并配合手臂动作行气。

②"定"的作用："定"是揉手（推手）之核心，就是要在运动中保持自己身体重心中正、平衡的同时，找机会破坏对方的中定、平衡，使之失去稳定性，或者跌倒。中定之法，一是要气沉丹田，下盘稳固，二是要以腰为轴，灵活转变，要让对方找不到破绽，这样才能立足于不败之地。

在技击时"定"就是对方未败而退，或虚晃引诱时，固步原地不动，不发劲，做好准备，待对方进攻时再按生克制敌的技法应对。其寓示以静制动和以逸待劳，严阵以待的策略。拳谱歌诀："中定意虚灵，含胸亦腰松，三田合混元，顶天立地松。"

总之，在混元太极拳的整体习练中，每招每式都包含十三势的运用，结构上势势相连形成拳术套路。张三丰祖师传下来的《太极十三势》不是一些固定的动作和招式，而是一些技击运用的法则，劲力的性质和用劲的方法。后人在揉手中根据功夫的高低，分别体会到四种不同的劲法，即明劲、暗劲、听劲、化劲。随着内功层层提高，习练者易先打好"知觉（明、暗劲）"功能的基础，并得以加强，进一步再向"觉知（听劲）"功能深入。高功夫者在揉手中能做到"彼不动我不动，彼微动我先动"，达到"人不知我我独知人"的"灵明（化劲）"之境界。

混元太极拳属内家拳法，以习练内功为主，着重阴阳变化之理，太极八卦八个方位与人体对应各有其窍，而每窍在人体经络脏腑中又各有其位，所以，在习练中，要做到以意引气，按窍运身，意到气到，气到脉通，气足腰松、窍开，这就是混元太极内功运用之心法。实践证明，太极拳习练有成者，不但在技击中能达到来去自如、攻防并用，而且在健身养生、祛病延年上也会起到显著的效果。

第四节　王宗岳《太极拳论》是习练太极拳的宝典

　　太极拳采用"太极"为拳名，象征着太极拳是圆转的、弧形的，刚柔相济的拳术。"太极"是先人对宇宙本源的哲学论述，认为万物归太极，是太极孕育生养天地、生养世间万物。"太极"是大道，至简至易，又无所不包。习练太极拳能强身健体、益寿延年，也能修身养性、修道、悟道、开发潜能。师曰："练拳须明理，理通拳法精。"王宗岳先师《太极拳论》论点精辟，文字生动，言简意赅，字字珠玑，被历代太极拳家奉为经典之作。习练混元太极拳者应该仔细研究，悉心体会，方能成就。

一、王宗岳《太极拳论》原文

　　太极者，无极而生，动静之机，阴阳之母也。动之则分，静之则合。无过不及，随屈就伸。人刚我柔谓之"走"，我顺人背谓之"粘"。动急则急应，动缓则缓随。虽变化万端，而理唯一贯。由招熟而渐悟懂劲，由懂劲而阶及神明。然非用力之久，不能豁然贯通焉！
　　虚灵顶劲，气沉丹田，不偏不倚，忽隐忽现。左重则左虚，右重则右杳。仰之则弥高，俯之则弥深。进之则愈长，退之则愈促。一羽不能加，蝇虫不能落。人不知我，我独知人。英雄所向无敌，盖皆由此而及也！
　　斯技旁门甚多，虽势有区别，概不外乎壮欺弱、慢让快耳！有力打无力，手慢让手快，是皆先天自然之能，非关学力而有为也。察"四两拨千斤"之句，显非力胜；观耄耋能御众之形，快何能为？
　　立如秤准，活似车轮。偏沉则随，双重则滞。每见数年纯功，不能运化者，率皆自为人制，双重之病未悟耳！

欲避此病，须知阴阳。粘即是走，走即是粘；阳不离阴，阴不离阳；阴阳相济，方为懂劲。懂劲后愈练愈精，默识揣摩，渐至从心所欲。

本是"舍己从人"，多误"舍近求远"。所谓"差之毫厘，谬以千里"。学者不可不详辨焉！是为论。

二、混元太极拳对王宗岳《太极拳论》易解

1. 太极者，无极而生，动静之机，阴阳之母也。动之则分，静之则合。

（1）太极者，无极而生，动静之机，阴阳之母也。

"无极"，其本义是"太虚之初，天地未开，混沌未分，动静无始，元气混而归一。"也就是宇宙的最初状态。其无色无象，无声无臭，无形无端，空空洞洞，混混沌沌。对于习练者来说，无极即是虚静。师曰："心无一物曰虚，神无一念曰静。"就是说心无一物所着，神无一念所思，达到物我两忘的境界。前人曰："习太极拳造乎最高之境，为能常定常应。常定为寂然不动，常应为感而遂通。寂然不动，无极也。感而遂通，太极也。应生于定，感生于寂，故曰，无极而生。"又曰"太极拳当行功时，心中泰然，抱元守一，未尝不静。及其静也，神明不测，有触即发，未尝无动。于动时存静意，于静中寓动机。一动一静，互为其根，合乎自然。此太极拳术之所以妙也。"

功夫达到一定高度时，当人的意识接通虚空，虚空的整体信息会源源不断地随着意念的接收进入体内，混化为人自身的真气（在功能态中能感觉到有热量在体内流动）。这股真气由意念引导向自己全身充斥，渗透皮、肉、筋、脉、骨、五脏、六腑、血液、细胞，层层通透、节节贯穿。比较敏感的人，在意注体内时会进入一个若有若无、混混融融的状态，进而体会到天、地、人相合，精、气、神相融的境界，这是无极生太极之妙境。

"无极而太极，太极动而生阳，动极而静；静而生阴，静极复动。一动一静，互为其根。分阴分阳，两仪立焉。"阴阳两气包含在"太极"之中，所以说"太极"是"阴阳之母"。古时诸凡事物均以阴阳而喻之，所以阴阳无定位。太极拳之阴阳也是这样。如拳势之动者为阳，静者为阴；出手为阳，收手为阴；进步为阳，退步为阴；刚劲为阳，柔劲为阴；发劲为阳，收敛

为阴；粘劲为阳，走劲为阴；手足关节之伸为阳，曲为阴；分为阳，合为阴；开展为阳，收敛为阴；身躯之仰为阳，俯为阴；升为阳，降为阴。动静不同时，阴阳不同位，而太极无所不在。

"不入无极圈，难成太极图"，要练好太极拳，首先要"静"，使自己进入"无极"状态，全身心地放松，然后静极生动，在意念的指导下，虚灵顶劲，气沉丹田，落地生根。一动以腰带动，全身无处不动，做到上下相随，内外相合。在练习的过程中，体会"静极生动，动中求静，虽动犹静"；"开中寓合，合中寓开"；"柔中寓刚，刚中有柔，刚柔相济"；"内动产生外动，外动引导内动"等阴阳关系。

(2) 动之则分，静之则合。

动，即变动。动之则分阴分阳，两仪立焉。静之则寂然不动，而阴阳之理已悉具其中。太极拳当行功时，其各姿势都是一动一静相间的。其拳势之动者，前后左右上下，均有阴阳虚实可循，故曰"动之则分"。其静的姿势，虽无痕迹可指，然阴阳虚实已见其中，故曰"静之则合"。

古人认为太极是一个混圆体，包含阴阳两气。动时这个混圆体就起变化，分阴分阳，所以说太极生两仪，亦即"动之则分"。静时仍然是一个混元体，阴阳变化虽然相对静止，但阴阳的道理完全具备，所以叫做"静之则合"。

2. 无过不及，随屈就伸。人刚我柔谓之"走"，我顺人背谓之"粘"。动急则急应，动缓则缓随。虽变化万端，而理唯一贯。

这一段是王宗岳按照"太极"之理，提出的习练揉手的标准，揉手技击就是太极拳的用。

(1) 无过不及，随屈就伸。

"过"就是过分，"不及"是跟不上，有欠缺。所谓"无过不及，随屈就伸"，体现在练拳中，是宜慢不宜快。平心静气，静心慢练。随着外形动作引动内气在体内无微不至地细细运行，使意气合一，神形合一，顺其自然，渐入物我两忘的境界。"随曲就伸"也可称之为"舍己从人"，但不是完全依从于别人，其与之前的"无过不及"相呼应。

"无过不及，随屈就伸"，在揉手中，表现为舍己从人，不顶不丢，粘连黏随，恰到好处。揉手时要随着对方的屈伸而屈伸，要根据客观情况的变化而采取攻防，不可主观，不可盲动，毋固毋我。人屈我伸，人伸我屈，随机应变，做到不顶不丢。对方进一寸，我退一寸；进一分，我退一分。退得少了成为"顶"，退得多了成为"丢"。没有过头和不及的动作，完全是根据对方的动作顺势而为。太极拳家陈鑫云："拳名太极，实天机自然之运行，阴阳自然之开合也，一丝不假强为，强为者皆非自然之理，不得名为太极拳。"

(2) 人刚我柔谓之走，我顺人背谓之粘。

"刚柔、顺背、走黏"是三对矛盾，代表攻守双方。"刚"，即阳刚、坚硬、用力。"柔"，即阴柔、柔韧、顺遂。"人"指对方，"我"指自己。"走"即化劲，是引动或周旋的意思。当对方用刚劲来进攻，我方必须以柔来走化。太极拳技击以身法见长，少有对峙现象产生。使一个物体附着在另一物体上的性质谓之"粘"。揉手中的"粘"是如同胶一样粘住对方，用柔劲跟随对方的着力点，"不顶不丢"，随着对方劲路不断的变化而调整自身劲路予以柔化，使对方处处不能得劲，造就我顺人背的有利形势。

学太极拳揉手一开始就要放松，心身都要放松。对方"刚"来，我总是以"柔"相应，使对方不得力，有力无处用，这叫做"走化"。目的是我走顺劲，造成有利于我的形势。当对方来劲被我走化形成背劲时，我即用粘劲加力于其身手，使之陷入更不利的地步，从而使对方无力反击。粘走相生，刚柔相济，这是揉手的重要原则。"我顺人背谓之粘"，其中的"粘"也是"我顺人背"时，对手内心的一种被动感受，失势的无奈感。当对手被我粘住时，犹如一根拿不下甩不开的绳子缠在身上，挣脱不掉，既不得机得势，又挥之不去，苦不堪言。而"我"则因得机得势而感觉十分的"顺"畅。

练粘走可使人的反应变快，触觉灵敏。揉手时要放松，攻和防都如此，这样才能逐渐练出一股"柔劲"来。刚劲好像一根硬木头，坚实但变化少。柔劲好比钢丝绳，变化多。从理论上讲，柔能克刚，刚也能克柔。单纯的柔是不够用的，太极拳主张"柔中寓刚""刚柔相济""绵里藏针"。粘与走都要以柔为主，柔久则刚在其中。人以刚来，我以柔往，以柔克刚，引进落空，粘走相生，我顺人背。我顺为我力，人背为对方之力，二力合成像二物被胶性物质的作用粘在一起一样不能分开。这里是指对手被我粘住，挣脱不掉，使其处于被动的地位。

(3) 动急则急应，动缓则缓随。

"急应、缓随"是太极拳"后发而先制"概念的一种体现。对方动作快，我就快接应；对方动作慢，我就缓慢跟随。动作快慢取决于对方动作的快慢，不自作主张，此即舍己从人，自然能黏连不断。太极拳交手的规律是"彼不动，己不动"。其战略以自卫为主，符合"人不犯我，我不犯人"的原则。不先动手，对方无法看出我方的动向，无过不及，不发招则已，发招则所攻的目标必然准确。不先动手，也可保证自身的重心平衡，不偏不倚。

"应"与"随"有随机应变之意，"急"与"缓"先是针对自身，然后才是针对对手。所谓"急应"，彼来之时我已经有所准备，我虽未出手，但是已经抢占先机，得机得势，可直接以"上法"应对，给人以反应敏捷的感觉。"缓随"则是对手来时，若我尚不得机得势，则以"借法"随之，以作缓兵之计，后再伺机而动，给人以不慌不忙又不失势的感觉。

习练混元太极拳宜慢不宜快，追求虚静的太极境界。注重意、气、神、形的完整统一。由慢而生灵。"慢到十分工夫，即能灵到十分。唯能灵到十分火候，彼即跟不上我，反以我术为奇异"。"能敬能静，自保虚灵"：虚静功夫即是太极功夫。虚则无所不容，静则无所不应。彼不动，我不动；彼微动，我先动。心静体舒，精神内固，神气合一，意在人先。人不知我，我独知人，以静制动，后发先至。无论轻重缓急，均能应付自如。

(4) 虽变化万端，而理唯一贯。

"变化万端"，包括速度、方向，以及"动急则急应，动缓则缓随"。习练太极拳之目的，其一为祛病健身、延年益寿；其二，练太极功夫进而发展为技击实用。对于前者，宜保持不变的、缓慢的速度，而后者，则必须要在练习和实用太极拳的过程中，有着种种不同的速度变化。太极拳在技击中，既有快速，还有变速，更有加速。技击中对方的运动方向不同，运动的速度不同，动作也是千变万化，所以说"变化万端"。然而"粘走相生，急应缓随"，这条拳理则始终如一，不予改变。

习练太极功夫，在初级阶段，只能缓慢、均匀、均衡、通体松软。然后习练加速，首先可取旋转沉体与螺旋反弹之瞬间习练，要点在于始终以意为之。继而再在任何动作过程中，练习加速。即在自己接触对手的肢体任何部分的一瞬间，迅速加速。那就是随机性的变速。习练太极拳动作，外形上虽然千变万化，但太极之理却是不变的。只要能够循序渐进、持之以恒地练习，即可逐渐掌握太极拳之妙境。

3. 由招熟而渐悟懂劲，由懂劲而阶及神明。然非用力之久，不能豁然贯通焉！

（1）由招熟而渐悟懂劲，由懂劲而阶及神明。

招熟、懂劲、神明，是习练太极拳拳架（健身、养生）以及揉手运用的三个阶段：

"招熟"：第一阶段为"招熟"。初学者首先要把太极拳的外形动作学会练好，规规矩矩地将一招一式练到位，练纯熟。这一阶段的特点是只有外形没有内在的感受。

通过不断地习练，以外形带动内部，逐步领悟太极拳的内涵。丹田之气渐渐饱满，并在体内流动。以意引气，以气运身，以内动带外动，即以内气催动外形。到后来，所有的动作用内气来带，开则贯至末梢，合则归于丹田。这一阶段的特点是，外柔内刚，上虚下实，内外相合，节节贯串，螺旋缠丝，动作自然。

练太极拳揉手，要注意身法、手法、步法、眼法。每势的招法（攻击和防御的方法）要练得正确、熟练。首先练拳架时，要将姿势练正确，套路练连贯并与呼吸配合自然。然后在揉手中进行试用，琢磨每个招法是否能用得上，若用上了，还要考虑用劲对不对等。揉手时，如果能够做到轻灵圆转，能比较自如地化解来力，那么就进入懂劲阶段。

"懂劲"由揉手而悟，练拳不练揉手，懂劲无从谈起，太极拳的懂劲就是在从与对手对抗的揉手实践中逐渐悟出来的。首先是师傅的言传身教，在这个过程中，师傅不仅亲自示范，还常常给于喂劲喂气。徒弟（学员）领悟了师傅的教诲后，须辨证吸收，才能融会贯通。每改正一个毛病，都能"悟"出道理，并"体"察出不同于以往的感觉，这就是一个小"顿悟"。一个又一个小"顿悟"连结起来就成为"渐悟"的过程，形成由招熟到懂劲的过程。逐渐由熟悉形态而慢慢感受到劲力，由不懂接手不会接手的光挨打，到少挨打，逐渐到不再挨打。

"懂劲"为第二步功夫，重在培养神经反射的练习，使意念变成本能。拳法运用由渐熟，到习惯自如。这种练习在己方，为自身各部内外肌的调适及形气的调整；在对方，为熟悉来劲之线路。当练到自身肌肤已很有感觉，身体各部的反射机能极为灵敏；再研究对方动作之轻重迟缓，及劲行之趋向的方位。久之自微懂而略懂，进至于无微不觉，无处不懂，方得称为懂劲。初起于学习套路，最终则可达到技击中"因敌变化而变化"的高深境界。显然这一境界不是一日之功，需要"用力之久"。其中"用力"不是指盲目使用力量，而是指学会运用力量的变化，即松柔入整劲、整劲化为松柔的力量转换过程。

招法练熟即可逐渐悟出粘随、刚柔、虚实、轻重以及屈中求直，蓄而后发等道理。现在许多年轻人学揉手好谈懂劲，但不细心研究招法，这是跳班、越级的方法。只追求劲，不讲求招法，往往无从捉摸，不着边际。因为，"劲附招而行，劲贯招中"，招法如果不从实际出发，舍近就远，劲也就随着"招法"而失去应有的作用。懂劲以后，招法的使用才能巧妙省力。招法和懂劲都要和呼吸自然结合，不属拳法的动作不可能结合呼吸，例如两个吸或两个呼凑在一起的动作就不能称其为"结合呼吸"。懂劲质量愈高，揉手时威胁对方的力量也越大，招法的使用也更能得机得势。

"阶及神明"："阶及"意即逐步上升，如同台阶、梯子，须一步一步向上走。功夫每上一个台阶就会明白一个很深的道理，并指导你往更高的台阶和更深的道理去探索。"神明"为第三步功夫，功夫至此，惟在调伏"我"心，使心气沉静，养成定力。所以此步功夫，全重精神修养。达到精神可控制外物，而他力无异我力。

经过懂劲阶段，再往下练，即可进入太极拳的高级阶段，即神明阶段。所谓神明，即不可言传，只可神会，人所不知，独我自明。此时，浑圆练成，阴阳浑于无迹，刚柔相济，周身极其虚灵，运动出于无心，鼓舞出于不觉，心领神会，意到劲随，拳内奥妙无穷尽，功夫到时自通神。练拳时活泼自然，一片神行。周中规，折中矩，不思而得，不勉而中，不知我之为我身，亦不知任之为督，督之为任，中气之为中气也。练一趟拳下来，气不发喘，面不改色，谈笑自若，完全用的先天自然之气，如长江之水滔滔不绝。外边"视之如妇"，内里力大无穷。外行人看不见，内行人一看即明白。

"神明"，意即神妙高明，随心所欲。唐人李道子说："无形无象，全身透空。应物自然，西山悬磬。虎吼猿鸣，泉清水静。翻江搅海，尽性立命。""无形无象"指的是气（先天之气和习练的混元气），它看不见、摸不着，练功夫主要练的就是无形无象之混元气；"全身透空"指的是在练功中打开全身毛窍，人与自然相融，上下内外混元一气；"应物自然"指的是经勤学苦练，悉心体会，达到得心应手，运用自如；"西山悬磬"指的是心虚神静、虚极静笃、开合升降、来去自如；"虎吼猿鸣"指的是喉呼吸，功夫练到上乘在应用时，丹田气充足发劲吐音如虎吼猿鸣、威力无比；"泉清水静"指的是浊气下降、清气上升，心肾相交、水火既济；"翻江搅海"指的是子午卯酉、内气沐浴、大小周天、自然灵通；"尽性立命"指的是性命双修、天人合一。功夫至此不知身之为我，我之为身，唯有心中一片觉明景象，逐渐达到始于无形，归于无迹的无极、太和之原象。达到内观其心，心无其心；外观其形，形无其形；远观其物，物无其物；天地人合，一炁混元。

(2) **然非用力之久，不能豁然贯通焉。**

修炼太极拳要达到上述"神明"的境界，绝非一朝一夕之功，而是要靠长期不懈的努力才能成功。这里所说的"用力"不是用拙力，而是用心研习并持之以恒的锻炼。"豁然"是"明"的扩大，"入门引路须口授，功夫无息法自修"。不经一番勤学苦练，就不能豁然贯通。要持之有恒，精进不懈，并且能亲近良师益友，常相探讨，虚心学习，才能功至自悟。

俗话说"师父领进门，修行在个人"。拳家云："人言此艺别有诀，往往不肯对人表；吾谓此艺甚无奇，自幼难以打到老；打到老时方然悟，豁然一贯神理妙。回头试想懒惰时，不是先知未说到；说到未入我心中，我心反觉多烦恼；天天说来天天忘，有心不用何时晓。有能一日用力寻，阴阳消长自有真。每日细玩太极图，一开一合在我身。循序渐进功夫长，日久自然闻真香；只要功夫能无间，太极随处见圆光；此是拳中真正诀，君试平心细思量。"师云："人人各具一太极，但看用功不用功，只要日久能无懈，妙理循环自然通。"初学开始的明，只是对一招一式的认识，贯通则是全面的，由表及里、由此及彼、触类旁通的认识。太极拳习练者必须懂得招法，才容易将拳套练正确。比如内三合（心与意合、气与力合、筋与骨合）合好了，以意引气，意到气到，气到脉通，不仅对健身养生有很好的效果，而且在揉手技击上也会步步提高。

4. 虚灵顶劲，气沉丹田。不偏不倚，忽隐忽现。

(1) 虚灵顶劲，气沉丹田。

虚灵则灵明。习练太极拳，主身心合一，内外兼修，精神与形体二者同时锻炼，故运动时须运智于脑，贯神于顶，顶上虚灵不昧。顶劲即内劲轻轻上拔，百会穴有虚悬之意，使清阳之气上升，打开百会穴接通虚空之气。头顶虚悬则周身骨骼正直，筋肉顺遂，偶有动作，全身一致，左右前后，无掣肘之虞。

在混元太极拳形体动作的练习中，所指的丹田是人体下丹田：前有肚脐，后有命门，下有会阴，在腹腔中心。混元太极又将其称之为"丹窍"（有气则成窍，有窍能还丹）。气沉丹田，即在运动中人与大自然融为一体，接收虚空整体信息转化为人体内的能量，沉藏于丹田。丹田为全身重点之所在，习拳者沉气于此，则屹然不动，不易撼倒。经常留意气沉丹田，久而久之，丹田气足，气足则鼓荡，就可以在意念的引导下，在体内流动，开则贯至四梢，合之收于丹田。以意领气、以气运身，或充盈肌肤，或收敛入骨，做到意到、气到、劲到。这不仅是拳术之道的需要，也是健身养生之道的需要。无论练架及揉手，皆须虚灵顶劲、气沉丹田。

(2) 不偏不倚，忽隐忽现。

"不偏不倚"，指立身中正，不可前俯后仰、左右歪斜。头为六阳之首，头正，则身躯自然端正。"忽隐忽现"，即虚实无定，变化不测。其外指身体姿势，内指神气运劲，变化无穷，令人不可琢磨。

习练太极拳，须虚明中正，于姿势则必中必正，于运劲若有意无意，使神气意力全身贯彻，无过不及，忽隐忽现。"虚灵顶劲，气沉丹田"是太极拳中最重要的身法，其他有关纠正身法的注意事项，均是由此细化而出。"顶劲提起"与"松劲下沉"（气沉丹田）形成对拉拔长的掤劲，与"不偏不倚"的态势结合，给"轻灵沉静"的太极拳奠定了通向"身法自然"的基础。劲力升华后，则可"蓄于无形、发于瞬间"而"忽隐忽现"。

5. 左重则左虚，右重则右杳。仰之则弥高，俯之则弥深，进之则愈长，退之则愈促。

此段为练走、粘之法，说的是在揉手中舍己从人、引进落空的具体做法。其要诀总归为不与对方之力相犯，而应因势利用。

(1) 左重则左虚，右重则右杳。

在"不偏不倚，忽隐忽现"的基础上，当对方从左方用力攻来，我左方虚而化之、虚而引之，不与顶抗，使来力落空；如对方从右方用力来攻，则我右方虚而化之、虚而引之，也不与顶抗，使来力落空。练到处处能虚而化之、引之，使对方无可奈何而缚手缚脚。"杳"即无声无息，"虚"和"杳"均是对方推我时，由我施加给对方的感受，都是不可捉摸的意思。

"虚、杳"是针对化解直劲而言的。直劲难防，侧劲难练，通常对于直来劲都是"松一侧，搬另一侧"，使对方失势，这么做虽然没有什么明显错误，但是与不给着力点的"虚"与"杳"还是略有不同。身体左右两侧，以缠丝劲分别上浮、下沉，由于这种应对方法动作幅度小，形成了整体变化，使对手难以找到具体着力位置，不敢深入。此时对手的感受即是"虚、杳"。

(2) 仰之则弥高，俯之则弥深，进之则愈长，退之则愈促。

"高、深、长、促"是对太极拳"度"的一种阐述。"弥"即"更加"的意思。运用粘化划弧的引进落空的方法，若对方往上进攻，则高以引之，使其脚跟浮起，感觉高不可攀，凌空失重；若对方往下进攻，则顺势下沉，低以引之，使其觉得如临深渊，摇摇欲坠，愈陷愈深；若对方向前进攻，则顺势引入，使其着不了身，摸不着劲，有长而不可及的感受；对方后退，则粘随进逼，使之无法换劲变招，又站立不稳，其越退越觉得无处可退不能走化。

以上这四种情况都是粘走相生，不丢不顶，我顺人背，我得机、得势，彼不得机、不得势而出现的。充分体现了太极拳"舍己从人""粘连黏随""四两拨千斤"的威力。揉手技巧只要认真实践，人人都可有不同程度的进步。这种揉手技巧是无止境的，因此可以说是一门活到老、学到老的健身防身的技术。当揉手双方功力相等，这样的技巧不容易发挥，如果差距大了（例如力量、耐力、速度、灵敏、技巧等相差较大），这种高级技巧就会显现。

6. 一羽不能加，蝇虫不能落。人不知我，我独知人。英雄所向无敌，盖皆由此而及也。

"一羽不能加，蝇虫不能落"，这是形容皮肤触觉、体内感觉的灵敏度极高，稍有触及，便可得知，立即走化。太极功夫到了高级阶段，身体十分虚灵，感觉极为敏锐，任何一点微小的外力，如一根羽毛，一只小虫落在对方身上都能立即被感知。在与人交手时，自身十分轻灵，无论对方如何使劲都能干净、彻底地化解，而自己却深藏不露。因此，"人不知我，我独知人"，对方无法摸到我的劲路，而我却在"粘连黏随"中运用"听劲"时刻掌握对方的劲路，使自己始终处于主动地位。

在揉手时，对于劲力的掌握仅知己知彼是不够的，还要能够察觉对方的变化。"听劲"就是用于感知对手的力量与力量的方向的一种觉知。"听劲"的培养需要长时间的专心训练，有了"听劲"就可以感受出对方细微的变化。功夫达到高层次，即便是放上羽毛或落上蝇虫这样细微的重量都能感知得到。

"人不知我"，能出其不意。"我独知人"，则能攻其无备。《孙子》曰："善战者无赫赫之功。"又曰："知彼知己，百战不殆。不知彼而知己，一胜一负。人不知我，我能知人，则所向无敌矣。"所以"英雄所向无敌，盖皆由此而及也"。英雄之所以能所向无敌，都是由于掌握了这种高深的功夫！

先师王宗岳生活于250多年前，那时在中国的战场上，近身搏斗技巧能发挥决定性的作用。观先师此句之功力，字字珠玑，谓巅峰之作，可见先师的修行境界，实乃不可思议矣。

7. 斯技旁门甚多，虽势有区别，盖不外呼壮欺弱，慢让快耳！有力打无力，手慢让手快，是皆先天自然之能，非关学力而有为也。

太极以外的其他各种武术流派很多，流派不同，姿势各异。虽然招式特点各有不同，但不外乎是强壮的欺负弱小的，手脚快的打手脚慢的。多重力量而不求懂劲。所以对于机势妙合、轻灵沉静、以静制动等诀概不过问，没有摆脱以"体格"论拳技高低的模式。"有力打无力，手慢让手快"这些都是先天自然之本能，所谓力大与敏捷二者，均为天赋的能力。虽然力量和速度并非都是先天自然之能，其也需要学习锻炼才能增力、提速，但太极拳术的不恃力不恃快而能胜人，没有几年的刻苦用功，是难以达到的，古人曾云："太极十年不出门。"

太极拳术的独到之处，在于超越了形体的作用而练成心神之凝定，所以其功夫不随血气之盛衰而进退。而太极以外的各派拳技，虽不乏有武艺高强者，但都难免随年事增长而转盛为衰。唯太极拳功夫，可以至老不退，此亦其独到之处也。

8. 察"四两拨千斤"之句，显非力胜；观耄耋能御众之形，快何能为？

先天的强弱并非是学来的技艺，这一切是自然规律。但细细品味"四两拨千斤"这句话，显然是要通过后天的锻炼来打破"体格优势"这一自然规律。太极拳不是靠力气来战胜对手，对方虽有千斤之力，但在"轻灵沉静""忽隐忽现""粘连黏随"的太极拳面前却显得不得机、不得势，而无可奈何，我顺彼背。古人称八九十岁的年纪为"耄耋之年"。年老之人，举动迟缓，然而古之名将廉颇等，虽已年过八旬，尚能抵御多人进攻，说明"快"也不一定能取胜。并不是说速度快没有用，而是太极拳术的特殊运动方式以"相对速度"快弥补了"绝对速度"不足的缺憾，对"速度、力量、技巧、体力"做出优化分配，使后天的技术优势占到了主导地位。

著名太极拳家李亦畬在《走架打手行功要言》中说："欲要引进落空、四两拨千斤，先要知己知彼；欲要知己知彼，先要舍己从人；欲要舍己从人，先要得机得势；欲要得机得势，先要周身一家；欲要周身一家，先要周身无缺陷；欲要周身无缺陷，先要神气鼓荡；欲要神气鼓荡，先要提起精神，神不外散；欲要神不外散，先要神气收敛入骨；欲要神气收敛入骨，先要两股前节有力，两肩松开，气向下沉。劲起于脚根，变换在腿，含蓄在胸，运动在两肩，主宰在腰。上与两膊相系，下与两胯、两腿相随。劲由内换，收便是合，放即是开。静则俱静，静是合，合中寓开；动则俱动，动是开，开中寓合。触之则旋转自如，无不得力，才能引进落空，四两拨千斤。"

9. 立如秤准，活似车轮。偏沉则随，双重则滞。每见数年纯功，不能运化者，率皆自为人制，双重之病未悟耳！

（1）立如秤准，活似车轮。

秤之为物，能权轻重而得其平衡。"立如秤准"就是对立身"中正自然"的强调，习练者若能将重心处置得当，则能立身中正，如秤一般平稳，虽在变动之中，全身之力，仍得平衡。身体各部正气皆可上下相通，清气上升，浊气下降，上至百会，下达涌泉，气随意动，处处开张，内气自然充盈。与人交手，进退攻防，刚柔相济，松活弹抖，意到气到，足稳身固，无坚不摧。"顶为准头，故曰头顶悬也，两手即左右之盘也，腰即根株也。立如平准，有平准在身，则所谓轻重沉浮，分厘丝毫莫不显然可辨矣。"习练拳路中的跳跃动作，两脚随"身法"腾起（不过多的依赖腿部力量，是借整体劲产生腾空感），着地时错落有致，则依然是"立如秤准"。

天地之间人是直立行走的。人之所以能够两脚直立行走运动，全赖力与力之间的平衡。这是通过神经中枢调动肢体产生支撑力从而达到人体重力间的平衡。一旦这种平衡被打破，人体必然难以维持平稳站立而跌倒。普通人因缺乏训练，在与他人直接的身体对抗中很容易被外力所制，既而难于平衡。而太极拳拳法习练归根结底就是通过贯彻"静、轻、慢、切、恒"的要求，从盘拳架入手，去僵催柔，重新整合人的神形意气，使之达到新的平衡状态，充分调动人身潜能，在技击中节节贯串，在维护自身平衡的前提下迅速有效地打破对手的平衡，制服对手。

习练太极拳要注意松腰，腰松了，肾气才能出入畅通，贯注丹田，遍布周身。能松腰就能做到养气，能养气就能充实体内能量，这股能量内用，以意引气，运周身之虚灵，可以促使身体虚实阴阳转化，以腰为轴，旋转自如。若能全身处处圆转，则与外力接触时，可以顺势运化，此即"活似车轮"之义。久而久之，养练体内活泼浩然之正气，气随功夫长，方得太极妙。

(2) 偏沉则随，双重则滞。

揉手时要避免双方相抗，如果出现两处与对方相黏，彼此之力相遇，用力平均，力量不分虚实，则谓"双重"。双重时两人相持不下，劲路发生阻滞，其结果仍然是"有力胜无力"，"大力胜小力"，这就违背了太极拳"以柔克刚""以小力胜大力"的原则。此时我方若能够松开一处，则对方即使非常有力，亦不得力，而我方可以走化矣。这与"左重左虚，右重右杳"之义相符，松开一处叫"偏沉"，走化即为顺随。

避免"双重"应着重注意两点：其一，对方用劲时，我方相应地将内气偏沉，不与之顶抗，保持黏随，而非以硬劲相抗。其二，自己的重心不能平均地落在两腿上，而应有虚实变化，这样才能灵活机动，化解来力。

"动作协调则手脚灵便，反之则会显得呆滞迟钝。"无论套路还是技击，都要将协调视为重要的环节。始终保持平衡，身法端正，要像秤准一样；身手圆活如车轮旋转，不但不受来力，还能把来力抛出去。无论来力多么直大，要粘着走化，不要顶抗，如果粘着处放松走化不受力，这叫作"偏沉"。能做到"偏沉"，就能顺随，使对方有力也不得力，有力也无处用。

(3) 每见数年纯功，不能运化者，率皆自为人制，双重之病未悟耳。

揉手时应将自己的两足分清虚实，使重心不平均地落在两腿上而常在一足之内，常将两足交互替代，以支其身，这样才能灵活转动，化解来力。对于"偏沉则随，双重则滞"，杨澄甫先师是这样理解的："前说有车轮之比，犹如一脚蹬轮偏，自然随之而下。何为双重？又如右脚蹬上右方，左脚蹬上左方，两力平均，自滞而不转动，此理自明，勿须细说。"要想学好揉手，就必须克服"双重"的毛病。"双重为病，病于填实，与沉不同也。双沉不为病，自尔腾虚，与重之不一也。"这就告诉大家，"双重"与"双沉"有根本上的区别，"双重"是习练太极拳的大忌，一定要引起重视，极力避免。

10. 欲避此病，须知阴阳。粘即是走，走即是粘；阴不离阳，阳不离阴；阴阳相济，方为懂劲。

(1) 欲避此病，须知阴阳。

"此病"指双重之病，阴阳即为虚实、刚柔、开合等。要克服"双重"的毛病，就必须明白阴阳的关系。《总论拳手内劲刚柔歌》中云："纯阴无阳是软手，纯阳无阴是硬手；一阴九阳跟头棍，二阴八阳是散手；三阴七阳犹觉硬，四阴六阳是好手；唯有五阴并五阳，阴阳无偏称妙手；妙手一运一太极，空空即化归乌有。"

(2) 粘即是走，走即是粘；阴不离阳，阳不离阴；阴阳相济，方为懂劲。

粘、走与阴、阳都是为了说明变化，不仅是自身劲力的变化，也是自己与对手之间势态的变化：粘逼中随时可以走化；走化中随时可以转化为粘逼。所以粘也是走，走也是粘。开合之间，开中含合，合中有开；有虚有实，虚中含实，实中有虚。只有活用了这种变化，才能使身手更为轻灵，搭手即知对方力量的大小、长短、动向、快慢，依着何处即从何处反击。使对方顾此失彼，不知所措，应接不暇，处处被动。这才是真正意义上的懂劲。

要避免"用力顶抗，不能走化"，就要懂得阴阳的变化。阴指柔、虚、轻、合、蓄势、吸气等；阳指刚、实、重、开、发劲、呼气等。"懂劲"的功夫是阴阳相济，融为一体的功夫，是太极的入门功夫。只有"懂劲"了，才算是入了太极之门。所谓阴阳相济，也就是刚柔相济，内外兼修，粘走相生。要克服"双重"的毛病，须从松柔入手。欲刚先柔，欲柔先松，欲松先沉，欲沉先静。由松沉入手，可得柔劲，而后积柔成刚，刚柔相济，刚复归柔，极柔软而后能极坚刚。

11. 懂劲后愈练愈精，默识揣摩，渐至从心所欲。

懂劲，即悟到太极的真谛，也就是入了太极之门。懂劲以后，再往下练，越练越精。此后的功夫全是内省功夫，非复求诸外形所能得到。要学思并用，多实践，多思考；要注重精神修养，使心气沉静，养成定力。这样即可进入太极拳的高级阶段，逐渐达到得心应手，随心所欲。

太极拳套路，动作复杂，千变万化。初学时须循规蹈矩，用心模仿。但练到后来即可悟到，其中的内涵不过是"阴阳"二字。因此练太极，也就是练阴阳。一阴一阳之为拳，其妙处全在互为其根。师曰："乱环术法最难通，上下相随妙无穷；陷敌深入乱环内，四两千斤着法成。手脚齐进横竖找，掌中乱环落不空。欲知环中法何在？发落点对即成功。"

12. 本是"舍己从人"，多误"舍近求远"。所谓差之毫厘，谬之千里。学者不可不详辨焉！是为论。

所谓"舍己从人"，就是舍弃自己的主张，而依从他人动作。揉手时就需运用"舍己从人"，顺应对方的走势，不自作主张。如果自作主张用固定的手法，逆对方的走势，必然会出现丢、顶、硬撞，不能引进落空，反而引进落"实"，造成失败。"舍己从人"并非抛弃自身特点而服从别人，它是一种因敌变化而变化的高深境界。然而"舍己从人"又是太极拳中最难能之事。因两人在交手之时，互相攻击。胜负观念重，彼我难以相容。有许多习练者不理解"舍己从人"的道理，以为"舍己从人"吃亏、麻烦，是舍近求远，而无必要。他们喜欢主动进攻，一味逞强。由于练法不对，欲练愈僵，完全违背了太极的道理。真是"差之毫厘，谬以千里"，学者不可不详细辨别其中的道理。

太极拳非以力取胜。舍己从人是粘连黏随的必经之路，粘连黏随是得机之门。不舍己从人即不能粘连黏随，必丢顶抗。功夫练到精微，心气沉静，能处处随曲就伸，逆来顺受，从中寻机造势，无往而不利。太极之髓在于得机，发力一瞬，适时适机，对方觉时已晚，于一念无念之间小力胜大力，四两拨千斤。《五字诀》中云："先，以心使身，从人不从己；后，身能从心，由己仍是从人。由己则滞，从人则活。能从人，手上便有分寸。称彼劲之大小，分厘不错；权彼来之长短，毫发无差。前进后退，处处洽合，功弥久而技弥精矣。"

以上是混元太极对王宗岳《太极拳论》修炼的易解。混元太极认为，要得太极真功夫，需从太极揉手入手。学习太极揉手首先要学习"粘劲"，其次学习"化劲"，进而学"拿劲"，再进一步学习"发劲"……在形体习练中，由抻筋拔骨到松筋松骨；从节节放松至节节拉开到节节贯通；形神相合，动静如一，上下相随，内外兼修；动作连绵不断，如行云流水。在意念活动中，做到拳无拳，意无意，无意之中有真意；由招熟而渐悟懂劲，由懂劲而阶及神明。在技术应用上，达到彼不动，我不动，彼微动，我先动；人不知我，我独知人；与人交手，进退攻防，刚柔相济；松活弹抖，意到气到；足稳身固，无坚不摧。

师曰："要想打败别人，首先学会被别人打。"又曰："初练太极揉手的人，须先学吃亏，吃亏就是讨便宜。"①粘劲：学习揉手，首先须使两臂在不丢之松柔轻灵中练习"粘劲"，劲断意不断，意断神不散，滔滔不绝，久之两臂知觉敏锐，一触即觉。②化劲：在"粘劲"的基础上练习"化劲"，所谓化劲，即是以松柔轻灵劲不丢不顶而走化对方之进攻。化劲首先要松腰坐胯。太极拳以柔克刚，引进落空为致用，注重巧劲而不注重拙劲。化处无处不是攻，攻处无处不是化，发即是走，走即是发也。③拿劲：在粘劲和化劲的基础上练习"拿劲"。太极之拿，并非用大力按住使之不能动。太极拳之拿劲非以手抓握，而是用粘黏劲知法而拿之。夫拿者，专借巧劲得机得势截止对方攻击而制敌之法，旨在择对方易受制之处而拿之，即拳论所谓"牵动四两拨千斤"是也。④发劲："发劲"之时，必须全身松静。不松静则不能沉着，沉着松静，自然能放得远。故发劲时须有折迭，尤须全身沉着松静。腰腿往后弓，发松弹之劲，好似弓上放箭。正如拳论中所说"得机得势，由脚而腿而腰，总须完整一气"。所以习练揉手的同时，要认真研读祖师的经典理论。前篇注重于内在条件，而后篇注重于外在技能。它们所依据的理论是我国古代哲学朴素的阴阳学说，"一阴一阳之谓道"，以此作为太极拳的基本理论，就使太极拳在广泛流传中不致练成刚拳、硬拳，也不致练成柔拳、软拳，而是大家公认的有柔有刚、刚柔相济。这是《太极拳论》的主要贡献。师曰："掤捋挤按须认真，上下相随人难进。任他巨力来打我，牵动四两拨千斤。引进落空合即出，粘连黏随不丢顶。"

第三章　混元太极拳习拳阐要

混元太极拳从功法到套路，拳功一体，理法圆融。形成一个循序渐进的、科学的锻炼体系。循序渐进是习拳的重要原则，习练太极拳首先要做到"心明"，研习拳理拳法，明了习拳要领是习练混元太极拳，培养神、意、气的必由之路。习练者必须按照习拳要领的要求，在反复研练的过程中细心揣摩、渐渐领悟，日趋深入地将神、意、气的主导作用融贯于行拳走架之中。待拳架熟练后，进而体悟"以意引气，以气运形"，体会"形断气不断，气断意不断，意断神相连"的运用心法。

第一节　混元太极拳入门基础心法

混元太极拳阐述了人与自然是一个整体，人与万物同源于宇宙中最根本的初始混元气。习练混元太极拳的过程是人与大自然混化的过程，是从人天混融到天人合一的整体过程。混元太极拳不仅是一门武学，而且是一门人体生命科学，需要更多人一起学习、研究和探讨，以科学的探求精神培养起对它的正确见解、质疑和分析能力。无数的实践证明，混元太极拳要习练有成，基础、天资、毅力三者缺一不可。

一、拳架是习练混元太极拳内功的基础

基础是指一切事物发展的根本，或叫起点。太极拳的基础是什么呢？笔者40多年来学习、研究的体悟是：太极拳功夫的基础是拳架。也就是说，习练太极拳能不能发挥其养生、技击和艺术这三大功能，究其根本，集中地体现于拳架基础的深度和广度。

拳架锻炼是太极拳最重要的基本功，套路中的各个拳势都是技击中有效

动作的体现，最初大多是单独的招式，以后发展为连贯一起成套的拳路，即套路或拳架。通过套路的锻炼，可以使初学者的形体动作初步符合健身养生、揉手（推手）的运用要求。"习拳容易改拳难"，初学者需严格要求，一招一式打下扎实的基础。拳架是揉手（推手）的基础，揉手是检验拳架的试金石，是从拳架到实战锻炼的一个过渡阶段。如果只练揉手不练拳架，虽然也能掌握一定的应用技巧，但无法全部正确掌握基本动作，容易养成一些不正确的动作习惯，在技巧上达到一定水平之后，就很难有更大进步。

唯有拳架（标准的拳架）能够全面体现太极拳的健身养生、技击应用、艺术欣赏三大价值。从养生功能来讲，太极拳就是通过其连贯而复杂的套路动作，顺逆缠丝、丹田内转、快慢相间、节节贯串、松活弹抖而使人们身心全面得到健康，人体精气神的运化、锻炼都要以拳架为依托；从技击功能来看，虽然揉手（推手）是太极拳系列运动中不可缺少的内容，但是太极拳拳架中的一些重要有效的实战技击动作（如膝击、肘顶、部分腿法等），在揉手（推手）比赛中是不准使用的，有些技击动作在散打中都不许使用，而在练拳架的过程中，却可以淋漓尽致地发挥运用；另外，太极拳的艺术欣赏价值、陶冶人的情操等功能，更不是拳架之外其他项目可以代替的。

二、提高内功层次是习练混元太极拳的关键

习练混元太极拳基础心法有三个层次。第一层次（初级阶段），是招熟阶段（即有为法），学练过程中反复体察神、意、气和形的关系，由开始的不能相融进入到阴阳互孕，强调为拳日益，一法生万法，明了太极拳的身和相（学拳架、调身形）。第二层次（中级阶段），是懂劲阶段（即无为法），渐渐体悟混元太极拳内功、内劲运用心法，强调为道日损，万法归宗。第三层次（高级阶段），是神明阶段（即入大道），明了"无形、无相，无根、无住，无量、无边"等大道修炼心法，由太极功入手修太极拳直走太极道，使套路招式、内功心法、实践运用融合一起，达到"来去自如，攻防并用""强身健体，益寿延年"之功效。

1. 打好基础

混元太极拳内功心法的术语及"用意不用力"的要求，对于没有基础

的习练者来说是一个全新的理念和体验，初学者往往感到比较困惑。因此习练的第一阶段须解决如何学拳、练拳的问题，需仔细揣摩拳理，从一开始就重视习拳理法的研习（详见《混元太极拳入门》），如果仅追求尽快学会动作，追求动作的规范与否，就与混元太极拳内功神意作主宰的要求越来越远。最终练拳几年、十几年，只能练太极拳套路，虽可取得活动筋骨的效用，而混元太极拳丰富的内涵滋味却无从品尝。所以这个阶段的重点是练好基础套路（比如十六式、二十八式混元太极拳），粗通神意气的内涵，学会动作要领，并能将神意气一点点融进行拳走架中。

2. 修炼内功

在基础套路（拳架）熟练的基础上，习练者还须经历内功阶段的身心锤炼。这个阶段重要的内容首先是练好丹田混元气（把全身散乱之气收归丹田），进而强化套路，经千锤百炼方得一气，进一步揣摩拆招、用招与组合变化，最终掌握内功的运用（养生延命以及揉手等技击心法）。在习练中，让每个动作的运行与转换都融入内功修炼，每个分解动作都依赖相应的内功运行。虽然习拳之初就强调内功必须和套路（拳架）一起学练，但多数习练者初始阶段并不容易练出内功，所以，此阶段一定要纠正并逐渐杜绝只运动形体空架子现象。必须使术与招相互融合、知行如一，逐渐达到"招中有术，术由招出"，进而体会与感悟太极拳架阴阳转化的奥妙，为进一步研究延年益寿（人体生命科学）和揉手（推手）的技击应用打下扎实的基础。修炼内功的关键是把每个拳架都拆开来默识揣摩，从而能随心所欲地把式子去僵硬而柔韧，去招法而内功劲法，去刻意烦琐而简洁明了。

3. 内外相合

内外相合是指自身与大自然相互融合、彼此联系。内外并非指身体之内部与肌肤之表层在人体构造层面的划分，而是练拳者由神意气形所构成的功夫，在与外界大自然之气的融合、混化的过程中不断地吐故纳新、充盈壮大。修炼内外相合可以从三道气圈入手，三道气圈由身中发出，弥散在肩、腰、胯的范围，其中以腰气圈为主，上支配肩气圈，下支配胯气圈，由此形成一个内气与外气合和充盈的整体。习练混元太极拳要求达到内气外放、外气内收，打通人体大小周天（内气畅通十二经脉、奇经八脉等），人与大自然融为一体，收虚空更多的能量为己所用。混元太极修炼到整体功夫时，不仅要打通人体周天，而且要真气畅通（打开）三脉七轮，人体内外混元一气。

4. 上下相随

一般来说，三道气圈有了基础后，在行拳走架的过程中就要多体会上下相随。内功理论指出：其根在脚，发于腿，主宰于腰，形于手指，由脚而腿而腰，总须完整一气。手动、腰动、足动，眼神亦随之动。上下相随在混元太极拳内功的心法中有特殊的练法，三道气圈平行散出之后，肩气圈主引领两臂的运行，胯气圈主引领两腿的起落与移动，腰气圈是肩、胯气圈的主导与媒介。此外，为了避免在行拳走架过程心意和躯体散乱，使平行的三道气圈能协调一致地运行，一定要在三道气圈的中心降下一根身中垂直线（相当于人体中脉），在身形向前、退后、左顾、右盼运用中，全凭这条身中垂直线的引领与操纵，在内外相合的基础上做到上下相随。修炼丹道内功或藏密之法有修中脉之说，其实，在混元太极拳修炼的过程中也有与此说法相类似的身中垂直线修炼的内容。在上下相随的进阶阶段，此是一个长期修炼的过程。衡量身中垂直线的修养水平标准有三：第一，垂直线软而活，自然而灵动；第二，把身中垂直线与钟锤融为一体，可上提下落自由旋转；第三，让身中垂直线粗且膨胀力强，任何外界的干扰都不能使之混乱。以上三个标志不是招式方法的传授，而是混元太极拳内功修炼的自然体现。

5. 混元一体

在混元太极拳套路习练中，特别要注意"上下相随，内外相合，松散通空，周身一家"。比如在习练"左右搂膝拗步、手挥琵琶、单鞭、云手、抱虎归山"等动作过程中，习练者不要特别注重外形（姿势）的漂亮，如将外形看得很重，思维只关注姿势，浑身僵硬就不容易去掉。习练混元太极拳需从"松散通空"进入到"松空圆满"。在行拳走架时，梢节的松开、松散、通空尤为重要。松开就是松开身体的各大关节，使之形成流体、弹簧状态。松与散能使手部内气在自身气势的外缘与大自然的外气自然交融，也便于实现佛家所说的"色即是空"的境界。如何实现与外界之气的交融使之与身体形成一团混元气呢？关键的关键就是在太极拳的修炼过程中，心中、眼中、感觉中逐渐淡化手的存在，直至最终忘却双手，达到周身一家的境界。一般来说，此阶段要重点体会左右搂膝拗步、左右手挥琵琶、左右单鞭等动作，特别是单鞭中"一身备五弓（五弓合一，形成整劲）"。"松散"之后必须要伴"通空"，"通空"之后必然进入"松空圆满"，松沉、松净、松柔、松化，内气充实饱满，周身内外一气贯通，神意灵敏、精力充沛、延年益寿之实效自然展现。

三、功夫效益是习练混元太极拳内功的根本

习练混元太极拳的过程就是体内气机转化的过程。当习练者练到深层次后，身体会发生质的变化：体内产生一种无形的能量，此能量在意识的导引下，能够聚则成窍（炁丹），散则成气（炁光）。这种宝贵物质（能量）在自身意念的支配下，能使人快速进入状态。在状态中，其运行周身，内养脏腑，外通百骸，对津液的输注，血液的运行，饮食的消化，营养的吸收，筋骨的滋补，脏腑的灌溉，皮肤的温养，毛发的润泽，精血的生化，外邪的抵御等均起到极为重要的作用。

1. 祛病延年

①濡养筋骨：习练混元太极要求姿势中正，不偏不倚，全身骨骼处于柔和活动中，既纠正了不良姿势，又锻炼了脊柱（颈椎、腰椎）、上下肢肌肉骨骼，对于体位有偏差的人来说是一种很好的锻炼方法。

②强健肠胃：混元太极拳迈步如猫行，动作如抽丝，不用拙力而轻柔缓慢，不会肌肉酸痛、大汗淋漓、口渴难熬，而且长期有节律的锻炼，能使肠胃器官蠕动加快，促使食欲增进、消化机能加强。

③防病治病：混元太极拳要求动作与呼吸配合。久而久之，肺组织得以锻炼而肺活量增加，在气体交换肺部活动的同时，自然会促进血液循环。对于改善精神压力过大、高血脂、高血压、冠心病等疾病有很好的疗效。

④延年益寿：习练混元太极拳一段时间后就能内气充盈、经脉和畅，取得防病治病、强身健体之功效（对慢性疾病有很好的康复作用）。长期习练则能达到修身养性、养生益智、延年益寿之效果。

2. 强身健体

习练混元太极拳，可提升习练者的身体素质，达到身强体壮，精力充沛，反应敏捷。

①架式轻松柔和：混元太极拳的前几套拳架式平稳舒展，动作不僵不拘，没有忽起忽落的明显变化以及激烈的跳跃动作，比较适合中老年人和身体虚弱者锻炼。

②旋转圆活自如：混元太极拳的上肢动作处处走弧形路线，避免直来直往；形体的旋转动作多，有180°、270°、360°等，通过弧形运动锻炼，有利于动作的圆活自然，体现出柔和的特点。

③动作连贯均匀：混元太极拳的动作，从"起势"到"收势"不论动作的虚实变化和姿势的过渡转换，都是紧密衔接，连贯一气的，看不出明显停顿的地方。

④上下内外一体：混元太极拳是全身心的运动，要求习练者一动全身无处不动。一上一下，上下相随；一开一合，开合相乘；一动一静，动静相因；一屈一伸，屈伸相宜；一虚一实，虚实分明；一左一右，左右相连；一内一外，内外相合。这是混元太极拳的整体练法。

3. 开发潜能

习练混元太极拳要求从人自身这个"太极"入手，进一步和宇宙大自然的"太极"去混化，达到人与自然混融，收虚空更多的混元气为己所用。

①在动作运行中，要求习练者形体放松，精神集中，意守体内，神形合一。久而久之，形体自然引动气机在体内升降开合。

②当神体察到体内的真气动起来后，就要把握住这一气感，进一步以气引形，做到精神内守，意念内用，气机内敛，学会调动气、运行气、并运用气。

③混元太极拳在运动的状态中追求相对的静，在静中又有静极欲动的自然规律。形体运动大开大合，松紧并用，神意与形紧密结合，气机在体内鼓荡，节节贯通。混元太极从功法到套路，动作千变万化，次序井然。每个动作有起有落，起是动的开始，落是暂时的静。外形静时内气欲动，内气静时外形欲发。形断气不断，气断意不断，意断神相连，达到形无形，

意无意，无意之中有真意，此境界是混元太极修炼之上乘功夫。练就"心如明镜，身似金刚"，从"千变万化"达到"万紫千红"。师曰："莫道解脱路难寻，恩师教诲迎阳春；欲期达到身心健，长寿之道在于勤。"

第二节　混元太极拳套路运用法诀

在混元太极拳内功习练中，分为桩法与套路两大部分内容。以原地动作为主的都属于桩法（比如：混元太极开合桩、内外相合混元桩、松腰开窍太极桩等），桩法是为行步套路（三十六式混元太极拳、四十六式混元太极拳、六十四式混元太极拳、九十九式混元太极拳、一百二十八式混元太极拳）打基础的。它们有共同点，都属于动功。习练桩法强化内气，习练套路是内气的应用。两者合起来才能达到"禅武一体，内外兼修"。本节是在第一节基础上进一步讲述套路运用法诀。

一、熟练招式

混元太极拳套路是由不同的招式融会而成的，例如来去自如（揽雀尾），拨云见日（单鞭），猿猴献果（搂膝拗步），金童观图（云手），千变万化（进步搬拦捶）等等。在套路习练中，为了把不同的招式连接起来，这些招式必然与技击招法的原型有所改变。因而，当套路练到一定水平之后，要进行"拆招"，即一个单式一个单式地练习技击应用。招式对太极揉手（推手）用处极大，太极套路的许多巧妙的招法在揉手中都可以应用自如，有很好的制胜效果。习练混元太极拳套路对提高揉手技击水平是非常必要的。反复研练、悉心体会，在运用时自能达到千变万化，来去自如。

二、化掉僵劲

"松""慢""圆""匀"是习练混元太极拳化掉僵劲的基本要求（参阅《混元太极拳入门》中的混元太极拳十大要领）。习练混元太极拳要求从松沉入手，练至柔顺，积柔成刚，进而达到忽柔忽刚、亦柔亦刚、刚柔相济，逐步融化身体僵劲，练就"软如绵，绵里藏针"。

要想练好混元太极拳功夫，必须以"百炼成钢"的劲头将身体原有之僵劲去除。练拳初期，应力求柔软，这是摧僵求柔的阶段，在行拳走架的过程中把固有的僵劲化去，在毫不用力的原则下慢慢地运动，由此更能体察动作中的缺点和不足。同时，混元太极拳习练者须重视桩法的锻炼和内功运用，易筋易骨形神桩（第五章）是习练太极拳内功化除僵劲的有效途径。

三、分清虚实

习练混元太极拳必须做到分清虚实（参阅《混元太极拳入门》中的混元太极拳十大要领）。"虚"指神、意、气，"实"是形体、姿势。没有神意之虚，就没有形体之实。只有分清虚实，才能久练不疲；才能把握张弛轻重，均匀转换，不致困顿。

动作能分清虚实，即可灵活转化。比如，在左右旋转时，如果重心移至右腿，则右腿为实，左腿为虚；反之，重心移至左腿，则左腿为实，右腿为虚。虚实变化表现在转体、调换姿势时，这也是调整体内气机阴阳转化的过程。

意念分清虚实，即可"气遍身躯不稍滞"。习练混元太极拳需随时随地用意念来变化虚实，留意每个动作，意念贯注周身，而不是只照顾一处，因为如果只顾及一方，别处就空了，在技击中就容易被对方击倒。在混元太极拳习练和运用中，动作有前后、上下、左右之分，意念有虚实、内外、显隐之别，这一切都需要习练者勤学研练，悉心体会方能掌握。

四、掌握劲力

混元太极拳在揉手（推手）的技击中，根据功夫的高低能分别体会到四种不同的劲法（即明劲、暗劲、听劲、化劲）的运用。随着内功层层提高，习练者应先打好"知觉（明、暗劲）"功能的基础，并予以强化，进一步向"觉知（听劲）"功能深入。高功夫者在揉手中能做到"彼不动我不动，彼微动我先动"，达到"人不知我我独知人"的"灵明（化劲）"境界。

混元太极拳内功劲力有两种用法：一种是不伤人的，这些劲有：松弹劲、粘黏劲、柔化劲及空放劲等；另一种是具有杀伤力的，这些劲有：挤按劲、震荡劲、反弹劲及整体劲等。练习这些劲的基本功包含在混元太极拳的拳架之内，比如松弹劲包含松紧、屈伸、虚实、开合、呼吸的锻炼。"易筋易骨形神桩"抻筋拔骨、松筋松骨是习练内功劲力和技击运用的基础。

习练混元太极拳有了桩法的基础，周身各关节和肌腱就彻底松下来，使体内之力不消耗在体内，自然而然地练出松弹劲。粘黏劲靠的是彼我的合力，手掌是接触对方身躯的部位，凸掌一抹，使对方的来力与我之抹力构成一个合力，使之沿合力方向牵动。如果搭住对方胳膊，不管他胳膊怎么滑，一粘住都不会滑脱。如果掌心是凹形的，这是人之自然本能要抓人，不是粘黏劲。柔化的关键是避实，这要靠接触对方的一刹那的迅速反应。这种千钧一发的反应要靠平时拳架、内功的练习。反弹劲是把对方的劲憋足，突然撤掉自己的支撑力，使对方落空失去平衡，这要求有很好的桩功基础、灵活的身法和步法。不伤人的打法是把对方粘住、转化、空出，其特点是使对方离开原来的位置。这样，作用在对方身上的劲因其移动而卸掉大部分，只有一个比较小的力打在对方身上。所以，如果揉手技击中把对方松弹得很远，对方并不会受到重伤。

伤人的打法是发力时不让对手离开原地，这时打击力全部被对手的身体吸收。挤按劲和震荡劲就是杀伤对手比较严重的技击法，挤按劲的练习方法是通过绵长的动作练出来的，混元太极的来去自如、乘风破浪、猿猴献果等招势都可以打出挤按劲；震荡劲的练习方法也是凸掌震击，对方在原地不动，掌力全部贯入对方体内。整体劲是用丹田内力由脊柱传出，力出于腰，劲来于脊，如时如发对方必伤无疑，所以在技击实践中须谨慎。

五、以意引气

以意者，心意也；引气者，内功矣。以意引气是用意念支配气机在体内运行，使各部通透，用意念来调动大自然的混元气为己所用。它以神意为主导，以五脏六腑为核心调动全身经络、血脉、四肢百骸。是混元太极"心、神、意、气、形"的整体习练和应用。在混元太极拳揉手（推手）的运用中，与对手搭手时，意念在先，知己知彼，百战不殆。

意即是在平时的行拳走架中和与人交手的内气运用心法。例如，"来去自如（揽雀尾）"一式运用动作，两臂前掤，意念以手三阳经（即手臂、手背的外侧）和足三阳经（即两腿、脚掌的外侧）为主，搭手即发，劲力上做到"掤"在两臂；捋的意念以手的三阴经（即手掌和前臂内侧）和足三阴经（即两腿、脚掌的内侧）为主，搭手即拿，劲力上做到"捋"在掌中；挤的意念气沉丹田，体察劲力，攻防并用，劲力上做到挤在手背；按的意念气行腰脊，其跟在脚，主宰于腰，行于手指，劲力上做到按在腰攻。在揉手技击中"以意引气，意到气到，气到劲发"。

以意引气合乎中医的养生保健理论。人体的经络互为表里，交联环绕，通过以意引气的螺旋缠丝运动，沟通周身奇经八脉、十二经、十五络，使气血流注，营卫周流，调节三焦，平和阴阳，内壮脏腑，而又柔顺骨节、肌腱、韧带，外强筋骨、皮肉。在健身养生中"以意引气，意到气到，气到脉通，气足窍开"。

第三节　混元太极拳内劲探析

什么是内劲？内劲有什么本质特征？混元太极拳之内劲，首先是将全身散乱之气收回于丹田；进而与丹田元气相融合，自无而有，自微而着，自虚而实，皆是渐渐积蓄而成（凝聚丹田混元气）；进一步达到"精满混元身，气满混元身，健康而长寿"之目的，这是修炼混元太极的根本。内劲是相对外劲而言，混元太极拳的内劲是从揉手（推手）技击的角度来阐述的，即在甲体内发生之力，通过身体运动，作用到乙的身上表现出力的作用效果。为了说明内劲，先看外家拳的劲路。以正面冲拳为例，外家拳是坐腰、蹬足、上步、屈臂、爆发力伸臂击拳；其特点是发力刚强，击拳线路长，拳从腰部出击至伸臂极限加上步长有 1.5~2 米（一步加一臂长）这在物理学上是动量概念，即质量与速度的乘积。冲量是作用力与时间的乘积，是动量转换来的。欲使打击在对方身上的作用力大，必须打击时间短。这是外家拳为什么要求刚而快的原因，故王宗岳《太极拳论》中指出："概不外乎壮欺弱，慢让快耳。有力打无力，手慢让手快，是皆先天自然之能，非关学力而有为也。"再看太极拳的劲路。用外劲不易养体，于是太极拳提出内劲的概念。太极拳要以弱胜强，以小力胜大力，必须在充分发挥自己力量的效率方面求

69

答案。提高力的效率可从两个方面：一是减少力在自身体内的无用消耗，二是最大限度地提高力作用到对方身上的效果，二者相辅相成。张三丰《太极拳论》指出："一举动周身俱要轻灵"；《行功心解》指出："发劲须沉着松静。"这里"轻灵"和"松静"都是讲减少力在体内的消耗。张三丰《太极拳论》中又指出："得机得势"；王宗岳《太极拳论》指出："四两拨千斤。"这里讲的是如何提高打击力作用到对方的效果，即发劲时机得法，攻击部位恰当，力量用得巧妙。这就是内劲运用的完整概念。

一、太极拳内劲的形成

要说明太极拳内劲的形成，首先要明白太极拳内劲与力的区别。"力"出于"骨"，"劲"蓄于"筋"。如果对太极拳内劲与力进行简单的对比解释：拙力是局部、僵硬的，难以传递；内劲是整体、灵活的，能使周身贯通。经常使用外力容易气浮喘息，经常锻炼内劲可息力养气，延年益寿。

太极拳内劲的形成来之于人体的中和之气。"中"即虚无之意，非刻意追求，是自然之道；"和"即在虚无状态下产生无形的能量（功能），一团和气，充满周身，气满混元身而产生的混元劲（即混元太极拳之内劲）。其表现为两个方面：其一是蓄神。虚无之意并不是昏昏欲睡或迷迷糊糊，而是收视返听，神不外散，达到凝神聚津，聚津成精，炼精化炁，还精补脑……其二是拳中规矩。如太极行拳走架、六合、八面、十要、顺逆、动静以及千变万化之运用等。内劲的产生是在符合太极拳中规矩的条件下，通过对虚无之意的修炼来实现的。这是一个由微渐到显著，由静到动的过程。通过对明劲、暗劲、听劲、化劲四个阶层的修炼，以及行拳走架，揉手（推手）的对练，散手的技击等步骤，完成内外合一、动静合一、体用合一这三大基本技能而逐步实现的。所以内劲是将人体的混元一气、感应能力、基本技能和打法融合为一的产物，习练者在运用时，能瞬间把人体上下、内外之气协调一致。

要想练出太极拳的内劲还必须从内气的练习开始，这是太极拳家们总结出的丰富经验。《十三势歌》指出："变转虚实须留意，气遍身躯不稍滞"；"刻刻留心在腰间，腹内松净气腾然"；"若言体用何为准？意气君来骨肉臣"。这些句子都说明习练太极拳，把握内气是非常重要的。混元太极拳的内劲讲究人体气圈的运用，"通过盘架子培养元气使之渐充。浩然之气由会阴经下丹田、中丹田、上丹田上升至百会，将胯、腰、肩三道气圈由中线向人体四周充斥，通过内气就可以协调人体肌肉产生的各种劲力。习练太极拳内劲达到整体后，体内的内气瞬间就可从一端传到另一端，通过人体全身肌肉、筋骨等力量的运用形成混元整体内劲。"其根在脚，发于腿，主宰于腰，形于手指"说的就是太极拳的混元内劲在发力时的传递形式。

二、"明劲"习练心法

"明劲者，拳之刚劲，即炼精化炁易骨之道"。就是说"明劲"习练易骨法，能达到炼精化炁。习练者把周身的散乱之气收到丹田变成中和之气。明劲是意、气、形结合到一起的整劲，是习练丹田混元气的初级阶段。无论是在站桩还是套路习练中，初学明劲，欲求松柔先练紧凑，动作可以大开大合，五指可以极力撑开，使掌心劳宫穴的吸力过大过实，拇指根部的关节向外撑的劲力也极大，因而所体现出来的劲力也大，但所练出来的劲力会僵滞不活。随着习练的功夫深入可以在练中逐步将这种僵力，转换为圆活灵巧之劲。注意沉肩坠肘，并使前臂中的尺、桡二骨蕴藏一定的内劲，坐腕，劳宫穴宜内含，其吸力不可过实过大，手心内含，五指自然放松，这是由紧而松，松紧并用的习练阶段。明劲是练就刚劲而非蛮劲，是"明白"的劲，是按规矩练出"上下相随、内外相合"的整体劲。

明劲是初学功夫。进退起落，左转右旋，形式有间断。初学者练习发劲，只有把力量练出来了，才谈得上放松发劲，打出太极拳明劲的水平。开始只管放力去打，轻轻松松的把最大的力量释放出来，形成良好的动力定型。经过一定时间的练习，拙力化尽后，此时身上的筋骨已经完全舒展开了，再把这股劲练成自然、练出速度。到这步，对抗力和撑抱力可说已有小成，随随便便放在人身上就是一个整体，若用内劲打，一拳就可以把人打翻，一个进步掤劲就可以把人蹚倒，因为对方是用局部来受你的整体力。练习明劲的要领是"舌顶上腭，提前阴，收小腹，松命门，丹田气贴脊，把全身的力量都向丹田、命门聚集，达到炼精化炁炁入脊"。真气过三关，打通任督二脉（即打通人体小周天），明劲主要是习练躯体混元气，要求习练者把内丹田（下丹田）和外丹田（五心）练通，人与自然融为一体，经过五心和全身毛孔呼吸，不仅把全身散乱之气收回于丹田，而且可以收虚空更多的能量为己所用。

三、"暗劲"习练心法

"暗劲者，拳（权）劲藏于内，即炼炁化神易筋之道"。就是说"暗劲"是习练易筋法，能达到炼炁化神。习练暗劲，就是将内外合一之劲隐而不发、循环转运于周身。身体各部由紧凑转化为松柔。在站桩的状态中，手指、脚趾微微地一缩，全身内气就能连成一体，习练者不知不觉就会出来整劲。练明劲是以肌肉的用力收缩来带动肌腱、筋膜、韧带，练暗劲则是以肌腱、韧带小范围伸缩来牵动膜络、关节囊等。练暗劲关键要把肌腱运动起来，对此要特别注意。练明劲吸气时手心、脚心用力往回缩，那是用的肌肉。练暗劲往里面收的时候是用手指尖、脚趾尖的屈肌轻轻往里缩，缩得很小。站桩时脚趾微微抓地，尽量往趾尖上用力，同时意想手指尖、脚趾尖都往命门里面缩。有了练明劲的基础，练暗劲只要意念运用，手指、脚趾微微一缩，丹田内气就会产生更大的变化，内劲运用的整体性会更强。

暗劲练整体性，不仅要把筋（包括肌腱、筋膜、韧带、关节囊）连带肌肉都松开，达到松腰、健脊、开窍，而且借助内气要把中丹田打开，胸骨以及十二重楼（十二重楼是对人的喉咙的称谓。《金丹元奥》："何谓十二重楼？人之喉咙管，有十二节是也。"）通开。初练暗劲要和明劲相结合，因为明劲费力气，暗劲比较省力。把两者交叉着反复练，可以互相调剂。练完明劲之后用换骨法冲一冲，然后再走暗劲。小周天通后进一步可以习练大周天。练"暗劲"时要加强体察，从武功来讲，练暗劲（柔劲）是快速完成筋膜的交通或连通，使气在筋膜和经络内畅通无阻，下丹田混元气更足、更精细。当躯体混元气练足了就向中丹田脏真混元气转化，进而把五脏的脏真之气强化起来。有了明劲的基础再练暗劲，事半功倍。

四、"听劲"习练心法

"听劲者，觉知运动，即炼神还虚的功夫"。就是说"听劲"是炼炁入骨法，能达到炼神还虚。所谓听劲，是由皮肤的触觉和意元体感觉来探测对方劲路。听劲是懂劲的必由之阶，练习听劲须由学习粘黏劲入手。运用听劲时，应"先将己身呆力俗气抛弃，放松腰腿，静心思索，而敛气凝神以听之"。听劲，是耳听、眼观及周身肌肤触觉，觉察和心灵、神经系统的感知。至于感知灵敏度的高低，是由练拳和揉手工夫的深浅所决定的。听劲是在明劲、暗劲的基础上习练的，当人与人、人与自然混融时，就会出现一种特殊的感觉，这种感觉和实体的身体呈兼容的状态。

混元太极拳上层功夫特别强调练觉知运动。从心理学的角度来讲，觉在知的前面，知比觉更进一步。觉知是意元体接收信息，运动是意元体发放信息的活动。各家武术练的基本都是躯体混元气，意识和躯体混元气相结合，用意元体混元气来统帅躯体混元气，即神、气相合。普通人虽然意念一动气就动，但对气不敏感，不能清楚地感受到体内的变化，所以需借助形体运动加强气的运动，这样把神、气结合到一起。习拳达至一定层次后，意元体体察信息精细、敏锐。比如在混元太极揉手中，双方可以闭上眼睛集中精神认真地体会自己和对方的神意变化。对方一走神（或要变化动作），自己就能觉知到对方走神和转变招式的信息，功夫高的人就在这一信息传递下（能感觉到心心相印、信息相通）灵明的意识（意元体功能）刹那间调整技击计划，改变以退为进，以防为攻。借力打力、四两拨千斤等功夫都是在此状态中产生的。这种状态在揉手（推手）中，能达到"彼不动，我不动；彼未动，我先动；人不知我，我独知人"的功夫境界。

五、"化劲"习练心法

"化劲者，天人合一，即炼虚合道"。就是说"化劲"是元丕洗髓功夫，能达到炼虚合道，返璞归真之境界。所谓化劲，就是达到无形无意、感而遂通的程度。化劲是暗劲、听劲练至至柔至顺的阶段，习练者丹田混元气更为充盈，真气运行周身，行走十二经脉与奇经八脉。体内气机冲开皮肤毛窍，人与自然混融，收太和元气来充实自身，在运用中动作千变万化，内景奥妙无穷。在揉手（推手）的实践中，习练者是不可能按照事先安排好的招式来化解的，而且对手也不会按照你想象的招式出招，招法自然变化，这一切都是意元体的灵敏度达到用招无招的运化功夫。这就是混元太极拳出神入化、炼虚合道的境界。拳家们常说"化劲本是集中意，无形无相莫猜疑，掤捋挤按皆非似，化得真劲万归一"。

化劲是暗劲之终，听劲之极。明劲暗劲，亦皆有划劲。划劲是两手出入起落俱短，亦谓短劲，如同手往墙抓去，往下一划，手仍回到自己身上来，故谓之划劲。练化劲者，与前形式无异，所用之劲不同。所练之时，将手足动作，顺其前三步之形式，皆不要用力，并非体空不用力，周身内外，全用真意运用耳。手足动作所用之力，有而若无，实而若虚。腹内之气所用亦不着意，亦非不着意，意在积蓄虚灵之神耳。呼吸似有似无。化劲练之周身四肢动转、起落、进退皆不可着力，专以神意运用之。虽是神意运用，唯形式规矩仍如前三种。虽然周身转动不着力，亦不能全不着力，总在神意之贯通耳。拳打三节不见形，如见形影不为能，随时而发；道艺之用者，心中空空洞洞，不勉而中，不思而得，从容中道，而时出之。拳无拳，意无意，无意之中有真意。心无其心，心空也；身无其身，身空也。一言一默，一举一动，行住坐卧，以致饮食、茶水之间，皆是用；或有人处，或无人处，无处不是用。所以无入而不自得，无往而不得其道，以致寂然不动，感而遂通。

化劲就是化解对方的作用力，其实质和功能有两点：第一，以小化大，以我方的小力取胜对方之大力；第二，改变对方力的方向，本来对方力的方向向我而来，改变为离我而去。太极拳的"四两拨千斤"就是以听劲的觉知和化劲的整体功能来完成的。内劲的修炼是学习太极拳招术运用之核心，依据合理的桩架和拳架进行站桩和走架的练习是其唯一的法门。重修内而不重修外或重修外而不重修内，或内、外分修舍弃走架等做法，皆得不到内劲修为之要诀，终生难得内劲之究竟。同时内劲在健身中的作用不同于球类、体操、舞蹈等运动，又有别于打坐、站桩、导引等运动。这是因为前者重外不重内，而后者重内不重外，两者皆不能使人体机能达到体用合一的最佳状态。内劲修炼的核心就是习练中和之气，由太极功（站桩）修炼太极拳（套路）直走太极道（应用），三者缺一不可，尤其行拳走架的练习是修炼成内劲的必经之路，也是从套路到技击运用的整体体系。

以上对内劲的形成以及混元太极拳内劲的四个层次"明劲""暗劲""听劲""化劲"做了介绍，但混元太极拳习练者切记习拳的目的不能一味追求技击，应以健身养生、益寿延年为主。混元太极拳整体功法修炼"躯体混元气向脏真混元气转化，脏真混元气向神意混元气转化，神意混元气能统帅人体的生命活动"，达到"神入气中、气包神外、神气合一"的太极大道意境；"从人天混化到天地人合，由混元一气，到一炁混元"，"练就心如明镜，身似金刚，由千变万化到万紫千红"。师曰："混元一气吾道成，道成莫外五真形，真形内藏真精神，神藏气内丹道成……"

第四节　混元太极拳内劲运用六个层次

　　习练混元太极拳内劲不仅是健身养生的好方法，而且在技击中能显出刚柔相济，来去自如的特点。内劲的运用从肢体力开始习练，融性命双修于一体，从浅入深，由局部至整体，从量变到质变，共六个层次。每个层次本身是一个整体。六个层次层层相连、环环相扣，一气呵成，是一个有机的整体，是习练混元太极拳内劲整体运用之心法。

一、"肢体力"心解

　　肢体力也叫局部混元力，肢体力的习练是学练混元太极拳内劲的第一阶段。通过习练使颈、背、腰、胯、膝、踝、肩、肘、腕九曲联珠，节节贯通；通过缠丝螺旋运动使周身各关节劲力贯串一体，四肢百骸混元一气。把人体内外习练有效结合起来，使手、眼、身、法、步，精、气、意、力、神合而为一，形成真正的肢体混元力。比如"来去自如（揽雀尾）"、"拨云见日（弓步单鞭）、"猿猴献果（搂膝拗步）"、"乘风破浪（弓步闪通背）"等拳式都是以习练肢体力为主的招式，每一个动作基本都是以肢体来牵动脊柱、躯干劲力运动。初练者在行拳走架时，动作可以"大开大合、松紧并用"，"明劲""暗劲"同时练成。

　　习练混元太极拳肢体力从内外三合（内三合：心与意合，气与力合，筋与骨合；外三合：肩与胯合，肘与膝合，手与足合）开始，以两上肢整体力为主，它是六层功夫之纲。上肢三大关节为肩、肘、腕，在习练过程中，要求先松开肩关节，练出两臂的松沉力。肩关节能松开，肘、腕关节会随着松开，两臂便能松柔灵活。以臂代鞭，手臂挥击如同鞭杆。《内功经》云：

"气调而匀，劲松而紧"，"松肩以出劲"。是说出劲之时，肩井穴用极柔之意松开，劲力才能畅通无阻。只有肩关节松开，才能保证躯干产生的力量可以顺达梢节。进一步达到"沉肩坠肘，松筋松骨；上下相随，内外相合"。

二、"脊柱力"心解

脊柱力是整体力传递过程中很重要的一个环节，当肩关节松开，前臂的松沉之力练出来以后，进而就要开始锻炼脊柱的力量，以脊柱带动前臂，用躯干的力量给前臂的运动加速。混元太极拳尤其重视脊柱的习练，脊柱是人体支柱，是髓之海洋、血之产地、运动之链条、生命能量运输之通道、中枢神经之所在。它协调主宰周身各部，维持身体各部的正常活动与运转。当丹田真气（混元气）产生后，就要重视锻炼脊柱的力量，丹田气贴脊（将丹田混元气与腰脊结合起来），达到练气入脊。让腰、背部和脊柱真气充足，达到壮腰健脊。比如"探腰望海（虚步海底针）"、"千变万化（进步搬拦捶）"等招式和"天地人合洗髓桩"、"易筋易骨形神桩"的许多动作都是以锻炼腰脊为主，通过腰脊带动全身运动，从节节放松至节节拉开到节节贯通。

练好脊柱力必须打通小周天，真气过三关，真气过尾闾关（练"下丹田"躯体之气），过夹脊关（练"中丹田"脏真之气），过玉枕关（练"上丹田"神意之气）。丹田与脊柱一起锻炼，就能达到炼精化炁，炼炁化神，炼神还虚之目的。天地人合洗髓桩功法，是一种以锻炼脊柱为主的内功上乘功法，习练混元太极拳者如果同时习练洗髓桩，能很好地促进内劲的提高和深化。中医理论指出："脊柱通，八脉通，八脉通，百脉通。"人体只要脊柱练通了，全身无处不通，劲力遍布周身，手眼身法步，心意精气神无不合于脊柱整体力。脊柱能量充足犹如鞭杆，在技击中能产生巨大的作用，掤捋挤按、采挒肘靠劲力无不来自于脊柱，一动以腰带动，全身无处不动，松活抖弹，无坚不摧。

三、"丹田力"心解

丹田力也叫丹田腰胯力，是习武者（尤其练内家拳法习练者）通过运用腹部肌肉发力,继而带动全身运动的一种整体力量。《十三势歌诀》指出:"刻刻留心在腰间,腹内松静气腾然。"经典理论讲述了下丹田内力的重要性,下丹田是人体躯体混元气汇集的中心点,也是技击中内力运用的中心。这一阶段的练习,主要是锻炼丹田混元气在全身的缩放。通过桩功的习练使全身皮肉筋脉骨与丹田相通,丹田气随心意调动,可以顺达周身各个部位,不再产生内耗。丹田气贴命门,腰部松开,然后真气通透下肢,打开足底涌泉穴,人体与大地连成一个整体,地下清阳之气上升,沿脊柱直走脑中心,意念打开头顶百会,想象天门接通上方虚空,收虚空太和元气到体内为己所用。比如"金鸡独立(左右独立)"、"铁脚破身(独立蹬脚)"、"飞龙升天(腾空二起脚)"等招式与"松腰开窍太极桩"的许多动作都是习练"丹田腰胯劲力"的技击运用心法。

丹田混元气是人身至宝,需勤学苦练,日积月累,千锤百炼方能成就。师曰:"先天元气集丹田,真意接通大自然;开合升降聚散化,天地人合一混元。"当功夫练到身体内外通透时,意念随时都能调动体内真气向某一部位集中,使其产生超常的能量(内劲)。如凝神于天门(运气于头顶)则身轻如羽,凝神于地户(运气于海底)则身重如山,凝神于气海(运气于丹田)则可得中和之道。"丹田之能,修炼得法,随时应用,来去自如"。

四、"身法力"心解

身法力也叫内外整体力,是在脊柱力的基础上结合丹田力,久练成劲,贯通周身。它须丹田内气充足,内劲在躯干内膨胀,并胀开各大关节,这叫作内在的抻筋拔骨、炼炁入骨。混元太极拳所有的动作都要使上下、内外协调一致。要想练好混元太极拳,必须把腰胯松开。拳家指出"要想松腰连松胯,若要开窍需松腰"。腰胯松开了,下盘稳固,肾气出入畅通,身体各部正气皆可上下贯通,遍布周身,清气上升,浊气下降,上至百会,下达涌泉,气随意动,处处开张,内气自然充盈。这股能量内用,以意引气,以气运形,运周身之虚灵,可以促使身体虚实阴阳转化,以腰为轴,旋转自如。

身法技击力量来自于丹田内气,只要丹田内气充足,上至百会,下至涌泉,节节贯通。习练混元太极拳,不仅要练好拳法,更要注重桩法(内功）习练，特别是天地人合洗髓桩功法，长期习练，脊柱练得像皮鞭一样柔软、坚韧，背部如同钢板一样有力、坚实，斜方肌与背阔肌向两侧拉伸，肩胛下沉后横开，并被肌肉固定在拉开的位置，微微向前束裹，背圆胸实，肋骨根根开张，而两膀充满力量如熊膀一般，使肩架更为圆整，躯干内部气血充盈贯注周身，周身鼓荡带动背部和肋部筋肉的膨胀和收缩。比如"金童观图（开步云手）"、"回头望月（左右倒卷肱）"、燕子斜飞（弓步斜掤）、"玉女穿梭（四方推掌）"等拳式都是以习练身法力为主的技击方法，每招每式"手、眼、身、法、步，进、退、顾、盼、定"，"上下、左右、前后、内外"协调一致，在运用中劲力一体，运用自如。

五、"整体力"心解

整体力也叫混元整体力，关键是通过桩法习练内功而成。整体连心，心为万念之源，意为万念之主使，意为指令，拳谱中所说的意到气到，气力相合。首先要知道气与力的根源所在，只有两个根源能够有效地融合到一起，才能运用人体的整体力量。混元整体力是先柔后刚，外柔而内刚。比如白鹤亮翅（虚步亮掌）、"掩手肱拳（弓步冲拳）"、"野马分鬃（左右抢手）"、"转身摆莲（转身双摆脚）"等拳式都是以习练混元整体力为主的招式。混元太极拳练到"听劲、化劲"层次时，必须练松柔，练就柔如绵，绵里藏针，才能达到百炼成钢，刚柔相济。它的特点是其柔时，粘住何处何处缠，令人难进亦难出，缠绕皆靠我皆依，如红炉出铁，人不敢摸，浑身上下处处都能体现出弹簧内劲。功夫至此，人和自然融为一体，上下内外一气贯通，皮肉筋脉骨充满弹性，柔韧无比。

当身体产生整体力后，要通过整体骨架贯通，筋力连结，气贯周身，将气力由丹田脊柱送至四肢，产生抖弹内劲。这种劲力是沉肩坠肘、松腰松胯、落地生根，意念接通地下虚空，接收地面反作用力，气从脚底到腿、到腰贯通周身，通过丹田内力连接全身筋骨，瞬间产生极强的整体力。此力量受意念支配，传递到手臂或腿脚，会形成强大的攻击力。全身充满混元气就是混元整体力产生时机，此劲唯有"松之极"，才能达到"劲之大"。比如习练少林拳术（硬气功）时须击砖碎石、踢桩举重，这是一种练力气的方法（内练一口气，外练筋骨皮）。习练混元太极拳则不同，"极柔软然后极坚刚"，要把自身的精气神练到极端的松柔后才会产生极坚刚的劲力。弹簧看似外表极柔软，柔似一团棉，而里面却是极坚刚，绵里藏针，无坚不摧。水为"天下之至柔"，却驰骋于"天下之至坚"岩石之中，柔弱胜刚强。

六、"浑圆力"心解

浑圆力也叫整体混元力，是习练混元太极内功技击的上层功夫。习练整体混元力不但要重视桩法的习练，而且要重视静功的进修。在桩法习练中首先要求"五心合一"，"精气神合一"。把周身散乱之气归于丹田，"顶心向下归丹田，脚心向上归丹田，手心向内归丹田，三元归一于丹田"；在静功修炼中，行住坐卧不离丹田，如鸡孵蛋、龙养珠，练就浩然之正气。习练者从"……炼炁入骨，敛气入脏，元炁洗髓"入手，逐渐达到骨骼坚固、关节灵活、韧带柔软、五脏充盈、周身膨胀（周身能量既有膨胀力，也有回收力，回收的力越大，则膨胀的力也越大）、气灌肢梢，手指如韧性极大的钢钩，练就"扣如钢钩刺如刀，硬如铁石粘如胶，相见如婴儿，举手不能逃"的境界。

随着功夫的提高，躯体混元气向脏真混元气和神意混元气转化，习练者必须主动地运用意识，习练整体混元力要求"精神支撑十方"（参阅《混元太极拳入门》第二章混元太极拳十大要领之八）。以腰椎（命门）为定点，以混元（混元是在中脘穴里面，身体的中心，但不是实体的穴位，而是一种功夫的窍点）为中心，时时刻刻留心这个范围，即念住人身及周围的"大圆气球"，一举一动既不可超越其边缘，又不可不及其边缘。这样气势便能处于无角无棱，毫无缺陷的圆满境地。习练整体混元力以桩法为主（参阅《混元太极拳入门》第三章第五节"站桩是习练内功的关键"），必须重视气势和精神支撑十方的关系，人与虚空开合混化。心意开，是气势的放大，必须以人体混元为中心向十方推动；心意合，是气势的缩小，必须以混元为中心收缩这十条线。无论是气势的放大还是缩小，气势的边缘永远是被动的，这是混元太极拳整体混元力运用之心法。

总之，整体混元力功夫练至上乘，能体会到"神入气中，气包神外，神气合一"之境界。习练者"行住坐卧"头部似有空气的阻力下压，并与浑身各部位阻力相配合，胯坐上力，膝关节也好像顶上力量，浑身各部位各关节都充满能量（气满混元身），身体外部好像被空气阻力固定，身体内部整体连通，梢节越来越沉重，梢节越用力身体越松，平常走路时两腿都能感到空气的阻力，练拳时身体各部位有强烈的依托感，此时周身关节的伸缩量越大，劲力越强，周身内外无处不丹田。习练混元太极整体要求"以养为主，练养结合；以内为主，内外兼修；腰为主宰，松腰开窍……"久而久之，养练成体内活泼浩然之正气，气随功夫长，方得太极妙，达到"眼观六路、耳听八方"之功夫境界，并实现"益寿延年不老春"的最终目的。

第五节　混元太极拳内功应用五种境界

混元太极拳是全身心的运动，要求习练者一动全身无处不动。一上一下，上下相随；一开一合，开合相乘；一动一静，动静相因；一屈一伸，屈伸相宜；一虚一实，虚实分明；一左一右，左右相连；一内一外，内外相合。要求从人自身这个"太极"入手，进一步和宇宙大自然的"太极"去混化，最后达到人天混融、天地人合。这是混元太极拳心、意、神、气、形的整体练法。

一、练拳似练权平衡阴阳

真正的太极功夫是由内功修太极拳直走太极道。练过太极拳套路（桩法）的人都知道，在行拳走架的过程中，两手（手掌手指）大多数动作都是展开的，只有在十分之一的架子中，手指卷曲成拳形。而且，这些手握拳形的式子名称又大都不是拳，而是捶，如：搬拦捶、肘底捶、撇身捶、指裆捶和栽捶（合称：太极五行捶）。综观太极拳各式拳架，从起式至收式，无一式称之为"拳"。因此，有人会问：为什么太极拳不称为太极掌、太极捶或太极操呢？因万物分阴阳，拳也不例外。指掌相握而成拳，这个"拳"称之为"显拳"或"阳拳"；同时，还有一种看不见的"拳"，这个"拳"称之为"隐拳"或"阴拳"。而阴拳才是太极拳学（武学和道学）中要阐述的"拳"。阴拳究竟是什么呢？拳者，权也！在古代汉语中，"权"

字作名词用时为"秤锤"之义，也为秤，如《汉书·律历志上》："权者，铢、两、斤、钧、石也，所以称物平施、知轻重也。""权"字作动词用时有"称量"之义，如《孟子·梁惠王上》："权，然后知轻重。"就太极拳在技击方面的应用而言，对方与我接手，即可体察听劲。"动之则分"，接对方之处为秤盘，百会至会阴之中线是秤杆，自身之单重是随时可调的秤砣；秤盘、秤杆、秤砣悉数分清，各司其职；且"无过无不及、随曲就伸"，"动急则急应、动缓则缓随"，在动中调整秤砣找到平衡点，即："静之则合"。这种平衡状态达到了"一羽不能加，蝇虫不能落"。平衡的瞬间，即"合即出"，应机贵神速、毫不迟疑，向右或向左稍拨秤砣，重物即被抛起或坠地，对方必败无疑。师云："练拳其实就是要把自己练成一杆秤；练拳实是练权。"又曰："练拳好似一杆秤，功夫含在秤杆内。"

　　在人体阴阳二气是相互依存、同时存在的，但阳气尤为重要，它就像天上的太阳温养万物一样温养着人体周身，一旦阳气减弱，生命机能也就暗弱不足，人就会减损寿命或夭折。所以人的阳气是人体生命中的宝物（人体殿堂的御林军），起到保护身体、抵御外邪的作用。习练混元太极拳的人必须懂得，在人体烦劳过度时，阳气就会亢盛外张，并导致阳精逐渐耗竭。假若如此多次重复，阳气愈盛，而阳精愈亏，对练拳者身体极为有害。因此，习练混元太极拳必须心平气和，切不可在恼怒之时练拳。因为，人体中的阳气在恼怒之时就会上逆，血随气升，一旦伤及诸筋，就极为不妥，使人体中诸筋驰纵不收，而不能随意运动，这都是十分不利的，对人体极为有害。故而平时就要修身养性，减少生气、不愉快的机会。人体中的阳气，既能养神，使人神清气爽，又可以涵养筋骨使身体中诸筋柔韧，这就是阳气的功用。而阴气则藏精于内，并不断地扶持阳气，以使阳气能正常卫护体表。如果阴不制阳，阳气亢盛，会使血脉流动迫促，若再受热邪之侵，阳气更盛，就会发为狂症；如果阳不制阴，阴气偏盛，会使五脏之气不调，以致九窍不通。所以，只有使人体内气阴阳平衡，才能筋脉调和、骨骼坚固、气血畅通。阴气与阳气的关键，以阳气的致密最为重要，只有阳气平和固密，阴气方可固守于内，使得阴阳协调。一旦阳气衰减，即会导致阴阳二气互不协调，如此就如一年之中的四季失去了平衡，只有春天而无秋天，只有冬天而无夏天，人的精气随之就会衰弱。所以阴气与阳气能否配合协调，相互为用，是评判正常生理状态的最高标准。

人体阴阳平衡可健康长寿，阴阳不平衡则疾病缠身。习练混元太极拳的过程就是阴阳转换，天地人合的过程。从事物属性来看，"天为阳，地为阴"，故上为阳，下为阴；火为阳，水为阴，故气为阳，血为阴；心火为阳，肾水为阴；刚为阳，柔为阴。从事物运动来看，动为阳，静为阴；开为阳，合为阴；虚为阳，实为阴。练拳时必须阴阳相交，气血畅通；上下相随，内外相合；心肾相交，水火既济；刚柔相济，虚实分明。不可过阴、过阳、过实、过虚、过刚、过柔，做到不偏不倚，无过无及。并通过阴阳虚实互换、开合、松紧、刚柔、屈伸、升降、吞吐、收放、呼吸等引导平衡阴阳的动作，达到气满混元身，健康而长寿。

二、练拳似休息心静体松

练拳练功首先要内外放松，做到"心静神安，清静无物，无物气行，气行绝象，绝象觉明……"意松则身松，身松则气顺，气顺则筋骨、血脉畅通，节节贯穿。体松浊气下降，清气上升，补脑益髓，筋肉无阻力。合收时气易回丹田，开放时气易贯穿全身，发力时可力发一点，点点透筋骨、通百脉。要心神安静专一，周身上下内外协调一致，练拳的过程就是静养休息的过程，全身内外不得紧张，处处筋肉放松，做到心静神安，心不外想，神不外游，目不外视，耳不外听，忘却鼻息，随意慢行，无拘无束。再者练拳练功是处于一种养气凝神的状态，通过练功神经细胞也得以充分的休养，从而保持生命的活力。所以习练混元太极拳具有消除疲劳，恢复体力，愉悦心情，松弛神经的功能。是一种调养身心的养生运动，而不是疲劳身心的体力劳动，应当是越练越轻松，越练气越足。当您疲劳乏力，情绪紧张，心神不宁或火气上升时，练一练太极拳就可以消除不良的情绪，舒胸开怀，神清气爽，精神充沛。练拳似休息的思想方法既符合万物顺序自然的法则又符合健身养生之道，也是一种脱规矩而又合规矩的太极大道练法。

练拳练功又是加强周身气血畅通，增加新陈代谢的过程。人体气血流动要通过合理的锻炼、调整，才能达到气血流动的最佳状态。如果条件允许的话，在草原、森林、河边、高山中练拳练功，使全身气机螺旋缠绕外"开"，五脏六腑、周身内外（皮、肉、筋、脉、骨）都在运动，把人体内病气、浊气、垃圾以及不健康的信息都能排出体外；随着内"合"，将天地灵气、良性信息、太和元气吸收到体内各个器官，达到"气血畅通，强身健体，陶冶情操，益寿延年"之目的。

三、练拳似练功自我按摩

练拳练功的过程亦是自我按摩的过程。练拳时全身上下内外、肌肉、脏腑都在蠕动收缩，周身18个关节缠丝环绕，胸腹折叠运化，达到自我按摩的功效。当练到丹田能自发的一呼一吸，混元气能鼓荡发动时，即"腹内松静气腾然"，就促进了腹肌伸缩和膈肌升降活动，会起到腹部（大肠、小肠、膀胱、脾胃、肾脏等内脏器官）自我按摩的作用。当练到前后阴、下丹田能自动的一伸一缩，而且发热跳动，会起到"尿道、前列腺、膀胱、子宫、输卵管、括约肌等"自我按摩的作用。

练拳时旋腰转脊，两腰抽换，或命门发热，就起到了按摩两肾与命门的作用。周身18个关节小球球的螺旋缠丝，起到了伸筋拔骨，舒缩肌肤、血管、神经、滋润骨膜、灵活关节的自我按摩作用。胸腹的开合折叠，能调节胸、腹腔压力，强化胸、腹的功能，起到了"心、肝、脾、肺、肾"五脏自我按摩的作用。当练到全身发热、筋肉跳动，窍位开合，发胀或热动，甚至热气在全身跳动、盘旋、窜流则起到了全身自我按摩调节身体阴阳平衡的作用。这种按摩称之为以意行气、以气运身的气血运动自我按摩，也称之为易筋、易骨、洗髓的内功修炼。

四、练拳似画图天地人合

太极拳的运动与太极图是分不开的。太极图是天地宇宙之本象，有阴阳之分（阴中有阳，阳中有阴），动中有静，静中有动，动静互为其根，处处皆为弧线运动，万物运动皆依此理，太极拳也不外乎其理，拳术套路中贯穿着各种螺旋缠丝和环形开合的动作，其实就是不同方向，不同方位运动的太极图。一动一静无不符合阴阳太极图之法象，一开一合无不都是缠丝混元圈。时而画螺旋开合太极图，时而画立圆太极图，时而正画，时而斜画，各种弧形运动圆活舒展，中正不偏，虚实互换，刚柔相济，连绵环绕，形成美丽的太极图像。画图时必须意气结合，使太极图像与意气运动结合起来，同时凭着肢体描绘的感觉再去练气，进而使意、气、体三者紧密结合，逐步进入不知有我，唯有太极图的境界。太极的技击术是通过圆形运动产生"四两拨千斤"的效果。人体也是通过圆形运动气通经络，打通周天。古人云："拳之妙处为一动一太极"，即此意也。"乱环法术应求精，上下相随妙无穷，引彼深入乱环内，四两可拨千斤动"则更能说明旋转缠丝的奥妙功效。

太极者，天地阴阳也。练拳时，意念、神韵接通虚空，与天地、日月相连，人站立如"顶天立地"，头顶蓝天，脚踩大地，上天下地，人居中间。上、中、下一气贯通，有顶天立地的气魄。拳内行权，无形无相。拳至妙处无拳，无意，无形，无象，一片神明。习练混元太极，不仅是修炼拳术之小道，还要修炼太极之大道，用大道思想来指导修炼人体自身的阴阳平衡，完善自我，超脱自我，升华到与天地同在。将自己的小太极融于虚空大太极，其大无外，其小无内，从人天混融到天地人合。

五、练拳似吐纳通经活络

吐纳与换气有相同之处，也有不同之处。吐纳以呼吸为主，有氧运动，全靠后天肺部呼吸，吸收天地之精华，吸入氧气，呼出二氧化碳，通过呼吸加强五脏的功能。习练混元太极拳不仅要练好呼吸，而且要把全身经络练通，其开合、螺旋环绕的气流运动，即可加速通经活络，起到营卫全身，温养脏腑，组织器官，濡利筋骨关节，调节阴阳平衡，抗御外邪和保卫肌体的作用。经络是细微气血的通路，内气不足气血流量不易通顺，内气充足加之环绕锻炼，才能使气血畅通无阻。经络又来源于脏腑，经络通畅，则脏腑健壮，是为长寿之道。

习练混元太极拳后天返先天，在后天呼吸的基础上习练先天呼吸，先天呼吸从丹田（体呼吸）开始。首先是丹田开合带动腰椎命门开合，随着命门开合好像两肾在吞吐呼吸。进而脊柱开合，脊柱两边膀胱经、五脏六腑的穴位连于脏腑在呼吸，打开全身的毛窍、穴道和腠理，广收天地之混元。进一步带动全身的关节都在开合，开，无边无际；合，无形无象；开，空空荡荡；合，恍恍惚惚。将虚空的混元气源源不断地收入体内。随着体内内气的充盈，可体会舌抵上腭时，口腔里有金津玉液哗哗地往下流，归于丹田，达到聚津成精、炼精化炁、炼炁化神……功夫直达上乘。

总之，习练混元太极拳，使内气充盈，气血通畅，外形动作与意识运用协调一致。习练到上乘功夫，进入状态就会感觉到四肢百骸荡然无存，不知我之为身，身之为我，唯有意气在流动，做到了内外合一，周身一家，处处虚灵。此时内气似与空气融合为一体，如同在空气中游泳一般，进退沉浮，左右盘旋，忽上忽下，一片神行之太极妙境。混元太极融性命双修，性属心，命主肾，性须静，命须动；动极生静，静极生动，动静一如，久成大定，此长生之道。诗曰："掤捋挤按功上乘，粘连黏随妙如神；采挒肘靠缠丝旋，牵动四两拨千斤。上下相随内外合，松慢圆匀走虚灵；进退顾盼与中定，混元太极健身心。"

第六节　混元太极拳内功修丹心法

太极拳作为内家拳的典型代表，非常注重内功修炼，它是功招合一的技艺。没有肢体运动不成拳，但没有内功的太极拳，亦不过肢体的运动而已。俗话说，练武不练功，到老一场空。"武"，指的是武术（套路基本功），也是武术中力量、柔韧等练习，如马步、出拳速度、腿部、臂部、腰部力量，跑步、拔筋、压腿、踢腿、弹跳等基本素质训练；"功"，指的是内功（……炼精化炁、炼炁化神、炼神还虚、炼虚合道……），武术家指出："练武要练丹田气，练就丹田混元气"，练拳者如果不练内功，就好比大树没有根一样，拳打得再漂亮，也是天天在消耗体力，随着年龄的增长将会力不从心。所以说武术是内功的基础，内功是武术的命根。两者结合才能达到"练养结合，健康长寿；修身养性，功德并进"。为使太极拳爱好者求得内功之真谛，首先要了解丹道功与太极拳内功修炼的渊源。

一、太极拳内功与丹道的关系

丹道是借鉴道家炼丹之术，进行内修的方法（……炼精化炁、炼炁化神……），名之为内丹术。换句话说，丹道是道家进行身心修炼的方法，亦称之为内丹功。太极拳内功的表现是："绵里藏针，绵里裹铁，身如百炼刚，发劲似放箭，无坚不摧。"有内功者，极柔软然极坚刚。无内功的人，非软即硬，失之于偏，而不能刚柔相济。内功是人体内在功能的强化和能量的积聚，内可强身，外可御敌。真正的内功是内外合一的功夫，所谓形、神、意、气、力是也。俗话说：内外合一，鬼神难欺，只有内功备方能拳艺成。丹经要诀也正合太极拳内功之修炼，犹如丹家所说："内持金丹，外显金锋。"

1. 简述道家炼丹层次和派别

道家称炼内丹为修大道，炼内丹者为丹士。道家修身以悟道，丹家修道以成仙。丹道有两家之彼家丹法和三家之龙虎丹法之说。丹道总的可分为三家四派：即阴阳丹法，龙虎丹法，虚无丹法，其中，阴阳丹法又分为自身阴阳和彼家阴阳，所以称之为三家四派。全真道北宗修炼多修自身阴阳的清净丹法，俗称之为净修派，清净丹法通于释家禅宗，以静坐炼性入手，凝神聚气，河车运转，近似于气功中的静坐周天功。全真道南宗多传同类阴阳的丹法，俗称之阴阳派，同类阴阳中男女双修的称为彼家丹法；用鼎器者，为三家之龙虎丹法，所谓鼎器者，灵父圣母，乾男坤女也，童男童女又称之为琴剑。虚无丹法又称天元丹法，由无为入手，是修炼虚空阴阳的丹法，俗称虚无派。无论哪派丹功都要炼神还虚，最终追求的不过一"虚"而已，炼虚以合道。由此可见，"虚无"乃是丹道追求的最高境界。所谓内丹功，乃是道家吸纳了古代的"吐纳、导引、调息、静坐、周天、辟谷"等多种功法而成的修炼方法。但道家的修炼只在"穷理尽性以至于立命"。道家丹功的修炼，重在内气的感悟，抽坎填离，阴阳交媾，循经周天，采药还丹。而拳术除尽性立命外还要用，其修炼以立命为基，以用为本。拳最终用的是劲而不是气，所以拳功的感悟主要在劲上。拳者虽然可以修内丹，亦可融丹于拳，但不能像丹士那样静坐孤修，或者一味地守站桩，拳不仅要站着练，更要动着练。与人交手，进退顾盼，随机应变，不容半点主观想象，也不给你循经运气的机会，机势断续一瞬间，转瞬即逝，失不复得。因此，拳要"意到气到力到"，一闪念抑或条件反射，"发劲似放箭，"出手便是。太极拳要求动中求静，静中求动，动静一如。

2. 修炼太极拳丹功一体

太极内丹功是修炼太极拳核心内容之一。太极拳内功与丹道确实有着密不可分的关系，从历史资料看，各派太极拳与道家多有接触，如姚馥春先生之太极拳，学于友人汤士林先生。"汤先生河北清苑人，11岁时，被太白山道人携往山中，传授太极拳及太上道诀，居山中8年，技艺乃成。其十三势与今之南北治技者，大同小异，惟太极长拳，与今之治太极者，不惟名称各异，其用法及进步之速，尤非十三势可比。"所谓的太上道诀，即内功心法，抑或丹诀，如"无极歌、太极歌"等。就连陈鑫先生在其所著的《陈氏太极拳图说》中，也大量的引述了内经及丹道内容。可见丹道与太极拳的不解之缘。不惟太极拳，就连宋氏形意拳和苌氏武技中，也都有丹道的内容。更见丹道之于内功关系重要。当然，亦不是每个太极拳的修炼者，都要照本宣科地学习丹道，或者必须修炼丹道。但是，最起码要明白丹道，或者说需要了解丹道。通过了解，可以借鉴丹道的方法，更好地促进太极拳内功的修炼。太极拳本身就是经过无数的前人，在反复实践的基础上，融汇了内丹功的内功拳，只要按照太极拳论的要求和拳的要领去做，自然就会得拳中所含的内丹之功。

　　适合太极拳的内丹功法，莫过于清净心法和虚无丹法。净心则静，虚则生灵，虚灵清静则生慧，慧生意乃真。意真则内气鼓荡，神意合一，形神不二。《易外别传》曰："内炼之道，贵乎心虚，心虚则神凝，神凝则气聚。"所以有所谓："昔日遇师真口诀，只是凝神入气穴"，"参透阴阳道乃成，证得虚无便是仙。"《听心斋客问》中也说："心归虚静，身入无为，动静两忘，到这地步，三宫自然升降，百脉自然流通，精自化气，气自化神，神自还虚。"孔德先生更是开宗明义地说："所谓丹成，也无非就是精足神完气充，三者混而为一罢了。"意即精气神合一之谓，丹道不过如此而已。练拳虽需要养生，但又不同于一般的单纯养生。修炼混元太极拳是禅武一体，内外兼修。

3. 修炼丹田混元气

　　混元太极拳内功练的是丹田混元气，"拿住丹田练内功，哼哈二气妙无穷"。丹田混元气包括先天和后天之气，是太极拳在内的内家拳术之根本。如果不练好先天（收宇宙太和元气来强化丹田能量）丹田混元气，单凭后天之气（人自身的能量和体力），是不可能入太极拳大道之门的（混元太极拳修炼的先天之气是宇宙原始混元气的层次，后天之气是万事万物混元气的层次）。

混元太极拳是修炼丹田内气、培养丹田内劲、增强丹田内力的功法，既是练好混元太极的入门基础功法，也是习练混元太极拳通向高深境界的必经之路。混元太极拳内功的入道阶段着重于采气、聚气、练气、敛气、养气，属于武练（呼吸绵绵归丹田）文养（如鸡孵蛋、龙养珠）的阶段。

二、修炼混元太极拳拳功合一

关于太极拳内功修炼，从武学的角度讲，务必融于拳，但又不仅限于拳中，工作生活皆可练功。内功是理法、心法、形法、气法合一的产物，四者密不可分。首先，是要明白道理，也就是道家所说的"穷理"，理不明则事难成。其次，是要调整好心态，即要平心静气，心态平和，也就是所谓的"尽性"。其三，是姿势要正确，即方法要科学，符合动作要领和规范。其四，是要呼吸顺畅，即合生理顺自然，自然而为。所谓的功有内外之分，更有筋劲骨力之说。内功洗髓，外功易筋。内功者，人劲也。外功者，外力也。无论内功外功，都不能离形而为之，形是载体，功是基础，而招为用，"功无招无以为用，招无功招法皆空"。所以，真正的内功乃是内外合一的功夫。

1. 拿住丹田练内功

前有肚脐，后有命门，下有会阴，于腹腔中心，叫下丹田（内功习练称之为丹窍），下丹田炼精化炁。君求长生主要在于"保精、固精、养精、补精"，最后修炼成"全精、元精，精满混元身，健康而长寿"。前有膻中，后有身柱，两侧有大包，于胸腔中心，叫中丹田（内功习练称之为气窍），中丹田炼炁化神。君求延命主要在于"保气、固气、养气、补气"，最后习练成"全气、元气，气满浑元身，长生而得道"。前有印堂，后有玉枕，上有百会、天门，于脑中心，叫上丹田（内功习练称之为祖窍），上丹田炼神还虚。君求灵明必守清虚，主要在于"保神、固神、养神、补神"，最后习练成"全神、元神，超凡入圣达真"。

内功理论指出："人是精、气、神三位一体的混元整体，缺一不可。"又指出："人本初源自虚无精，虚化之为神，神化之为气，气化之为形，顺则生人，出现生、老、病、死。修道者则后天返先天，从形复返为气，气复返为神，神复返为虚。"第一步"神形合一"炼出第一把金钥匙。习练躯体混元气，注重习练外三合（肩与胯合，肘与膝合，手与足合）。一动以腰带动，全身无处不动，把全身散乱之气归于丹田；进而真气由丹田直通皮、肉、筋、脉、骨、四肢、百骸，达到炼精化炁炁入脊，真气直通脊柱，融化脊髓，走向脑中心，还精补脑。第二步"三昧真火"炼出第二把金钥匙。炼脏真混元气，注重习练内三合（心与意合，气与力合，筋与骨合）。第二步是在第一步炼精化炁的基础上，进而以意引气通周天，达到炼炁化神。习练者待下丹田真气充足时，引动丹田内气走会阴，过尾闾，开命门，走脊中，过夹脊，通大椎，过玉枕，开百会，走神庭，开天目，走素髎，舌抵上腭，金津玉液往下贯，降重楼。用真意打开喉结，往下贯通十二重楼。通膻中，走中脘，过肚脐，真气回到丹田大气海。有气则成窍，有窍能还丹。进而丹田真气走会阴，通尾闾，开命门，走脊中，过夹脊，通大椎，过玉枕，开百会。意想体内，真气走脑中心（上丹田），意想虚灵明镜，真气往下走胸腔（中丹田），空空荡荡，走腹腔（下丹田），若有若无。真气走会阴，过尾闾，开命门，走脊中，过夹脊，通大椎，过玉枕，开天门，往下贯，上丹田，贯，中丹田，贯，下丹田，反复体会。第三步"神气合一"炼出第三把金钥匙。炼神意混元气，达到炼神还虚，人天混化。第三步是在第二步炼炁化神的基础上，进而以意引气通周天，达到炼神还虚。灵明的意识察照体内外的虚，体会周身毛窍、穴位呼吸，广收天地之混元。意注体内，闭着眼睛向里看，耳朵向里听，整个身心沐浴在浓浓的大气海中。习练者如时会进入状态，似睡非睡，似觉非觉，恍恍惚惚，空空荡荡，人在气中，气在人中（子、午、卯、酉，真气沐浴周身）。纯精化炁，元炁洗髓。达到天、地、人相合，精、气、神相融（三田合一，合于混元）。

2. 松紧并用妙无穷

内功修炼成功与否，关键是方法要正确、科学；其次，是火候掌握要恰当适度。凡事皆有度，所谓火候即恰当适度，就是不要超出"度"的范围，恰到好处。所谓的内功修炼，不过注重内在功能修炼而已。太极拳做的是圆活运动，求的是整体协调，练的是松弹内力，用的是抖颤内劲。无论什么劲力，都是整体松紧协调运动的结果。运动离不开松紧，内功修炼亦不能离松紧而为之，松紧修炼才是正确科学的方法。关键的问题是对松紧认识和松紧把握。太极拳的"松紧"修炼，严格地说，与常人所理解的松紧亦是有区别的。拳中的松紧修炼，实际上是筋腱的拉伸和缩合修炼，也是一种形体的膨胀和收缩修炼，练的是筋腱弹性和韧性。应该说膨胀与收缩实际上都是紧，这种紧就是在伸缩筋腱，并使之变长变粗，而非在锻炼肌肉。所以拳谚中说"宁练一分筋，不练三寸肉"，就是这个道理。紧实际上是在松的两头，真正的松则是在紧的中间。只有把筋腱拉伸开了，才能做到真正的松。松紧修炼的目的，不是要练出多大笨劲，练出多少肌肉，而在于通过肌肉筋腱的伸缩修炼，增大松紧的空间和缩短松紧的时间，通过慢松慢紧产生浑厚沉实的力量；通过瞬间的松紧产生瞬间的力量，最终形成动不见形、松紧瞬变、虚实不定、刚柔随意、劲由内换、可快可慢、力出瞬间。

"松紧"无论快慢，都是一种能量的转换。但是，要想真正练好松紧、用好松紧，掌握好科学的松紧修炼方法至关重要。混元太极拳内功的松紧修炼，绝不能像一般人那样，一味地松、一味地紧，如此练法，就真如他人所说："终身与'劲'无缘了"。正确的松紧修炼方法是外形不动而内动。可利用拳中的各种动作或桩功（初学者最好采用无极混元桩，或称浑圆桩，熟练掌握之后，即可把松紧修炼融于拳中，亦可随时随地练习），在外形撑住不动的情况下，即所谓外静而内动，随着呼吸而做整体的内在松紧运动，吸气时形紧长身，呼气时形松身胀，整个身体膨胀犹如充气加压，收缩时如坚钢似铁石。此时的修炼，什么都不要想，只求精神高度放松，不要主观运气、引气、导气，更不要去考虑什么经络走向，也不要考虑呼吸的长短，只是静心体味感悟身体内在的变化。久之，呼吸自深，随功夫的加深，呼吸自能入喉，气自落丹田，气随呼吸升降，呼吸在不知不觉中，自然变得深、长、匀、细，自然呼吸可自然变成腹式呼吸，吸气时充塞周身骨节间，呼气时自感直下涌泉，自然得呼吸以踵之功，此即所谓"气由身外求，不气而气，气不求而自得"，自然就感悟到前人所说的各种气感。习练混元太极拳不仅动作要正确，而且要主动地运用意识，习练者要勤学苦练，反复实践，功到自然成。

3. 动静一如修无为

静的背面是气动，动的背面就是心静。人无时无刻不在动。比如习练无极混元桩，从表面看着形体基本是不动的，其实身体里面真气在蠕动，脉血在流动。随着内功的深入，体内会出现空空荡荡，若有若无的状态。习练混元太极拳以内为主，内外兼修；以养为主，练养结合；以动为主，动静一如；腰为主宰，松腰开窍。动作千变万化，内景奥妙无穷。到上乘阶段，形体方面应做到"松紧并用，动中求静，动静一如"；气机方面要求从"自然呼吸至丹田呼吸到体呼吸（全身毛孔呼吸）"；神意方面从"人天混融到天地人合"。习武（修道）是一个漫长的过程，每个人的形体修炼法，基本上都是老师教的，这是基础功夫，到了中层功夫就不能全靠老师教了，需要自己明白道理（理法），古人说悟后方修道。从初级（形体动作）、中级（武学研究）到高级（修炼大道），由武术修炼武功直走武道，有根基的人会一气呵成。上乘功夫是修炼大道，更不是教的、学的，而是闻而所悟，悟而所觉，觉而所得，得而所证，才能开花结果。实际上"法无定法，因人而异"。任何方法犹如过河之舟，过河要弃舟，决不能背在身上当包袱。火候的掌握，乃是心灵的感应，火候才是习武（修道）要追求的内容，抑或技术。犹如酿酒，同样的原料和设备，火候（温度和时间）掌握不好，质量不一，数量有别，若火候过度，不仅质量不好，酿出的反而不是酒，却成了醋。不是说醋没用，只是成本提高了，所用非所求而已。道家炼丹特别重视火候，调药功夫就有"一二三"之分，按古人的说法，"一"是太嫩了（火候未到），"三"呢又太老了（已经走漏），关键是能否把握"二"时采药。一个人在修炼的过程中，会经历过多次的失败，失败是成功之母，只要总结经验，一定会水到渠成。习练混元太极拳从功法到套路，由初级到高级，要步步深入，层层提高。到了高级阶段是修炼混元太极大道，与胎息还丹了无分别。胎息还丹就是金液还丹，就是结金丹，是大道中最重要的事。《伍柳仙宗》说，金丹"即丹田所练成之气，名曰舍利"，"舍利是命得性炼成"，"性在泥丸，命在脐"。命即元气，藏于脐；性即元神，藏于泥丸。就是说，金丹是元神与元气接交合一而成的；简单地说，就是神气相交合一而成。

三、太极拳授秘歌是内功练丹之心法

"炼精化炁、炼炁化神、炼神还虚、炼虚合道"四个层次也是授秘歌修炼混元太极拳的四个阶段，由于授秘歌不同于其他太极拳拳谱那样对盘拳

走架、揉手（推手）给予具体指导，而是从宏观上，高层次上对练拳（修道）进行了概括，相对比较抽象，因此，各门各派武术家对授秘歌都从不同角度对它进行了解释，可谓仁者见仁，智者见智。师曰（李道子所传的太极拳授秘歌）："无形无象，全身透空；应物自然，西山悬磬；虎吼猿鸣，泉清水静；翻江搅海，尽性立命。"

1. 无形无象

指的是习武（修道）时一定要做到身心放松，不要主观上一味追求动作、姿势等功夫。人常说，功到自然成，一味死追，容易着相，出现偏差；习武（修道）到了一定层次（火候），能达到身心合一，物我两忘（大道无形）的境界，它与全身透空是一个事物的两个方面，两种表现形式。

2. 全身透空

习武（修道）到一定阶段出现天人相融、身心合一的境界，所谓人在气中，气在人中，身体飘飘然，没有重量感，似乎不存在，无形无象，全身透空，练混元太极拳容易达到这种景象。混元太极拳讲究内功、内劲的修炼，千锤百炼，功到自然成。比如，讲松散通空，就是通过放松的习练逐步培养起内气、内劲，而这种内气、内劲不能老在自己身上存留，还要散出体外，使全身气血、经脉通透，进而达到全身透空的境界，这样才能把内劲挥洒自如地作用于他人身上。从修炼的角度讲，是一步步走向炼精化炁、炼炁化神、炼神还虚、炼虚合道的层次。它的空不是顽空，而是伴随着一种巨大能量的通透现象。全身透空的表象为全身没有边际感，太极拳讲身体像倒扣一口大钟，内气向外弥散，混元太极转圈步法到一定程度，身体空空荡荡，潇潇洒洒，内气召之即来挥之即去。

3. 应物自然

应，应接的意思。应物自然指的是对于外来的事物，要顺其自然，达到天人合一、人天混融的境界。习练混元太极拳，一是练拳要随心所欲，自然而然，功到自然成；二是与人揉手（推手）要舍己从人，粘连黏随，不丢不顶。只有这样才能达到以柔克刚、后发先至。"人法地，地法天，天法道，道法自然"，一切取法自然。

4. 西山悬磬

王培生老师解释：西山指的是前胸，即西方庚辛金。悬磬好似空悬，即胸部老得让它空着，要虚其心。虚心虚到什么程度呢？像寺庙里的磬，一碰就响。太极拳身法中就要求含胸，即空胸实腹，上虚下实。这磬亦如磬尽，干干净净，胸部没有一点紧张度，特别的舒服，胸部老让它舒畅，特别的空。此句还包含有静极生动、空谷传音的意思。练太极拳讲究心静体松，只有松才能达到极柔软，然后极坚硬，而静可以锁住心猿意马，扫除各种私心杂念，使心灵逐渐净化，达到虚灵明镜。松的极点就是静，静到极点就会生出动，使人处于亦真亦幻，非常美妙的状态。唐朝诗人贾岛的"僧敲月下门"诗句，在寂静的树林、皎洁的月光下，一个"敲"字是那么警醒动人。而西山悬磬呢？一座西山巍峨耸立，四周是连绵起伏的山峦和茂密的树林，一切是那么静谧自然。忽然，一种清新优雅的石磬声从山顶千年古刹传出，在山谷回荡，仿佛天籁之音从天而降，显得是那么的清纯、悠扬、大气。此情此景修行人那种玄妙的感觉与自然融为一体。大隐隐于市，人们的修为能达到这样的境界，就是在喧嚣的城市里也一样会修成正果。

5. 虎吼猿鸣

指的是练功到一定时候催力发声的景象。虎吼是喉头发出声音，猿鸣则是鼻子醒音。功夫练到一定程度会发出虎吼猿鸣等各种动物声音，而且可以带出形来（与动物相似的形态）。高潮时出现全身收紧四肢伸长发出虎吼猿鸣的声音，使人感到一种震撼，没有多年的修为是做不到的。由于心肝脾肺肾属于五脏，与六腑对应属于阴经，六腑属于阳经，又由于五脏配以五行，他们之间有相生相克关系，而习武（修道）讲的是抽坎填离，水火既济，心肾交接，从后天坎离反到先天乾坤，所以人们把此句解释为锻炼阴经。但由于五脏六腑之间互为阴阳，十二经络之间有互为表里，属络关系，我们锻炼五脏同时也对六腑全身加强了锻炼。

6. 泉清水静

指的是动极生静和功夫纯净的意思。前一句虎吼猿鸣是大动，泉清水静这里是大静，前后呼应。动静结合的结果是功夫越来越纯净。禅宗五祖弘忍大师为了寻找衣钵继承人，让他的弟子们对修行作偈子。大弟子神秀的偈子为："身是菩提树，心为明镜台；时时勤拂拭，勿使惹尘埃。"六祖慧能的偈子："菩提本无树，明镜亦非台，本来无一物，何处惹尘埃。"两者相比，神秀偈子是渐悟（要时时刻刻的去照顾自己的心灵和心境，通过不断的修行来抗拒外面的诱惑，强调修行的作用），而六祖慧能的偈子是顿悟（世上本来就是空的，心本来就是清净，无所谓抗拒外面的诱惑），这是禅宗的一种很高的境界，领略到这层境界的人，就是所谓的开悟了，所以五祖弘忍把衣钵传给了慧能。禅宗讲顿悟，很多人经常嘲笑神秀没有修行到家，其实能做到他这一步也要有相当的功底。时时勤拂拭，勿使惹尘埃，与道书中"扫除心界不遗尘"意思相同。收心、止念、入境、聚性、凝神等等是道家修行的必要环节，先炼精化炁，再炼炁化神，舍去各种物欲杂念，使心灵像明镜一样明亮纯净，而后才有炼神还虚、炼虚合道。对于泉清水静还有水源清浊问题，道家认为，水指肾水，即肾精。源，即生精来源之所。浊水源，是以后天识神用事，肾水不清，不产黄芽，称为阴精，采之只能成为幻丹。清水源，是以先天元神为之，不识不知，无念无虑之时，静极生动，称为阳精，采之可以作为药物，而成大丹。后天识神就是我们后天形成的认识、私欲杂念，也可称为思虑之神。习武（修道）很重要的是扫去识神，回到先天元神。所以道德经有："为学日益，为道日损。"至此我们对于前人解释此句"心死神活"就不难理解。

7. 翻江搅海

指的是练功到一定程度内机发动，冲关的情景。混元太极拳以意引气通周天要有一定的火候，丹田热量（内气）经尾闾，通过夹脊、玉枕直上泥丸，就像翻江搅海伴随着一种强大的气机，而后通过任脉降至丹田，从而打通任督二脉，形成周天运转。太极拳和其他内家拳练到一定程度身体里会像水或者水银一样到处流淌。说水是因为它极柔软，说水银是因为它比重沉。拳谱有："长拳者，如长江大河，滔滔不绝也。"对此我们往往从外形上理解：太极拳练到一定程度外形上会越来越柔软，走架行云流水，即或快慢结合，演练起来有张有弛。其实还有一层意思那就是，内功修炼到了一定程度，身体里面会有内气随着外形动作随意鼓荡，"如长江大河，滔滔不绝"。所以有人把自己所练太极拳叫作"水性太极拳"。李仲轩在

《逝去的武林》里曾说，薛颠把内在功夫比为"身体流血"，而他的理解为全身流水。笔者的感觉则是到了一定程度身体里面就像盛满水的水袋子，随着动作随意流淌，达到气满混元身。比如，手指微微一涌动，眼球轻轻一个转动，身体里面就会跟着鼓荡、涌动；再比如，我们做来去自如的动作，身体里面就会像水银一样顺着胳膊流向手指并流向体外很远很远。太极拳大师汪永泉讲的松散通空，指身体里有了内劲，要散出去，并通过疏通筋脉、穴道通出体外，最后达到全身透空的境界。

8. 尽性立命

道家认为，性命二字的含义甚广，凡是属于精神生命方面的，均称为性，凡属于肉体方面的，都属于命。道家修炼的终极目的是长生不死，即，肉体长生须以精神不死为究竟，精神不死须以肉体长生为基址。所以，道家主张性命双修，其含义：一指性与命不可分离，分之即死，一指性与命二者不可偏废。道谚云："天有三宝日月星，地有三宝水火风，人有三宝精炁神，会用三宝天地通。"人之三宝又分先天三宝和后天三宝，先天三宝即先天真一之精、先天真一之炁和先天真一之神，又称为元精、元炁、元神；后天三宝即呼吸气、思虑神（识神）和交感精。修炼所有为先天三宝，常人所有为后天三宝。后天三宝，乃由先天三宝变化而来，故此修炼之时，须将后天返先天，后天三宝转化为先天三宝，所以才有"炼精化炁、炼炁化神、炼神还虚、炼虚合道"的修炼层次。在整个修炼过程中，"致虚极，守静笃"至为重要。致虚极：达到空虚无物的极点。守静笃：外无所见，内无所思，凝神内守，是谓守静。太极拳走架做到排除各种干扰，扫除心中杂念，思想高度入静，心无旁骛，日久天长，就能达到通透、虚空的境界，从而使人的慧根得到开发，身体得到强健，使性命双修跃上更高的层次。

第四章 四十六式混元太极拳义解

第一节 四十六式混元太极拳综述

四十六式混元太极拳是混元太极竞赛套路，是在三十六式混元太极拳的基础上编创而成的，从时间、内容、结构等方面均符合参加太极拳竞赛的要求。习练者练好该套路后可以自愿报名参加校运会以及国内、国际的比赛（或表演）活动。

本套路在正规比赛中，按规定打一遍的速度是5~6分钟，而在日常的习练中，打一遍则需要15~30分钟，是比赛时所需时间的3~5倍。这是一套慢练"修内功"，快练为"表演、竞赛"的好拳法。如今，社会上流行的功法、套路流派众多，可真正习练内功的比较少，一般都是习练外形，所得功夫只能依本能倚强欺弱，以快制慢，以力大打败力小。这仅仅是凭人的先天自然能力而为之，与练拳先练功（由太极功入手修炼太极拳直走太极道）、功德圆满的太极内功习练方法大相径庭。

混元太极拳尤其重视内功（精气神）的修炼，主张"以内为主，内外兼修；腰为主宰，松腰开窍；形神相合，动静如一"。有功底的年轻人"慢修"的层次越高，"快练"中越是能得心应手、游刃有余。脱离"慢修"的"快练"只能是个花架子，而且"快"得有限。只有内功练至深厚，才能"以弱胜强，以慢制快，以柔克刚"。在运用中能达到"来去自如，攻防并用"。师曰："拿住丹田练内功，开合升降妙无穷。"混元太极在行拳走架的过程中，以腰椎（命门）为定点，混元为中心，气随意走，混元开，身体上下内外皆开（人体以腰为界，混元开时，丹田气贴脊，往上，气由脊柱上行，通达两臂肩、肘、腕、手；往下，气下行，贯至两腿胯、膝、踝、脚）；混元合时，全身之气复归丹田而一气相连，周身经络外通四肢，内融脏腑。所以，混元太极在平时的习练中要求动作越慢越好。首先以意引气，放松慢练，意守体内，神形合一。进而以气引形，精神内守，意念内用，气机内敛，学会"调动气""运行气"并能"运用气"。

习练混元太极拳非常重视眼神的锻炼。内功理论指出："眼睛是心灵的窗户"，就是说眼神是心的代表。《十三势行功心解》中说"先在心，后在身"。眼神的作用在于引领转体动作，所以眼神总是稍先于手达到完成动作的方向，并关注着手脚的到位。眼神的方向一般与面部方向一致。眼神左右移动时要保持虚灵顶劲，不可出现摇头晃脑，也不可因手的上下移动而产生仰头俯首的现象。当混元太极习练到高层次时，全身无处不丹田，全身无处不气路；人与自然混融，收虚空混元气（能量）为己所用。意想虚空时，虚空就在体内；意想体内时，体内就是虚空。因此顾盼之时目似垂帘，似看非看，神意照体，精神内收，心意和外形动作（转体、移步）相结合，"全凭心意用功夫"，达到眼观六路、耳听八方，此境界是混元太极内功应用之上乘心法（注：四十六式混元太极拳所涉及的穴位请参考《混元太极拳入门》第八章，混元太极中医基础知识）。

第二节　四十六式混元太极拳拳谱与动作名称

1. 混沌无极（心静体松）　　2. 太极出世（开合升降）
3. 无极化生（划弧转体）　　4. 来去自如（右揽雀尾）
5. 来去自如（左揽雀尾）　　6. 拨云见日（右弓步单鞭）
7. 金童观图（右开步云手）　8. 拨云见日（右弓步单鞭）
9. 雁落沙滩（右仆步下势）　10. 金鸡独立（左右独立）
11. 回头望月（左右倒卷肱）　12. 燕子斜飞（右弓步斜掤）
13. 提手上势（右虚步推掌）　14. 白鹤亮翅（左虚步亮掌）
15. 猿猴献果（左搂膝拗步）　16. 探腰望海（左虚步海底针）
17. 乘风破浪（左弓步闪通背）18. 掩手肱拳（左弓步冲拳）
19. 青龙出水（缠丝撇身捶）　20. 千变万化（进步搬拦捶）
21. 铁脚破身（独立右蹬脚）　22. 铁脚破身（转身左蹬脚）
23. 猿猴献果（左搂膝拗步）　24. 猿猴献果（右搂膝拗步）
25. 来去自如（左揽雀尾）　　26. 拨云见日（右弓步单鞭）

27. 野马分鬃（左右抢手）　　28. 来去自如（右揽雀尾）
29. 拨云见日（左弓步单鞭）　30. 金童观图（左开步云手）
31. 拨云见日（左弓步单鞭）　32. 玉女穿梭（四方推掌）
33. 来去自如（左揽雀尾）　　34. 来去自如（右揽雀尾）
35. 拨云见日（左弓步单鞭）　36. 雁落沙滩（左仆步下势）
37. 上步七星（右虚步交叉拳）38. 退步跨虎（左虚步推掌）
39. 转身摆莲（转身双摆脚）　40. 拉弓射虎（马步开弓）
41. 飞针走线（右虚步抢手）　42. 千变万化（进步搬拦捶）
43. 如封似闭（弓步双推掌）　44. 莲花盛开（捧球上升）
45. 天人合一（太极还原）　　46. 返回无极（一炁混元）

第三节　四十六式混元太极拳动作路线示意图说明

一、动作路线图说明

1. 此示意图起势时，以面向南为前，背朝北为后，左为东，右为西。

2. 本套路动作在一条线路上往返运行，因拳谱名称无法重叠而展开成平面图。

3. 方框中拳谱名称的字面朝向即是该动作的面对方向。

4. 两个以上的方框相连时，表示这几个动作在原地进行，上半步退半步时用 ▭ 表示。

5. 此图只表示拳势位置的大致变化，起势与收势基本在同一位置上。

6. 此图只体现拳谱名称，括号内的动作名称详见第二节。

二、动作路线图

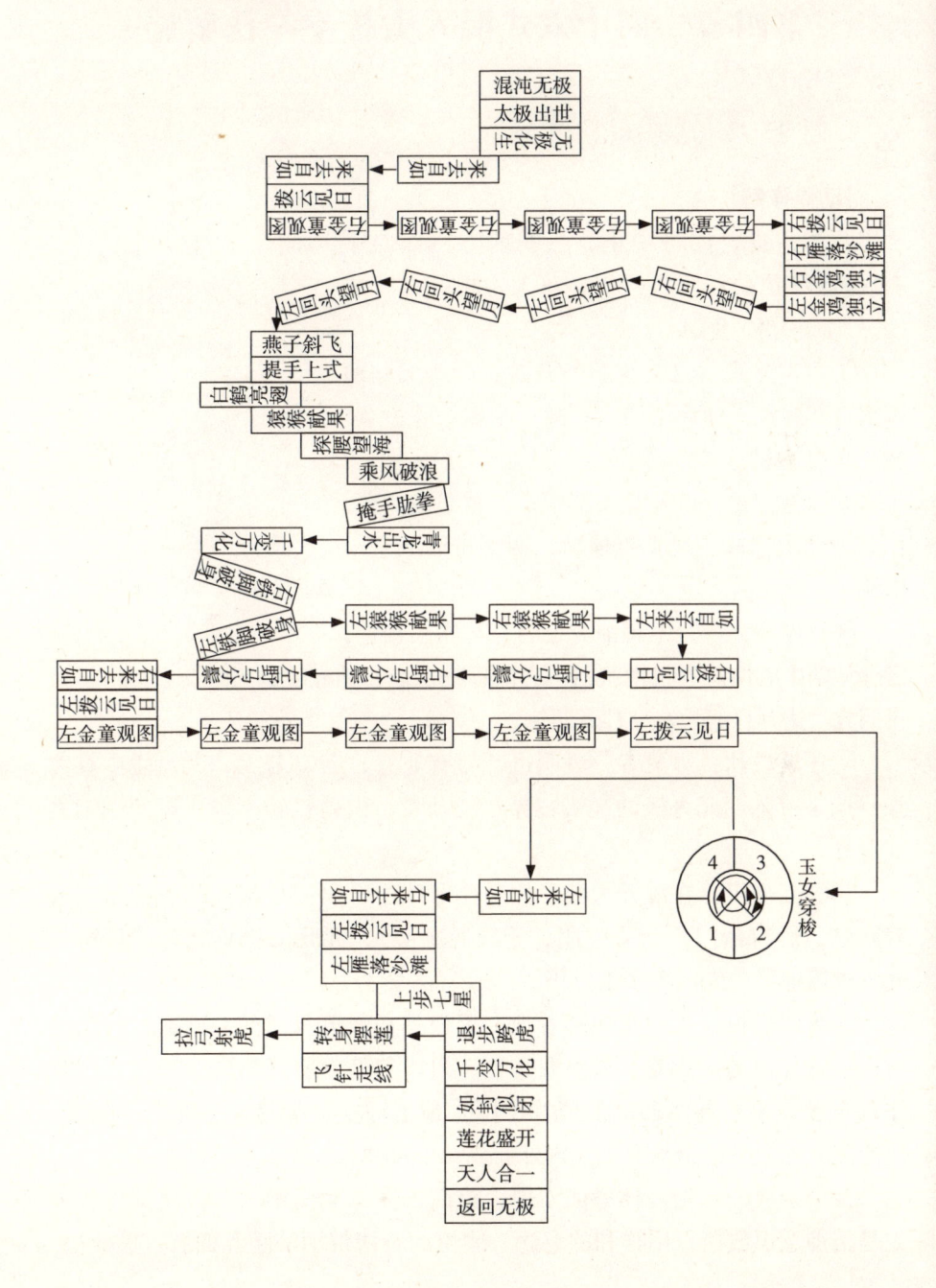

混沌无极
太极出世
无极化生
手去自如
拨云见日
左雁落沙滩 → 左雁落沙滩 → 左雁落沙滩 → 左雁落沙滩 → 右拨云见日
右雁落沙滩
右金鸡独立
左金鸡独立

左回头望月 ← 右回头望月 ← 左回头望月 ← 右回头望月
燕子斜飞
提手上式
白鹤亮翅
猴献果
探腰望海
乘风破浪
掩手肱拳
水晶龙卷
千变万化
鸳鸯戏水
左铁脚破浪 → 左猴献果 → 右猴献果 → 左手去自如
白云出岫
手去自如 ← 分鬃通臂 ← 分鬃通臂 ← 分鬃通臂
左拨云见日
左金童观图 → 左金童观图 → 左金童观图 → 左金童观图 → 左拨云见日

玉女穿梭 (4 3 / 1 2)

手去自如
左拨云见日
左雁落沙滩
上步七星
拉弓射虎 ← 转身摆莲 ← 退步跨虎
飞针走线
千变万化
如封似闭
莲花盛开
天人合一
返回无极

第四节　四十六式混元太极拳拳法解述

1. 混沌无极（心静体松）

【动作详解】

两脚并拢，周身中正，目视前方（面向正南）。虚灵顶劲，气沉丹田，落地生根，全身放松，人天混融（图4-1）。

①两脚并拢：这是练拳的开始，两脚尖和两脚跟自然并拢，使两下肢（大腿、小腿、膝关节、踝）靠在一起。

②周身中正：首先是头部中正，重心微前移，百会至会阴连成一线垂直地面，两手自然下垂于体侧。

③目视前方：目平视前方，目光与周围相合，意念从脑中心向前看，由眼前一直向远处扩展，神光放到天地交合处，再慢慢回收。达到目似垂帘，神意照体。

图4-1

④虚灵顶劲：虚灵者，灵明也，似有非有，若有若无，无意之中有真意，这是习练混元太极的高级境界；顶劲者，内劲轻轻上拔，可使清阳之气上升。

⑤气沉丹田：在混元太极形体动作习练中，丹田是指人体下丹田（前有肚脐，后有命门，下有会阴，于腹腔中心），混元太极称之为"丹窍"。气沉丹田即将内气沉藏于下丹田。

⑥落地生根：落地指两脚着地，生根是在气沉丹田的基础上，两脚像树根一样伸入地下虚空。气沉丹田后，丹田气经下肢通向脚底涌泉穴，意注两下肢似两根通明透亮的气柱子踩入地下虚空，接通地下虚空混元气，使清阳之气上升，全身上下、内外连成一个整体。

⑦全身放松：指身体紧而不僵，松而不懈，柔而不软。放松的方法首先是精神意识放松，用祥和的意念、愉悦的心情带动脏腑和四肢百骸放松。

从中医的整体观来讲，脏腑与头面部乃至四肢百骸都是通过经络而相互联系的，"有诸于内，必形于外"。放松好了，脏腑的精气才能调和，经络气血才能畅通，大脑的灵明度才能提高。

⑧人天混融：要求习练者排除一切杂念，进入精神专一的状态。人与大自然连成一个整体，达到精气神合一（从不练功进入练功的状态）。

⑨为了便于混元太极习练者学习，将图中姿势的方向定位为：正南——面向读者；正北——背向读者；正西——面向读者左边；正东——面向读者右边。

【攻防含义】

本式是无极（混元一气）之始、太极之首（在不同的运用中都要求心静体松，紧而不僵、松而不懈，有顶天立地的气魄），所以在本拳谱中将其定名为"混沌无极"。习练本式要求虚灵顶劲，气沉丹田，落地生根（欲要虚灵顶劲，必须气沉丹田，落地生根；要落地生根，则必须虚灵顶劲），任何一方不能偏废，如此周身上下、内外才能连成一个整体，只有"立身中正安舒"，方能"支撑八面"。

【康复养生】

①周身中正是习练混元太极的基本要求。前人说："低头猫腰，武艺不高。"初学者大多立身不正，前俯后仰，左右倾斜，下肢不稳。如长期这样会导致内在的气机失衡（或不畅），不仅影响练拳的效果，还会引起阴阳失衡而产生疾病，因此在习练中做到"周身中正"极为重要。习练混元太极的过程，都是从中正站立开始。两脚并拢，就标志着要求习练者从不练功的"人心"进入到练功的"道心"。

②在空空荡荡的状态中打开百会穴接通上方虚空，用意念打开全身的毛窍、穴道和腠理，意识接通虚空，在状态中人与大自然融为一体，广收天地之混元。随着意念回收，虚空混元气源源不断地收到体内为己所用，达到"人在气中，气在人中，神意照体，周身融融"。

2. 太极出世（开合升降）

【动作详解】

①无极生太极：接上式。重心右移，提左腿向左开步，两脚约与肩等宽，平行站立，趾尖向前，两膝微屈，目似垂帘，内外合一（图4-2）。

重心右移，左脚向左开步的动作，是无极生太极的开始，也是由静向动，阴阳转化的过程。重心向右移动的同时，右腿要坐胯、屈膝。重心移到右腿时，将左脚完全放松下来，达到虚实分明。然后轻轻地依次抬起左脚脚跟、脚掌、脚尖，向左开步。先左脚尖落地，再脚掌、脚跟慢慢踏实地面。重心移至两脚中间，身体中正。在此过程中注意百会上领，含胸拔背，松腰松胯，尾闾下垂，神意照体，目似垂帘，意念充斥全身。

②捧球贯球：接上势。两手插入地下虚空，混融地气（图 4-3），然后捧球上升，至腹前（图 4-4），继续捧球上升，至胸前（约与肩等宽高），掌心相对，指尖向前（图 4-5）。两臂微内旋，拢球回收，下按至腹（下丹田），掌心向下斜相对，指尖向前。下按的同时屈膝坐胯，气沉丹田（图 4-6）。

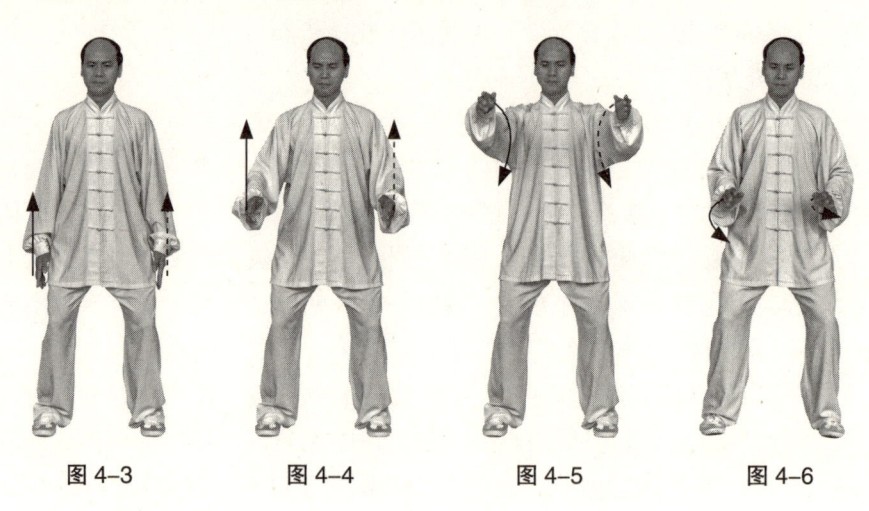

图 4-2

图 4-3   图 4-4   图 4-5   图 4-6

【攻防含义】

①本式是从静态到动态的运动，无极而太极，所以在本拳谱中将其定名为"太极出世"。本式动作虽然简单，但内容深奥。不仅能起到通周天的作用，而且在定步与动步相交接、补充、转换时，内隐阴阳动静周转之拳理，体现技击交手之规律；从攻防角度要求预备交手时，以静待动，静观

对方，察来势之机，揣对方之长短，在瞬间确定对方来势而从容应变，在交手中保持平静的心态。

②四十六式混元太极拳的起势，省略了许多内功动作（大家可以参阅三十六式起势的整体"开合升降"），整体的起势动作内含许多攻防的心法，在技击中能如时应用。比如两手插入地下虚空，右胯微前移，右臂体前螺旋上起至胸前回收的动作，是技击中挎篮外捌的招法，内力随心意调动，瞬间无不把对方抛出圈外。

【康复养生】

①无极生太极的整体练习过程，是习练内功调动全身气机的过程，其以形体的升降引动体内气机的升降，进而与虚空混化，达到天地人合一。

②两手捧球上升时，意想气机由脚至腿、腰螺旋上升，经督脉上升至头顶百会穴（天门），意念接通上方虚空，随着胸前拢球回收，贯球下落，虚空混元气（太和元气）源源不断地透过头顶贯入体内，由头部（上丹田）下落，贯通胸腔（中丹田）、脏腑，气回归于腹内（下丹田），这是一个通小周天的练法。

③人体若周天打通了，身体将从量变到质变，习练者会达到气血通畅，疾病消除，身体各部功能提高。《黄庭经》曰："任督者，呼吸往来于此地，人能通任督二脉，则百脉皆通，百病消除，亦为回复先天。"

3. 无极化生（划弧转体）

【动作详解】

①划弧左转体：接上式。丹田气划立圆，带动两掌腹前螺旋划弧（由上、右、下、左的方向划弧），同时碾右脚（右脚跟微抬起外旋约45°）（图4-7）。重心右移，左脚尖翘起，身体左转，两臂随身体转动，顺势向左斜上方划弧，掌心向外略向左（图4-8）。身体左转约180°，至体后（面向北方）；左臂升至身体左侧，约与肩等高，似直非直，掌心向后，指尖斜向上；右臂升至混元前，掌心向后，指尖向左。目视两掌，神意照体（图4-9、图4-9附图）。

图4-7

图 4-8　　　　　　　图 4-9　　　　　　图 4-9 附图

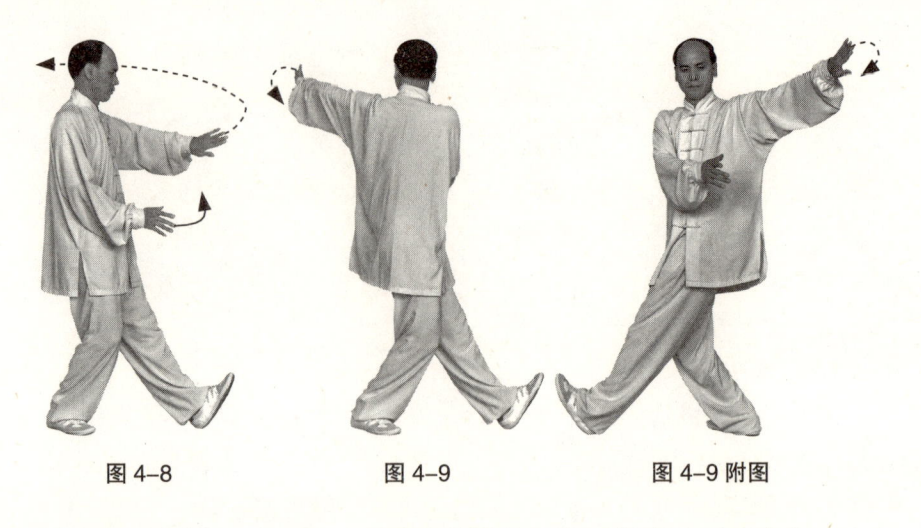

②划弧右转体：接上势。左臂向外旋转成掌心斜向上，指尖向左；右臂向内旋成掌心向下略向前，指尖向左，置于胸前，肘略低于腕；同时，以腰带动身体右转，两臂随身体向右划弧（图4-10~图4-11）。

图 4-10　　　　　　图 4-10 附图　　　　　图 4-11

身体连续右转，左腿随之内旋，脚尖内扣约90°落地，碾右脚（右脚跟微抬起内旋约90°）（图4-12），碾左脚（左脚跟微抬起外旋约45°）。重心左移，右脚跟微抬起成右虚步；同时，两臂向右缠丝下落（左臂内旋、右臂外旋）成将势，右掌在前，掌心向下略向左，指尖向前斜向上（约与肩等高）；左掌在后，位于混元前，掌心向下略向右，指尖向前；面向正西，目视右掌，神意照体（图4-13）。

图 4-12　　　　　　　　图 4-13

【攻防含义】

①本式动作螺旋划弧、左右旋转，习练丹田混元气。松腰松胯、松膝松踝，上下相随、内外相合，所以在本拳谱中将其定名为"无极化生"。随着身体左右转动，两臂划弧，好像捋着天边的混元气，意念把身体周围及虚空的混元气源源不断地收回到体内。只要丹田内气练足，在技击中，肩击胯靠，内力无比。

②比如对方右脚向前上步，用右掌向我胸部攻来时，我急向右闪身使其击空，右手顺势握其手腕，左手抓其肘向右捋，同时向右转身，使其失去平衡跌倒在地。此为顺手牵羊技击手法，在运用时，丹田内气旋转向外，有四两拨千斤之功用（注：顺手牵羊动作特别要求沉肩坠肘，这样不仅能起到保护自身胸肋部的内脏要害部分，而且达到攻防两宜）。

【康复养生】

①本节是第一次出现碾脚动作。碾脚时要求两脚虚实互用，双脚各大小关节逐一松开，脚与大地融为一体，即落地生根。这是一个非常形象的比喻，人的双腿和两脚就像是深深地扎入地下的根，躯体是大树之干，上肢是枝杈，手是树叶。练功时，意念落地生根就如是往地下慢慢扎根的过程，功夫越高根基越深。

②双脚各大小关节全部松开，特别是末端的趾关节亦要松开，这样扯动足三阴、三阳经，气机运行通畅，进而牵扯到周身的松柔，使周身不带拙力。在混元太极行功时，通过足下阴阳虚实转换，旋转碾脚的缠丝运动，

第四章　四十六式混元太极拳义解

105

可使下肢气机更加畅通，清阳之气绵绵不断上升，浊气下降，为练通整个下肢打好基础。

③在混元太极招式运行中，初练者以自然呼吸为好，待动作熟练后，可以配合呼吸（开呼合吸，降呼升吸）。当功夫修炼到深层次后，可以丹田呼吸（体呼吸）的自然呼吸运行法。内功理论指出："能呼吸，能灵活。"又指出："灵活得体，健康常存。"

4. 来去自如（右揽雀尾）

【动作详解】

①左腹前抱球：接上式。重心左移，身体左转，收右腿，右脚尖落于左脚内侧中心，离地约1厘米（老人或初练者脚尖可以点地）；同时，右臂外旋，右掌划弧下落至左腹前，掌心向上，指尖向左；左臂微外开，左掌回收于左胸前，掌心向下，指尖向右，两掌心相对，于左腹前抱球，目似垂帘（图4-14）。

②"掤"：接上势。以腰带动，身体微左转（逢右先左转），然后身体右转，右腿外旋，右脚向右斜前方开步（脚尖离地约1厘米向右斜前方伸出，与正前方约成30°开步），脚尖上翘，脚跟用内劲外抻落地（图4-15）；重心前移，右脚尖微内扣落地（指向正西），左腿内旋，左脚跟后蹬成右弓步；同时，右臂内旋向右斜前方掤出，掌心向内，指尖向左，掤出后右掌略高于肩；左掌跟随右臂向右斜前方推出，立于右掌下约四横指的距离，掌心向外，面向正西，目视右掌，神形相合（图4-16）。

图 4-14　　　　图 4-15　　　　图 4-16

③"捋"：接上势。松腕，右臂内旋，转成右掌心向下略向左；左臂外旋，转成左掌心向下略向右（图4-17）；以腰带动身体左转，左腿外旋，右腿内旋，重心由右脚移至左脚；同时，两臂向左斜下方牵拉捋出，两掌经胸腹前向左后方划弧，右臂逐渐外旋成掌心向后上方，左掌四指顺势搭在右手腕内侧。目光随掌移动转向左后（图4-18、图4-19）。

图 4-17

图 4-18    图 4-19

④"挤"：接上势。以腰带动身体右转，左腿随之内旋，右腿外旋，重心前移，左脚跟后蹬成右弓步；同时，右臂内旋，左臂跟随右臂向右斜前方螺旋挤出，挤出后两臂圆撑高不过肩，面向正西，目视前方（图4-20）。

⑤"按"：接上势。松腕，右臂内旋转右掌心向下，同时左掌从右腕上方穿出，两前臂腕部交叉成剪式（图4-21）；重心后移，右脚尖翘起，同时

两臂外旋分开，转成掌心相对，与肩等宽高，两掌抱球向胸前回收，贯气入中丹田（图4-22、图4-23）；重心前移，右脚尖落地，同时两掌微内旋下按至腹前，掌心向下斜相对，贯气至下丹田（图4-24）；左腿微内旋，左脚跟后蹬成右弓步，同时两臂内旋，两掌抱球向上、向前推出（随着两臂前推，两掌逐渐转掌心向前），与肩等宽高，掌心向前，指尖向上，目视前方，神意照体（图4-25）。

图4-20　　　　　图4-21　　　　　图4-22

图4-23　　　　　图4-24　　　　　图4-25

【攻防含义】

①"揽雀尾"在混元太极拳各套路中（除八式、十六式外）分为左右揽雀尾，各有"掤、捋、挤、按"四势。因"掤、捋、挤、按"内涵深奥，在习练和技击实践中能达到千变万化，攻防并用，所以在本拳谱中将其定名为"来去自如"。

②掤法要求沉肩坠肘，劲力上做到掤在两臂。比如对方左脚向前上步，出拳向我胸部或头部冲击。我寻机上右脚贴于对方左腿外侧，同时右臂向斜前方上掤架开对方上臂；左手按出，并重心前移使其失去重心而倒地。注意：退步闪拳要快，右臂上掤、左手按出要同时用力，动作快速、迅猛。

③捋由掤而来，动作走弧形，劲力上做到捋在掌中。比如对方左脚向前上步，用左拳向我冲击。我迅速左转身，左脚向后退步闪开对方左拳；同时左手抓握对方左手腕，右手粘贴在其左肘关节处；然后重心后坐，上体左转，左手外旋向左后顺势牵拉对方左手腕，右手用力按压其左肘关节处，使其反关节受力，从而失去重心，难以自制。注意：转身捋臂要借助于对方前冲之力，以腰带臂，动作要协调一致；按压肘关节要快速用力，反其关节；两肘不可贴肋部，须沉肩坠肘，它起到护肋的作用。

④挤法要求两臂撑圆，劲力上做到挤在手背。比如当我抓住对方左腕按其肘关节向后捋拉时，对方被捋有前倾感，必向后抽拉左臂并后坐重心，这时我右臂迅速横贴至对方左上臂处，左手松开其手腕，贴于右臂内侧，重心前移，借其后抽之力，用力将其挤出，使其失去重心而后倒（注意：挤推对方时要借其后抽之力，抢准时机猛力推击，把对方抽力和前挤之力二力合一作用于对方，将其抛出）。

⑤按法要求两臂似直非直，劲力上做到按在腰攻。比如对方上步进身挤靠向我胸腹部推击时，我将重心后移随势引空对方的攻势，双手扶于其两臂下按改变其力的方向。当对方背势力尽欲回收时，我迅速前移重心，两手用力向前将其推出（注意：快速后移重心，下按对方双臂，及时化解其前推之力；推掌时前移重心，后脚要有蹬力，快速、迅猛地将对方抛出）。

【康复养生】

①掤出后，松腕转掌变捋时，将身体气圈收回，收虚空更多的能量为

己所用。随着两臂的旋转，重心左移（后移），气沉丹田，落地生根。体左转，向左下方捋时，手中的气球连于身体向左下方运行，意想虚空混元气源源不断地进入体内，沉入丹田（丹田气贴脊），意念敛入入脊，直走先天气穴（腰部命门）。

②两掌抱球向胸前回收时，意想把虚空混元气贯入体内中丹田。两臂内旋下按，两掌至腹前贯气入下丹田。随着重心前移，向前按出，右脚尖慢慢落地，丹田气通透手指、脚趾。

③在掤、捋、挤、按等的招式中，能显出神奇的螺旋缠丝劲，使内气缠绕运行于肌肤骨节之中，敛入骨髓、脏腑，内气运行周身，达到"祛病强身，妙在其中"。

5. 来去自如（左揽雀尾）

【动作详解】

①右腹前抱球：接上式。松腕，重心后移，右脚尖翘起外撇约30°；同时，两臂外开，约与肩等高（图4-26）；重心前移，右脚尖落地，身体右转，收左腿，左脚尖落至右脚内侧中心，离地约1厘米；同时，左臂外旋，左掌划弧下落至右腹前，掌心向上，指尖向右；右臂内合，右掌回收于右胸前，掌心向下，指尖向左，两掌心相对，右腹前抱球，目似垂帘（图4-27、图4-27附图）。

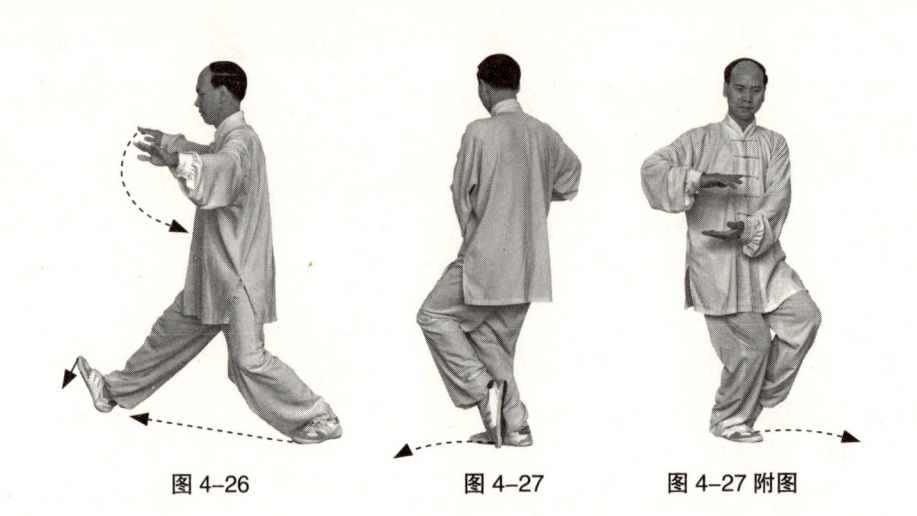

图4-26　　　　图4-27　　　　图4-27附图

②"掤":接上势。以腰带动,身体微右转(逢左先右转),然后身体左转,左腿外旋,左脚向左斜前方开步(脚尖离地约1厘米向左斜前方伸出,与正前方约成30°开步),脚尖上翘,脚跟用内劲外抻落地(图4-28、图4-28附图);重心前移,左脚尖微内扣落地(指向正西),右腿内旋,右脚跟后蹬成左弓步;同时,左臂内旋向左斜前方掤出,掌心向内,指尖向右,掤出后左掌略高于肩;右掌跟随左臂向左斜前方推出,立于左掌下约四横指的距离,掌心向外,面向正西方,目视左掌,神形相合(图4-29、图4-29附图)。

图4-28　　　　图4-28附图

图4-29　　　　图4-29附图

③ "捋"：接上势。松腕，左臂内旋，转成左掌心向下略向右；右臂外旋，转成右掌心向下略向左（图4-30、图4-30附图）；以腰带动身体右转，右腿外旋，左腿内旋，重心由左脚移至右脚；同时，两臂向右斜下方牵拉捋出，两掌经胸腹前向右后方划弧，左臂逐渐外旋成掌心向右后方，右掌四指顺势搭在左手腕内侧，目光随掌移动转向右后（图4-31、图4-32）。

图 4-30

图 4-30 附图

图 4-31

图 4-31 附图

图 4-32　　　　　　　　　　　图 4-32 附图

④ "挤"：接上势。以腰带动身体左转，右腿随之内旋，左腿外旋，重心前移，右脚后蹬成左弓步；同时，左臂内旋，右臂跟随左臂向左斜前方螺旋挤出，挤出后两臂圆撑，高不过肩，面向正西方，目视前方（图4-33）。

⑤ "按"：接上势。松腕，左臂内旋转左掌心向下，同时右掌从左腕上方穿出，两前臂腕部交叉成剪式（图4-34）；重心后移，左脚尖翘起，同时两臂外旋分开，转掌心相对，与肩等宽高，两掌抱球向胸前回收，贯气入中丹田（图4-35、图4-36）；重心前移，左脚尖落地，同时两掌微内旋下按至腹前，掌心向下斜相对，贯气至下丹田（图4-37）；右腿微内旋，右脚跟后蹬成左弓步，同时两臂内旋，两掌抱球向上、向前推出（随着两臂前推、两掌逐渐转掌心向前），与肩等宽高，掌心向前，指尖向上，目视前方，神意照体（图4-38）。

图 4-33　　　　　　图 4-34　　　　　　图 4-35

113

图 4-36　　　　　　图 4-37　　　　　　图 4-38

【攻防含义】

与4.相同，唯左右势不同。

【康复养生】

与4.相同。

6. 拨云见日（右弓步单鞭）

【动作详解】

①两臂回收：接上式。松腕，重心后移，左脚尖上翘；同时，以腰带动两臂回收，两掌掌心向下，指尖向前（图4-39）。

②体右转云手：接上势。右臂外旋，右手转掌划弧向上，升至面部右前侧，掌心向内略向上，指尖向上，上臂与前臂之间的夹角略大于100°；左臂微外旋，左手转掌划弧下落，降至左腹侧前，掌心向下略向右，指尖向前；同时，以腰带动身体连续右转，两臂随身体而行，向右云手；左腿随之内旋，左脚尖内扣约60°落地，碾右脚（右脚跟微抬起内旋约60°）（图4-40），碾左脚（左脚跟微抬起外旋约60°），重心左移，收右腿，脚尖落在左脚内侧（图4-41）；两脚原地不动，身

图 4-39

体以腰带动继续右转云手，两臂随身体转至体右后侧，右掌略高于肩，掌心斜向上，指尖向上；左掌移至腹前，掌心向下略向右，指尖向前，目视右掌，神意照体（图4-42）。

图4-40　　　　　图4-41　　　　　图4-42

③体左转云手：接上势。左臂外旋，左掌划弧体前上升，升至面部左侧前，掌心向内略向上，指尖朝上，上臂前臂之间夹角略大于100°；右臂内旋，右掌划弧下落，降至右腹侧前，掌心向下略向左，指尖向前；同时，以腰带动身体左转，向左云手，转身约360°，两臂随身体转至体左侧后，左掌略高于肩，掌心斜向上，指尖向上；右掌至腹前，掌心向下略向左，指尖向前，目视左掌（图4-43、图4-44）。

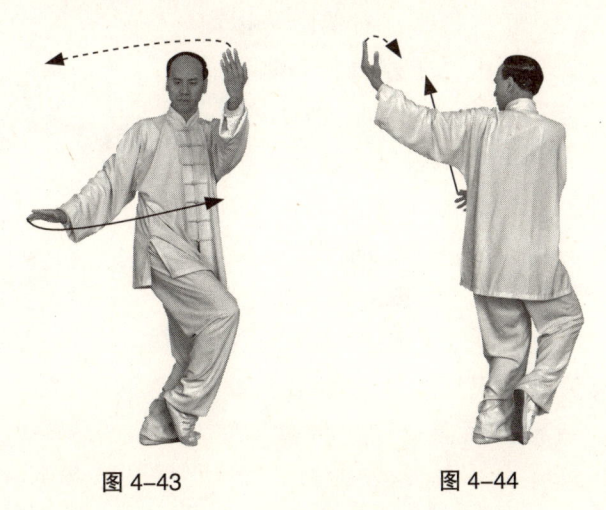

图4-43　　　　　图4-44

④两臂平肩划弧：接上势。右臂内旋上提，同时左臂内旋下降，两臂与肩等宽高，似直非直，掌心向下，指尖向前（图4-45）；以腰带动身体右转，两臂平肩水平向右划弧，转至身体右侧约270°，目视两掌（图4-46）。

图4-45 　　　　　　图4-46

⑤勾手推掌：接上势。两臂向胸前拢球回收，指尖相对，掌心向下（图4-47），以腰带动身体左转180°（图4-48）；两臂由胸前向身体左侧推出，左手从小指开始，五指依次撮拢如勾，大拇指与食、中指相接，成太极勾手；右掌拇指、食指、中指轻贴左腕部内侧；目视勾手（图4-49、图4-49附图）；以腰带动身体右转，右脚向右斜前方伸出，于正前方约成30°开步，脚跟先着地；右臂随身体而转，同时外旋转掌心向内，于左前臂内侧拢球至胸前；左臂仍于体左侧，沉肩坠肘（图4-50）；重心前移，右脚尖着地踏实（指向正东），左腿内旋，左脚跟后蹬成右弓步；同时，右掌胸前划弧向右斜前方推出，掌心向前，指尖向上，沉肩坠肘，气沉丹田，松腰松胯，垂尾间，领百会，把脊柱拉直。注意右膝不可超出右脚尖，鼻尖、右脚尖、右手指尖对正前方，即三尖对齐，腰向后放松。面向正东，目视前方，神意照体（图4-51）。

图4-47

图 4-48　　　　　图 4-49　　　　　图 4-49 附图

图 4-50　　　　　　　　　图 4-51

【攻防含义】

①本式动作绵绵不断，如行云流水，习练者不知不觉会进入"神态悠闲，逍遥自在"的境界，所以在本拳谱中将其定名为"拨云见日"。本式动作转体非常关键，在碾脚时，脚内真气的螺旋带动腿内真气的螺旋，进一步带动下丹田、混元窍内真气的螺旋。牵动下肢胯、膝、踝各关节，从节节放松到节节拉开。师曰："年打万遍拳，功到自然成。"古时武术家常用些奇特的方法训练弟子。如把一箩筐的稻谷倒在地上摊平，让弟子在上面练拳。高功夫弟子脚下轻灵，旋转自如，碾脚的同时在碾米。几小时练下

来，黄橙橙的谷子变成了白花花的大米。

②单鞭一手为勾，意在刁拿；一手为掌，意在进击。两臂不可伸得太直，应似屈非屈，手臂推出用意不用力，上下内外一整体。比如对方右脚向前上步，用右掌向我胸部推来。我速向左转身，化解其前冲之力，同时把对方右手刁拿住。然后右脚向对方右脚内侧上步，前移重心的同时右手向其左胸前推出，使其身体后倒失去重心（注意：推掌反击要快速发力）。

③若有人于左侧向我袭来，我以腰带动迅速转体，同时出左掌，当转至对方胸前时，变勾手提击其下颌。若此时又有人向我右侧袭来，我即刻转身以右掌出击。达到兵来将挡，水来土掩。

【康复养生】

①云手时两臂转掌上下划弧，腰部（命门穴）向后放松。手中大气球上与上丹田相连，下与下丹田相连，上下两田连于中丹田、混元窍。云手转动以腰为主宰，腰胯带动身体和两臂旋转。转动时肩与胯合，气沉丹田，手随身动，上下一体，一气贯通。

②两臂水平线向右划弧，好像手延伸至天边，拢着天边的混元气收回体内。勾手以小指带动五指下抓撮拢成勾手，意注五脏之气融合于混元窍，有内外相合的意境。

③右掌向前推出时腰向后放松，下丹田气贴背沿脊柱上升，直通十指指梢。同时身体要求中正，右膝不可超出右脚尖，鼻尖、右脚尖、右手指尖对正前方，即三尖对齐。达到混元太极内外三合（外三合：肩与胯合，肘与膝合，手于足合。内三合：心与意合，气与力合，筋与骨合）。

7. 金童观图（右开步云手）

【动作详解】

①臂划弧回收：接上式。重心后移，右脚尖翘起，同时右手松腕，转掌心向下；以腰带动身体左转（转至面向西北），右腿随之内旋，右脚尖内扣90°落地（指向正北）；两臂随身体左转，同时右臂外旋，右掌向左下方划弧，至左腹前，掌心向左斜向下，指尖斜向前；左臂松勾手，微上提，掌略高于肩，掌心斜向下，指尖指向左侧前；目视左掌（图4-52、图4-52附图）。

图 4-52 　　　　　　　　图 4-52 附图

②左收步云手一：接上势。重心右移，以腰带动身体右转，随着身体的转动收左腿；右臂外旋，右掌向右上方划弧；左臂外旋，左掌划弧下落；当身体转至正前方时，左脚落至右脚内侧，前脚掌着地，两脚之间距离约10厘米；右掌升至面部右侧，掌心向内略向上，指尖向上，上臂与前臂之间夹角略大于 100°；左掌落至左腹侧前，掌心向右斜向下，指尖向前（图 4-53、图 4-53 附图）；身体继续右转，同时重心左移，左脚跟随之下落（两脚平行），右脚跟随后抬起；两臂随身体右转至体右侧，右掌略高于肩，掌心斜向上，指尖向上；左掌至右腹前，掌心向右斜向下，指尖斜向前（上掌高不过头，下掌低不过关元穴），目视右掌，神意照体（图 4-54）。

图 4-53 　　　　图 4-53 附图 　　　　图 4-54

119

③右开步云手一：接上势。重心左移，以腰带动身体左转，随着身体的转动右脚向右横跨出；同时左臂外旋，左掌向左上方划弧；右臂内旋，右掌划弧下落；当身体转至正前方时，右脚前脚掌着地（脚尖指向正北，两脚之间大于一肩宽）；左掌升至面部左侧，掌心向内略向上，指尖向上，上臂与前臂之间夹角大于 100°；右掌落至右腹外侧，掌心向左斜向下，指尖向前（图 4-55、图 4-55 附图）；身体继续左转，同时重心右移，右脚跟随之下落（两脚平行）；两臂随身体左转至体左侧，左掌仍略高于肩，掌心斜向上，指尖向上；右掌至左腹前，掌心向左斜向下，指尖斜向前，目视左掌，神意照体（图 4-56）。

图 4-55　　　　图 4-55 附图　　　　图 4-56

④左收步云手二：接上势。重复动作②。
⑤右开步云手二：接上势。重复动作③。
⑥左收步云手三：接上势。重复动作②。
⑦右开步云手三：接上势。重复动作③。
⑧左收步云手四：接上势。重心右移，以腰带动身体右转，随着身体的转动收左腿；右臂外旋，右掌向右上方划弧，掌至面部右侧，掌心向内略向上，指尖向上；左臂内旋，左掌划弧下落至左腹外侧，掌心向右斜向下，指尖向前；随着身体的旋转左脚落于右脚尖外侧，两脚之间夹角约 60°，目视右掌，神意照体（图 4-57）。

图 4-57

【攻防含义】

①本式动作上下左右对称，内外气机自如转化，人与自然混元一体，可比天人观仙境，所以在本拳谱中将其定名为"金童观图"。本式动作在运用中不仅内含挒、挤、肘、靠等劲，更为重要的是对顾、盼的体悟。"顾"指照顾、保护的意思；"盼"指观看、探望的意思。所谓左顾右盼，意思是左右都要照看到，要求习练者先求知己，对攻防有全局观念，不能孤注一掷而不顾后路。

②在技击中，要细心观察对方的一举一动，稳而不躁，以静待动。"盼"还要求具有知人功夫，盲动者是无的放矢，贸然进攻，多是事倍功半，吃力不讨好。左顾、右盼指的是在竞技时能做到眼观六路，耳听八方，知己知彼，才能达到来去自如，攻防并用，百战百胜。

③以向右云手为例：对方左脚上步进逼，用左拳向我面部冲击。我右脚向右侧迈出一步，用右前臂由内向外地向右格挡其左臂。对方见左手进攻失效，迅速出右拳进攻我腹部。我含胸收腹转腰，同时用左手右推顺势抓其腕并向右后方牵拉，将其绊倒。

④若对方在我前方，以右拳向我胸部袭来，我速将右臂自左提起，以掤劲由内向外地向右格挡其右臂，同时掌心逐渐向外翻转，握其前臂及腕。同时我身体向右转动，右臂随身体转动，将对方之力化于一侧（注意：这一势之妙用，在于腰胯的转动以牵动对方重心，拔其根力，为我所制）。

【康复养生】

①云手转动腰为主宰，以腰胯带动身体和两臂左右旋转。做到用意不用力，腰向后放松，脊柱上下拉直。以腰、脊柱带动两臂划弧旋转，在两臂左右旋转划弧时要有掤、挒之劲，上下内外形成一个整体。

②由两腿内气螺旋进一步带动中、下两田内气螺旋。在状态中能体会到"旋之于足、行之于腿、纵之于膝、松活于腰、灵通于脊、神贯于顶……"达到上下内外一气贯通。

③习练混元太极特别重视松腰胯。腰部所在位置，前有肚脐，后有命门，命门两边是两肾，中间有腰椎椎体支撑上体，并连于骨盆。故腰为一身之主宰，上下沟通之枢纽，左右转换之中轴，犹如动力机械的大轴，轴一断则全部的动力机械瘫痪，人体腰若有病则百病丛生。腰松开了，一动全身无处不动，达到有病治病，无病强身。

8. 拨云见日（右弓步单鞭）

【动作详解】

①身体右转云手：接上式。重心左移，左脚跟落地，右脚跟内旋提起，脚尖立于左脚内侧中心，面向东方（图4-58）；两脚原地不动，以腰带动身体继续右转，连续云手，两臂随身体右转至右侧后，右掌略高于肩，掌心斜向上，指尖向上；左掌至腹前，掌心向下略向右，指尖向前，目视右掌，神意照体（图4-59）。

图 4-58 　　　　图 4-59

②体左转云手：接上势。动作、要领与6.拨云见日③相同。
③两臂平肩划弧：接上势。动作、要领与6.拨云见日④相同。
④勾手推掌：接上势。动作、要领与6.拨云见日⑤相同。

【攻防含义】

与6.拨云见日相同。

【康复养生】

与6.拨云见日相同。

9. 雁落沙滩（右仆步下势）

【动作详解】

①屈膝下蹲：接上式。左脚尖外撇约45°，以腰带动身体左转，重心随之左移，同时右臂外旋，转掌向左拢气，至左侧前；身体左转的同时左腿

屈膝下蹲，右脚跟微外旋，右腿向右伸直成右仆步，左臂随身体下落，目视双手（图4-60、图4-60附图）。

②拢气穿掌：接上势。身体渐向右旋，同时右掌由左勾手沿左臂内侧划弧向内拢气下落，掌心向内，经左胸、右腹前，右臂外旋沿右大腿内侧向前穿出，至小腿内侧，掌心向左，指尖向前，目视右掌，松腰松胯，松膝松踝（图4-61、图4-61附图）。

图4-60　　　　　　　　　图4-60附图

图4-61　　　　　　　　　图4-61附图

【攻防含义】

①本式动作好像大雁从空中落下，稳稳地落在沙滩上观望美景，眼观六路、耳听八方，所以在本拳谱中将其定名为"雁落沙滩"。在技击中，比如对方用蛮力前推时，我随即抓住对方左手迅速左转身，同时下蹲成右仆步，放低姿势，用顺手牵羊法将右手收至左侧，引伸牵制对方，使之身体前倾，失去重心，跌倒在地。

②若对方进逼，右拳直向我头部冲击而来。我向右侧急闪身，左手内

接其手臂引拉，使其打空，同时左转身出右腿仆步插于对方裆下；右手臂向下、向前穿，挑起对方裆部；左右手协调配合将其翻倒。

【康复养生】

①仆步下势的动作难度比较大，要有一定武术基本功的人才能把动作做到位。初练者平时要多做压腿拉筋动作，把下肢各大小关节从逐节松开到逐节贯通。

②右掌向左划弧拢气要圆活，意想手中气球与体内相连，由左臂内侧至胸前时，把虚空混元气贯入体内下沉于丹田，并要做到沉肩坠肘，当右掌沿右大腿内侧向前穿出时，身体内气向外开，体内气圈螺旋向外延展，人与虚空相合。

③习练本式不仅能达到松腰、松胯、垂尾闾，松腰开窍之效果，而且内含松筋松骨、炼炁入骨，是益寿延年之心法。

10. 金鸡独立（左右独立）

【动作详解】

①右弓步立掌：接上式。右脚尖外撇，身体前移，右掌沿脚内侧向前穿出至右脚尖，指尖向前，掌心向左（图4-62）；重心前移于右腿，右腿屈膝前弓，左脚跟后蹬成右弓步（身体平行前移，然后渐渐前起）；同时，身体微右转，右掌向前、向上穿出立于胸前，掌指约与肩等高，掌心向左，指尖斜向上，肘与膝合，手与足合；左臂内旋下落，手腕部轻贴于左胯外侧，勾手的手心向后，面向正东，目视右掌，神形相合（图4-63）。

图 4-62

图 4-63

②穿掌右独立：接上势。重心前移收左腿，向前、向上提膝（脚跟先离地），左膝提至混元窍部位，脚尖向下指地，脚背绷直；同时右腿起立，成右独立式（坐胯微屈膝，气沉丹田，保持中正，防止身体前俯）；收左腿的同时右臂内旋，右掌向左划弧下落，回收于右胯外侧，掌心向下，指尖向前；左臂外旋，松钩手变掌自后而下，再跟随左腿上提，从右前臂内侧穿掌而出，随膝而起，屈肘置于左膝关节之上，掌心向右，手指向上略高于眉，有落地生根之意，面向正东，目视左掌，神意照体（图4-64）。

③穿掌左独立：接上势。右腿屈膝下蹲，左腿随之下落于右脚内侧，左脚尖先着地，随着重心移于左腿而至全脚踏实（脚尖指向正东）；同时，左臂内旋，左掌向右下方划弧；右臂外旋，松腕转掌；右腿向上提膝（脚跟先离地），右膝提至混元窍部位，脚尖向下指地，脚背绷直，同时左腿起立，成左独立式；右腿向上提膝的同时左掌回收于左胯外侧，掌心向下，指尖向前；右掌跟随右腿上提，自左前臂内侧向上穿掌而出，随膝而起，屈肘置于膝关节之上，掌心向左，手指向上略高于眉（肘与膝上下成垂直，向前的方向要一致。独立的一腿直立时不要用力挺直，应坐胯微屈膝，气沉丹田），目视右掌，神形相合（图4-65、图4-66）。

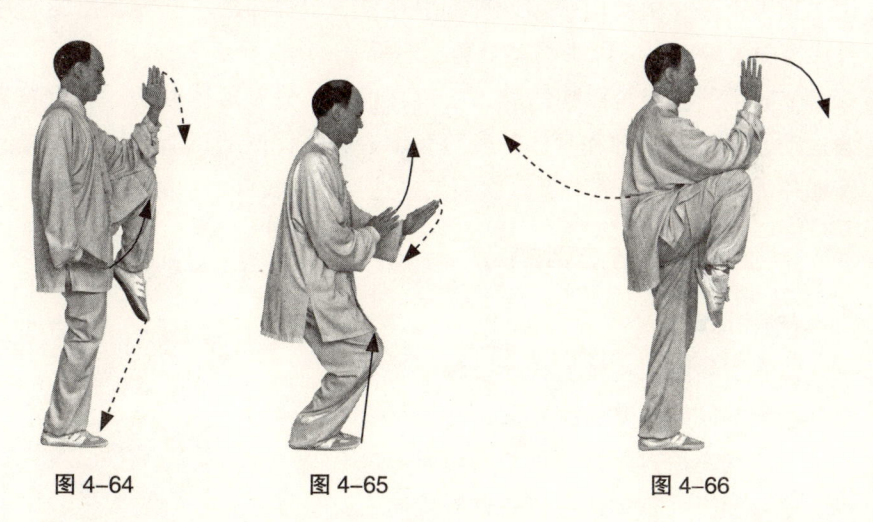

图4-64　　　　图4-65　　　　图4-66

【攻防含义】

①本式动作是武功里习练与应用的奇特招式，单腿独立，逍遥自在。古人云："站如松，坐如钟。"所以在本拳谱中将其定名为"金鸡独立"。在技击中，比如对方以左手握我右手，我随即左转身把右手放于胸前同时

放低姿势成仆步，引伸牵制对方，对方往回拽其力，我即顺势将身向前，随其站立。我之右手先将对方左腕握住下沉，当我左手也接触到对方右手腕时，随即以左手握其右手腕向上提起，同时，屈膝直顶对方腹部或裆部。

②若对方向前上步进逼，用左拳向我发出冲击。我右手上穿内接其左臂，顺势下落抓对方之腕向右下方采引，动作不停，转腰上左腿提膝顶其腹（裆）部，同时左手上托其腮部或锁喉；或屈膝顶其裆部，左臂上挑其肘关节处，使其肘、裆受伤。

【康复养生】

①松，首先要能松开八段九节。所谓八段，是指脚、小腿、大腿、脊背、上臂、前臂、手、头；所谓九节，是指踝、膝、胯、腰、颈椎、肩、肘、腕、指（趾）关节。在练太极套路中能松开八段九节不是一件容易的事，初学者在练拳时要用意不用力，呼吸自然，周身顺随。

②动作熟练后要求应用端引，只有端引才能真正松开。什么是端引？以出手为例，一般的练法是由肩到肘到腕到掌指，即由根到梢把手推出去。这样练肌肉是紧张的，关节是闭合的，而混元太极则把这个过程倒过来，用手指尖把胳膊引导出去，这种端引是靠意识引导的。同样，出腿时用脚趾尖把腿引导出去，以头引导全身，即所谓"虚灵顶劲"。

③养生的途径是以松达静，松包含思想放松和形体放松，通过有氧代谢运动，以消除精神和身体的疲劳，增进新陈代谢的机能，调节呼吸、血液循环、消化等各个系统，延缓衰老，达到健康长寿之目的。

11. 回头望月（左右倒卷肱）

【动作详解】

①右倒卷肱一：接上式。以腰带动身体左转，同时左臂松腕外旋，转成掌心向上、向左后方外开伸出，约与肩等高，掌心向上，指尖向后；右臂外旋向前伸出，约与肩等高，掌心向上，指尖向前；两臂前后成抱大球状，头颈随身体左转，目视左掌（图4-67）。

以腰带动身体右转，左腿屈膝微下

图4-67

蹲；同时，右脚随之下落向右后方开步（脚尖慢慢地向右斜后方伸出，与正后方约成30°开步），右脚脚尖先着地，随着重心右移，右脚全脚踏实；身体右转的同时，左臂向上、向前拢球回收，至头左侧，左掌掌心斜向下，指尖向前，经耳侧向前推出，逐渐转成掌心向前，指尖斜向上，推出后掌略高于肩；右掌回抽于右腰间外侧，掌心向上，指尖向前；左脚跟随之内旋约30°，面向正东，目视左掌，神意照体（图4-68、图4-69）。

图 4-68　　　　　　　图 4-69

②左倒卷肱一：接上势。重心后（右）移，以腰带动身体微右转，收左腿，左脚收于右脚内侧，左脚尖离地约1厘米；同时，右臂随身体向右后方外开伸出，约与肩等高，掌心向上，指尖向后；左臂外旋，转成掌心向上，指尖向前，两臂前后成抱大球状，头颈随体右转，目视右掌，神意照体（图4-70）。

图 4-70

以腰带动身体左转，左脚随之向左后方开步（脚尖向左斜后方伸出，与正后方约成30°开步），左脚脚尖先着地，随着重心左移，左脚全脚踏实；同时，右臂随身体向上、向前拢球回收，至头右侧右掌掌心斜向下，指尖向前，经右耳侧向前推出，逐渐转成掌心向前，指尖斜向上，推出后掌略高于肩；左掌回抽于左腰间外侧，掌心向上，指尖向前，右脚跟随之外旋约30°（做到上下相随，手脚同时到位，达到进如螺旋，退如抽丝的意境），面向正东，目视右掌，神意照体（图4-71、图4-72）。

图4-71 　　　　　　　　图4-72

③右倒卷肱二：接上势。重心后（左）移，以腰带动身体微左转，收右腿，右脚收于左脚内侧，右脚尖离地约1厘米（注：中老年人慢练时，脚尖可以点地）；同时，左臂随身体向左后方外开伸出，约与肩等高，掌心向上，指尖向后；右臂外旋，转成掌心向上，指尖向前，两臂前后成抱大球状，头颈随体左转，目视左掌（图4-73）。

以腰带动身体右转，右脚随之向右后方开步（脚尖向右斜后方伸出，与正后方约成30°开步），右脚脚尖先着地，随着重心右移，右脚全脚踏实；同时，

图4-73

左臂随身体向上、向前拢球回收，至头左侧左掌掌心斜向下，指尖向前，经左耳侧向前推出，逐渐转成掌心向前，指尖斜向上，推出后掌略高于肩；右掌回抽于右腰间外侧，掌心向上，指尖向前；左脚跟随之内旋约30°，面向正东，目视左掌，神意照体（图4-74、图4-75）。

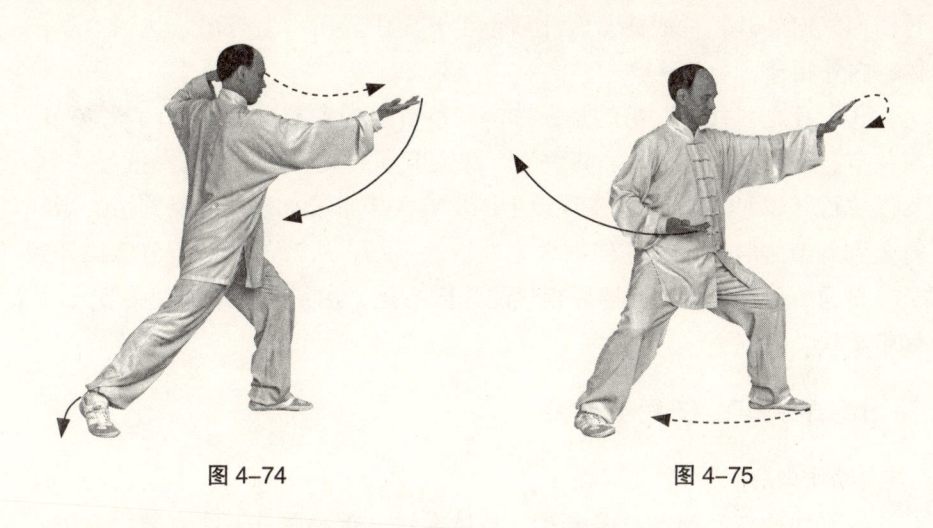

图4-74　　　　　　　　　图4-75

④左倒卷肱二：接上势。动作、要领与②相同。

【攻防含义】

①倒卷肱这一式是习练向后移动的方法，腰为主宰，旋转自如。以退为进，是兵家之妙法。在应用时"眼观六路，耳听八方"。所以，在本拳谱中将其定名为"回头望月"。本式动作在技击中内含肘、靠等心法。肘劲：是以肘击人称为肘劲。靠劲：用肩部和背膀靠击、封闭人称为靠劲。一般是在对方用蛮力向后牵拉时，趁机取巧而用，用之得当，确能显出八面威风。

②比如对方用右手紧握我左手腕，或前臂间，倘又以左手托住我肘底拳，使我受其制，不得施展，我即翻转左掌，使其手心朝上，同时松腰松胯，气沉丹田向左后缩回，左脚亦退后一步，屈膝坐实，右脚变虚，通过拉臂引其重心前移，则对方之握力必失，此时右手急向前按去。此式虽然倒退一步，仍可撵去对方之劲，故旧名称之谓倒撵猴。

【康复养生】

①左右臂前后伸出时，以混元为中心，意想两臂抱着一个混元大气球，由身体内前后外开，同时意想大气球连于体内三个丹田，三田相合，合于

混元（混元气通透脏腑、四肢、百骸），达到虚灵顶劲，气沉丹田，落地生根，上下内外一气贯通。

②右脚向右后方开步、左掌向上向前拢球推出、右臂回收于右腰间时，首先要做到上下相随，手脚同时到位，达到进如螺旋，退如抽丝；进一步丹田内气向外开，这股能量转化后，上升至中丹田、上丹田，达到上下一体，内外相合。

③人身之"九曲"指的是人体内的拳节（指关节）、腕关节、肘关节、肩关节、腰关节、胯关节、膝关节、踝关节和趾关节。在混元太极习练中，可以"行气如九曲珠"，就是说以上的所有关节都要如珠般顺畅圆滑。当气行走到九节之时，没有任何细微之处行气不畅，从节节放松至节节拉开到节节贯通。习练者如到此境界则气能无微不至，达到筋骨强壮、关节灵活、韧带柔软。

12. 燕子斜飞（右弓步斜掤）

【动作详解】

①左腹前交叉抱球：接上式。身体左转，重心左移，收右腿，右脚收至左脚内侧，右脚尖离地约1厘米。同时右臂外旋，右掌向右下方划弧至腹前，掌心向上，指尖向左；左臂内旋，左掌向后、向上、向前、向下划弧旋转至胸前，掌心向下，指尖向右，两前臂交叉抱球，上下距离约20厘米，目似垂帘，神意照体（图4-76、图4-76附图）。

图4-76　　　　图4-76附图

②两臂前后外拨：接上势。身体微右转，同时右脚向右后方开步（脚尖离地约1厘米向右后方伸出），脚尖先点地再脚跟落下（图4-77、图4-77附图）；重心后移（右移），同时以腰带动身体右转，左腿随之内旋，左脚尖抬起内扣约60°落地，再碾右脚（右脚跟微抬起内旋约60°右脚指向南偏西），然后碾左脚（左脚跟微抬起内旋约30°），左脚跟后蹬成右弓步；随着两脚的碾动，交叉臂上下外分，右手上掤至右胸侧前，掌心斜向上，虎口向前约与肩等高（与右脚方向一致，指向南偏西）；左手下掤至左胯外侧，掌心向下，指尖斜向前，目视右掌，内外合一（图4-78）。

图4-77　　　　图4-77附图　　　　图4-78

【攻防含义】

①本式动作舒展大方，在弓步斜掤中，可比燕子飞翔，自由自在，所以在本拳谱中将其定名为"燕子斜飞"。习练本式要求手眼身法步协调一致，特别是右臂向上、向前掤出内含有"挒、掤、拿"三种用法，得机得势，威力无比。

②比如对方以右拳由我右侧向我头部袭来，我右腿即向后退步，顺势以左手握住其右手腕，同时向右转体，用开劲大幅度地以右臂斜击对方右腋下，或用右手虎口直插对方颈部。

③若对方左脚向前上步，用左拳向我胸部冲击，我身体左转，用左手刁抓对方左手腕，右脚向其左腿内侧上步，右手臂贴在其左肩上，重心前移，用右掌插其面部，由肘向前靠其肩部，使其失去重心侧倒。

【康复养生】

①两臂划弧交叉抱球的过程中，这是一个天地人相合过程（上面虚空混元气往下降，地下虚空混元气往上升），习练者碾脚转体，意想手中抱住一个浓浓的大气球连于丹田。

②右脚向右后方开步时，意想丹田真气通透左腿，落地生根。交叉臂上下外分，手中气球连于丹田，随两臂外拨运行，丹田气随球前后外分，达到上下相随，体内外相合。

③当左腿外旋左脚跟后蹬时，意想地下虚空的混元气源源不断地上升与下丹田混元气融合，这股能量转化后随着左右臂上下外掤，体内外混元气混化，三田合一，合于混元，通透全身，达到养生健体之功效。

13. 提手上势（右虚步推掌）

【动作详解】

① 两臂回收：接上式。重心前移，左腿向前提膝（脚跟先离地），带动左脚向前上半步，脚尖落地，随着重心后移，左脚跟着地，右脚跟抬起；同时，左臂外旋上升，右臂内旋下落，两臂在胸、腹前抱球（图4-79）；收右腿，右脚收至左脚内侧，脚尖离地约1厘米；同时，以腰带动身体微左转；两臂拢球回收于左腹前，右掌在前，左掌在后，掌心斜相对，目似垂帘（图4-80）。

图 4-79　　　　　　　　图 4-80

②虚步推掌：接上势。逢右先左转（以腰带动，身体微左转），然后身体右转，右腿外旋，右脚向右斜前方开步，脚跟落地，脚尖翘起；同时，两掌自左腹向斜前方上推至右胸前，右掌在前，左掌在后；右肘护胸，右掌指尖约与肩等高，掌心向左，指尖斜向上；左掌位于混元前，掌心向右，约对右肘弯，指尖斜向上，目视右掌，神形相合（图4-81）。

【攻防含义】

①本式是合劲双推掌手法，丹田内气随心意调动，由下至上"掌提肘击"，无不把人推倒，所以在本拳谱中将其定名为"提手上势"。本式在技击的变化中称之为"肘"劲，用屈肘向对方心窝或其他关节部位贴身逼封，发劲充足，击人十分锐利，容易使对方受伤，因此要慎用。

②比如对方左脚向前上步，用左拳向我冲击。我既用右手刁抓其手腕，同时身体左闪，顺势向左、向下按压，然后右脚向前上步，右手臂从其臂下前伸，上挑其肘关节处，使其肘部受制（注意：按压，上挑手臂动作要协调一致，用力迅猛）。

③若对方左掌向我左侧来击，我即将身转向左侧，坐实左腿，右足提起向前进步，同时速以右臂置于对方左肘上方，左手接其腕部，将两手臂相互往里提合，成一合劲撅其肘部，使其失去自制。

【康复养生】

①两臂自左腹前向右胸前推出，身体微下蹲坐实左腿，右脚向右斜前方开步，丹田气带着右腿向前方伸出。只有坐实左腿才能使伸出的右腿轻灵，这是步法中要求的分清虚实。

②习练时注意肘要松垂，保持略低于腕的位置。坠肘是肱二头肌的轻度转动，使尺骨与桡骨进行绞剪式运动，通过对血管的交替挤压与放松，加速血液循环，改善循环系统的功能。

③沉肩坠肘是在松腰松膝、含胸拔背的同时，将两肩井松开，肩胛骨松开下沉，两肘随之下坠，使胸腔空松，肺叶舒张，身体中正，周身骨节放松，心气沉入丹田，内气达到松腰开窍。

图4-81

14. 白鹤亮翅（左虚步亮掌）

【动作详解】

①腹前交叉：接上式。重心后移，以腰带动身体左转约90°；同时，收右腿，右脚向右后方划弧开一小步，脚尖落地；随着身体左转，右臂外旋，右掌下落回收于腹前；左臂内旋上升，左掌置于胸前；两前臂于胸、腹前交叉抱球，右臂在下，掌心向上，指尖斜向左；左臂在上，掌心向下，指尖斜向右，目似垂帘（图4-82）。

②上下捌、掤：接上势。重心后移，右脚跟落地，身体后坐，左脚跟微抬起内旋成左虚步；同时，两臂上下外拨，右臂上升至身体右侧上方，掌心斜向内，指尖向上约与头顶等高，上臂与前臂之间的夹角略大于100°；左臂下落至左胯外侧，掌心向下，指尖向前（右臂开始上升时，以腰带动身体微右转，目视右掌，两臂上下外拨将要到位时，以腰带动身体微左转）；坐胯、屈膝、松腰，气沉丹田，落地生根，全身放松，面向正东，目视前方，神意照体（图4-83、图4-84）。

图4-82　　　　　图4-83　　　　　图4-84

【攻防含义】

①本式动作在习练、运用中有捌、掤之劲法。其亮掌动作，下掤、上捌舒展大方，上下相随，攻防并用，所以在本拳谱中将其定名为"白鹤亮翅"。"掤"分为上掤、下掤、左掤、右掤，它是一种似松非松、柔中寓刚、轻便灵活而又富有沉劲、弹性、和韧性的力量，是一种具有粘、逼、

化、舒相作用的劲；"挒"则是转移对方的劲还制于其身，是顺着对方出力的方向循弧线用力，力学上称之力偶作用，它能使对方进入逆势而又不能自主，只得被提空抛出。

②比如对方左脚上步，出左拳击打我头部，我左手助力，同时重心后坐引化，右前臂上挥掤架拨开其冲来的左拳，以保护好自己的头部；若对方趁我腹部暴露之机再用右拳击打我腹肋部，我则左手捋抓其右手腕下采外分，使其偏离目标以护裆部、腹部。进而转腰，右手掌顺着对方左臂削砍其颈部，或右手抓握其左腕，控其形，提左足弹其小腿或裆部、腹部、胸部。用法得当，攻防自如。

【康复养生】

①右腿向右后方划弧开步时，要做到虚实分明，两前臂在胸、腹前交叉抱球时，好像两臂抱着一个大气球，意想虚空浓浓的混元气源源不断地进入体内。两臂上下外拨时，意想天地虚空混元气（太和元气）随着两臂缠丝旋转，手中气球连于丹田随着两臂运行。转体时，要求松腰、松胯、垂尾闾，气沉丹田，落地生根，全身上下一气贯通。

②白鹤亮翅这一式，在习练中有上下对拉，身肢拔长的感觉，正符合人体生理活动。医学家研究发现许多疾病的根因是脊椎排列紊乱、错位、椎矩缩短等。而太极拳最基本的动作要求是撑直脊椎，背部拔长，腰如轴立，立身中正，虚灵顶劲而减轻脊椎的压力，以腰带动全身无处不动，腰肌、脊柱在运动中缓慢的进行拉伸、旋转，从而防止脊柱退行性变化，缓解颈椎、胸椎、腰椎的疼痛、变形、以及腰肌劳损等疾患。

15. 猿猴献果（左搂膝拗步）

【动作详解】

①两臂左右划弧：接上式。以腰带动身体左转，两臂随身体旋转，右臂向左划弧至身体左侧，右掌略高于肩，掌心向左，指尖斜向上；左臂仍于左胯外侧，掌心向下，指尖向前（图4-85、图4-85附图）；左臂外旋上升，掌心向右，指尖斜向上；右臂内旋下落至腹前，掌心向下，指尖向左（图4-86、图4-86附图）；同时，以腰带动身体右转，逐渐收左腿至右腿内侧，左脚尖离地约1厘米；两臂随身体右转至身体右侧，右臂落至右胯旁，手心向下，指尖向前，左臂在左侧上方，掌心向右，指尖斜向上（图4-

87）；右臂外旋上升，掌略高于肩，掌心斜向上；左臂内旋下落于胸前，肘略低于腕，掌心向下，指尖向右斜向上，目似垂帘，神光照体（图4-88）。

图4-85　　　　　　　　图4-85附图

图4-86　　　　　　　　图4-86附图

图4-87　　　　　　　　图4-88

②开步推掌：接上势。以腰带动身体左转，左腿向左斜前方开步（脚尖离地约 1 厘米向左斜前方迈出，与正前方约成 30°开步），脚尖上翘，脚跟落地，随着重心前移，全脚着地（开步脚须轻灵，指向正东），右腿内旋，右脚跟后蹬成左弓步；同时，左掌由右胸前划弧下落经腹前、左膝（搂膝）至左大腿外侧，掌心向下，指尖向前（面向正东）；右臂拢球回收，右掌掌心向下，指尖向前，经右耳侧向前推出，逐渐转成掌心向前，指尖向上，推出后掌略高于肩，气沉丹田，松腰松垮，垂尾闾，领百会，目视前方，神意照体（图 4-89、图 4-90）。

图 4-89　　　　　　　　图 4-90

【攻防含义】

①拳式中一手绕过膝前，称为"搂膝"，可以挡开对方手臂的攻击，也可以格挡对方的脚踢，用于防守对方攻击中、下路。在习练快速手法中，用水果（或球体）相互快速传递，提高技击水平，所以在本拳谱中将其定名为"猿猴献果"。

②凡左足在前而出右手者，或右足在前而出左手以为攻防者，皆谓之"拗步"。"拗步"更有支撑八面的作用。此式必须注重下盘，突出下沉的气势，通过坐腰落胯和圆裆敛臀等措施，也就是通过蹲坐姿势，保持两腿虚实分明、端正身法、气沉丹田和虚胸实腹，取得支撑八面、稳固厚重的"底盘"，才能充分发挥搂膝拗步跌打兼施的作用。

③搂膝拗步这一式在太极拳习练和技击中都具有相当重要的作用，有很多太极拳名家都把搂膝拗步作为筑基功反复单式练习。在技击中，上下内外一体而产生整体内劲。比如对方从我左侧用手或足击我中、下二路，

我左手转上至右胸前，向下往左搂开，右手推按对方左肩，形成力偶，将对方跌仆，或推按其胸，将其击出。

④又比如对方以左弓步用右拳向我左胸、腹或下部击来，我即将身右转下沉，右腿坐实，左腿伸出，左手急向上捧起，变掌心侧向外，以采手速接对方击来之拳，顺势握其腕或前臂粘住对方，避其坚，分散其力，左转身将对方右拳之劲引向我之左侧。与此同时右掌借腰部回转以及后脚蹬地之力向对方胸部击出，使对方失其自制。

【康复养生】

①随着身体左右旋转，意想一动以腰带动全身无处不动。两臂上下螺旋划弧转体时，上下缠丝交替，引动四面八方混元气进入体内，与上、中、下三丹田相合，真气合于混元而产生内力，上下一气贯通。

②左脚向左斜前方开步时，以脚尖引领轻轻地向左斜前方迈出，开步脚须轻灵。右掌经右耳侧向前推出时，指端牵引着右臂向前推出。左掌搂膝，右掌推出，右脚跟后蹬成左弓步，这三势要同时到位，并注意腰向后放松。身体内气向外开，体内气圈螺旋向外延展，人与虚空相合。

③习练混元太极要求"螺旋圆弧、松柔缓慢、均匀舒适"运动，随着功夫提高，大家都会静下心来进入忘我的状态锻炼，清除大脑内杂念而归于宁静，从而缓解心理紧张，调节中枢神经系统，使身心得到放松。对调理、缓解神经衰弱、失眠健忘、头晕耳鸣、心烦气躁等疾病会起到很好的效果。

16. 探腰望海（海底针）

【动作详解】

①前后推揉：接上式。重心后移，右臂向后回收（右肩向上、向后划弧），腕不低于肩，掌不低于腕而微微上翘，掌心斜向下，指尖向前，全身放松（图4-91）；右臂前推（右肩向下、向前划弧，用内力从肩膀向前推出），掌心向前，指尖斜向上，右臂前推的同时重心前移，收右腿向前半步，脚尖落地，目似垂帘（图4-92）。

图 4-91 　　　　　　　图 4-92

②向下插掌：接上势。重心后移，右脚跟落地，身体右转，逐渐收左脚至右脚内侧，左脚尖离地约 1 厘米；右手臂松腕回收，向右后上方划弧，上升至身体右侧上方，掌略高于肩，掌心斜向上；左手臂松腕外旋，向右上方划弧，至右胸前，肘略低于腕，掌心向下，指尖斜向上（图 4-93）；以腰带动身体左转，左脚向左斜前方开步成左虚步，脚尖虚点地面；同时，右腿渐渐下蹲（下蹲时身体要正直，不可低头弓背）；随着身体的左转，右臂拢球回收，右掌经耳侧向前下方插掌至左腿内侧，掌心向左，指尖斜向下；左掌向左下方划弧经左膝（搂膝）至左大腿外侧，掌心向下，指尖向前，面向正东，目视前下方，神形相合（图 4-94）。

图 4-93 　　　　　　　图 4-94

【攻防含义】

①"海底针"可比仙人观海，心随境转，气随意发，风起浪涌，浪随波行，上下一体，内外合一，所以在本拳谱中将其定名为"探腰望海"。本式动作充分体现了太极拳的圆弧运动规律，利用向下的抛物线，行成解脱手，进而完成进击。如对方用右掌向我进击，我用左掌搂开对方，用右掌直插对方裆部，以掌指戳击对方。

②比如对方以右手握我右腕，我即屈右肘坐右腿，向右转体将右手向右侧提回。若对方仍不松手，我则将右腕顺势向下松，屈膝松腰，下采，则对方必不得力，手松散而败。该势为一提劲，一沉劲，两者虽非直接出击之势，但对方在意想不到的情况下，突然出现，会使彼根力自断，我可乘机进攻。

【康复养生】

①推揉动作不宜过大，小而慢，好似在远处揉一个有弹性的气球，手臂柔和如波浪形。推揉要求一动以腰带动（以腰催肋，以肋催肩，以肩带肘，以肘带腕，以腕带掌指）这是练形的整体性，能达到炼炁入骨、松腰开窍的效果。

②在招式运行中，初练者以自然呼吸为好，待动作熟练后，可以配合整体呼吸。比如臂向后回收的同时吸气，意想周围的混元气源源不断地进入体内，有股无形的真气（能量）渗透皮、肉、筋、脉、骨，融于脏腑，通透全身。臂前推时，配合呼气，可将胸部的紧张随着呼气的反作用力沉到腹腔，有助于气沉丹田。进一步意想丹田真气向外开，充斥皮肤，人与自然相融，这就是体呼吸的自然呼吸法。

③体呼吸的自然呼吸运行法能够促进血液循环，对提高肺脏的通气和换气功能有良好作用；并能够轻柔的按摩体内脏腑，有效地增强消化、吸收、排泄功能，使经络气血得到畅通，体内微循环增加，有效地减少动脉硬化、血栓、高血压、以及心脏、肠胃、呼吸等方面的疾病。

17. 乘风破浪（闪通背）

【动作详解】

①左脚开步：接上式。重心右移（后移），身体微右转，左腿微抬起向前方开步（左脚尖离地约1厘米，进一步向前方迈出），脚尖上翘，脚跟着

地；两臂松腕转掌，回收于胸前，腕部交叉，右臂在外，左臂在内，右掌心向左，指尖斜向上；左掌心向右，指尖斜向上，目视垂帘（图4-95）。

②前后掤、推：接上势。重心前移，左脚尖下落（指向正东），全脚踏实，右腿内旋，右脚跟后蹬成左弓步；随着重心的前移两臂内旋，转成掌心向外，同时交叉手上提至右额前，边上提边前后拉开，左臂向前推出，似直非直，掌与肩等高，掌心向前，指尖向上；右臂螺旋弧形上托，右掌向后置于额右侧上方，掌心向外，指尖向前，气沉丹田，落地生根，上下相随，内外相合，面向正东，目视前方，神意照体（图4-96）。

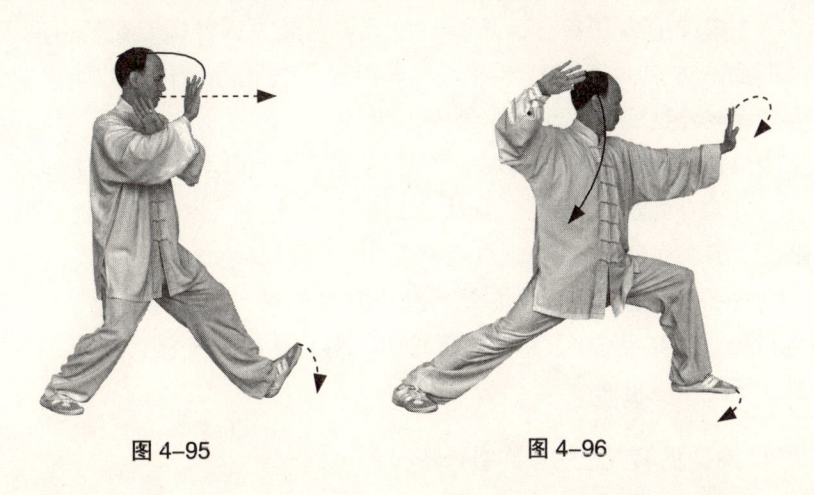

图4-95　　　　　　　图4-96

【攻防含义】

①闪通背是武术常用的名词，也是攻防并用的技击招势。在混元太极习练中，它的步法是直接向前的，两臂上格、前推的动作在技击中快速无比，所以在本拳谱中将其定名为"乘风破浪"。在运用中，上下相随，内外相合，力发于腰，劲来于脊，上下内外一体而产生整体内劲，有"四两拨千斤"之功效。

"闪通背"又称"三通背"。两个名称中的"通背"，取义相同。"闪"与"三"取义就不同了。"闪"者，将背后来劲闪空，快速将对方跌出。"三"这里指的是左右闪空时，内劲顺任、督二脉环行三圈，能在左右背通过三次。关于"闪通背"中的"背"字，它既有名词"脊背"之义，又有动词性"背扛"的含义。"闪"与"背"是此式的主要技击法。

②在习练中，右脚跟后蹬，左掌前推与右掌上托，这三个动作要同时

进行，动作协调一致。左掌前推时，做到用意不用力，坐腕、含掌、舒指。右掌上托要防止耸肩抬肘。两臂划弧的动作，是技击缠丝内劲螺旋变化的攻防调节，与人交手，升降开合，来去自如。

③比如对方用右手来击我胸部或头部，我急将右手臂由前往上提起，至右额角旁，并将手心向外翻，以托对方右手之劲，或握其右腕，将之右臂往上、向前提起，提至我右额角旁；左手同时提至胸前，顺着对方的胳膊以手掌用直劲打向对方的软肋。攻防协调，随时运用。

【康复养生】

①左脚向前方开步时，开步的左脚须轻灵。两臂螺旋交替引动天地虚空及四面八方混元气进入体内，与丹田混元气相融。体内的能量向外开，气圈螺旋向外延展，达到内外合一。

②两臂内旋交叉手上提时，下丹田混元气上升至中丹田、上丹田，三田合一，合于混元，意想全身从上到下由里至外（皮、肉、筋、脉、骨，五脏、六腑、血液、细胞），贯通贯透。

③两手螺旋弧形掤出，右腿后蹬成左弓步时，意想外三合（肩与胯合，肘与膝合，手与足合），并且气沉丹田，落地生根、松腰、松胯、垂尾间，达到上下内外一整体。

18. 掩手肱拳（左弓步冲拳）

【动作详解】

①左右划弧：接上式。重心后移（右移），左腿内旋，脚尖抬起内扣约45°落地，同时以腰带动身体右转，右脚跟微内旋；同时，左臂松腕外旋，向右划弧，掌略高于肩，掌心向右，指尖斜向上；右臂外旋，右掌胸前下落至腹前，掌心向上，指尖向左；两臂随身体而行至体右侧，目似垂帘（图4-97、图4-98）。

左臂外旋，左掌胸前下落至腹前，掌心向上，指尖向右；右臂内旋，右掌上升至右侧上方，掌略高于肩，掌心向左，指尖斜向上（图4-99）；以腰带动身体左转，重心随之左移，两臂随身体划弧转至身体左侧，目似垂帘（图4-100、图4-101）。

图 4-97　　　　　　　　　图 4-98

图 4-99　　　　　图 4-100　　　　　图 4-101

　　左臂内旋，左掌上升至左侧上方，掌略高于肩，掌心向右，指尖斜向上；右臂外旋，右掌胸前下落至腹前，掌心向上（图 4-102）；以腰带动身体右转，转至体前（正南方）；重心随之右移，两臂随身体右转，右掌逐渐握拳回收于右腰间，拳心向上，拳眼向外；左臂指向左前方；松腰、松胯、垂尾闾，气沉丹田，落地生根，目视左前方，神意照体（图 4-103）。

　　②弓步冲拳：接上势。重心左移，左脚跟微内旋，右脚跟外旋后蹬成左弓步；右臂内旋，螺旋上升，以腰带动向左前方冲拳，拳背向上，拳面向前；左臂外旋，左掌回抽握拳于左腰间，拳心向上，拳眼向外，目视前方，神意照体（图 4-104）。

图 4-102　　　　　　　　　　图 4-103

图 4-104

【攻防含义】

①本式动作在习练中充分发挥太极拳的松活弹抖，在运用中能体现出"远拳、近肘、贴身靠"之心法，所以在本拳谱中将其定名为"掩手肱拳"。在技击中，远距离的用拳打，近距离的用肘击，如果再接近了，用肘也施展不开了，就用肩、胸靠。比如对方出手进攻我胸腹部。我以两肘内合掩护以拦截对方来招，转身出一掌以化解对方来招；当对方的手被我拦截后，我顺势左掌旋转回带化其右掌，同时弓步右冲拳发力击打对方（这称之为左弓步右冲拳）。

②掩手肱拳特别重视丹田内气，在出拳时，首先丹田内劲沉于右脚，再由右脚外旋，右脚跟后蹬发出，顺右腿裹缠至左腿，腰劲迅速左转，上

缠至右肩，达至右拳顶；左肘辅助发动，使周身完整一气。在技击时，向前螺旋冲拳可击对方胸部，同时左肘后击，可打背后搂抱之人的肋部。

③缠丝内劲在技击中又有自己的特点：其柔时，粘住何处何处缠，令人难进亦难去，如蝇虫落胶，有翅难飞；其刚时，挨着何处何处击，缠绕诸靠我皆依，如红炉出铁，人不敢摸，浑身上下处处都能体现出弹簧内劲。此能量由心意调动，如时如发，千变万化，奥妙无穷。

【康复养生】

①本法冲拳的练法可分为两个层次：中老年人和身体虚弱者以健身养生为主，出拳要慢而匀，气机螺旋上升，意到气到，气到脉通；青少年和有功底的人可以螺旋快速冲出，混元螺旋劲其根在脚、行之于腿、主宰于腰、力贯于拳，心到、意到、眼到、气到、形到（力到）。内功成就能运化刚柔，运用自如。如左掌外旋下落回收握拳，右掌内旋向左前方冲拳时，左右臂缠丝内劲进如螺旋，退如抽丝，动静如一，刚柔相济。

②左右划弧的缠丝劲其外部表现是形体的螺旋运动，人与虚空相合，收虚空混元气（太和元气）为己所用。在运动中气机源源不断地进入体内，以意引气、运化刚柔，意念行气入膜层层贯穿。混元太极以养生为主，冲拳要求用意不用力。这样习练一则能逐渐去掉人本身原有的僵劲拙力，使全身皮、肉、筋、脉、骨节节放松；同时，由于抻筋拔骨而使内气通于经络，充于肌肤，骨节开张而使内气敛入骨髓，由松沉而渐入柔顺，周身形成富有弹性的内劲，外柔而内刚。

③缠丝劲的内涵使心神意气缠绕抽丝，其外部表现是形体的螺旋运动。用意不用力的锻炼是以最少的消耗获得最大效果。螺旋缠丝内劲，亦合乎养生保健的中医理论。人体的经络互为表里，交联环绕，通过内缠丝外螺旋的运动，沟通周身奇经八脉、十二经、十五络，使气血流注，营卫周流，调节三焦，平和阴阳，内壮脏腑，而又柔顺骨节、肌腱、韧带，外强筋骨、皮肉。

19. 青龙出水（缠丝撇身捶）

【动作详解】

①两臂划弧：接上式。重心右移，左脚尖翘起，同时两手松拳变掌，左掌向左斜前上方伸出，掌略高于肩，掌心向上；右臂回收至胸前，掌心向下，

沉肩坠肘（图 4-105）；以腰带动身体右转，重心继续右移，左脚尖内扣约 60°落地，两臂随身体向右缠丝划弧至身体右侧（图 4-106、图 4-107）。

图 4-105　　　　　　图 4-106　　　　　　图 4-107

②撇身捶：接上势。重心左移，右脚跟微抬起内旋，右脚回收至左腿内侧，离地约 1 厘米；同时，右臂外旋逐渐变拳并顺势向左下、左上方划弧，回收于胸前，拳心向内；左臂内旋下落，左掌心贴于右上臂内侧（图 4-108）。

以腰带动身体右转，同时，右腿外旋，右脚尖离地向右斜前方划圆摆脚开步，脚跟先落地；右前臂向右划弧，右拳从胸前向上、向右撇出，拳略高于肩，拳心斜向上，拳眼向右；随着右拳的撇出重心移向右腿，脚尖落地（指向正西），左腿内旋，左脚跟后蹬成右弓步，面向正西，目视右拳，神形相合（图 4-109）。

图 4-108 　　　　　　图 4-109

【攻防含义】

①本式动作一动以腰带动，全身无处不动，手眼心法步内外一整体，可比游龙戏水，所以在本拳谱中将其定名为"青龙出水"。与人交手，在进退攻防中，松活弹抖，刚柔相济；意到气到，足稳身固，无坚不摧。太极拳论指出："我顺人背谓之黏"，其中的"黏"也是"我顺人背"时，对方内心的一种被动感受，失势的无奈感。当对方被我缠丝内劲黏住时，犹如一根拿不下甩不开的绳子缠在身上，挣脱不掉，既不得机得势，又挥之不去，苦不堪言。而"我"则因得机得势而感觉十分的"顺"畅。

②比如对方用左手向我胸部或面部击来，我则以右手抓其腕，左手黏其肘部，向右牵拉，使其倒下；若对方再以右拳向我腹部击来，我则继续以左手黏其肘部，右手黏其腕，向右后下方捋，使其前扑；若又有人从我右侧用拳击来，我右臂屈肘向上、向右甩前臂，以拳背击打对方面部，左手扶右臂以助力。撇拳时以肩关节为轴，利用腰部及上臂力量增大劲力，要以拳背为力点击打对方头部或其他部位。

【康复养生】

①两手松拳变掌，掌向斜前上方伸出接通虚空，将虚空混元气源源不断地收入体内。碾脚时，脚内气的螺旋带动腿内气的螺旋，进一步带动下丹田、混元窍内气的螺旋，身体各部正气皆可上下相通，贯注丹田，遍布周身，清气上升，浊气下降，上至百会，下达涌泉，气随意动，处处开张，内气自然充盈。久而久之，养练体内活泼浩然之正气，气随功夫长，方得太极妙。

②重心左移收右脚，重心全在左脚，意想丹田混元气通透左腿，连于地下虚空。右腿外旋右脚尖离地向右斜前方划圆摆脚开步时，要从里向外螺旋外撇。右臂撇出时，意想有千斤力量从上落下。随着左脚跟后蹬成右弓步时，气沉丹田，落地生根。意想体内能量向外开，打开全身毛窍、穴道，人与自然相融，真气贯通全身。

20. 千变万化（进步搬拦捶）

【动作详解】

①切掌、掤臂一：接上式。重心后移，右腿回收成右虚步，右脚尖点地；同时，松开左掌，左掌从右臂上方沿臂"切掌"而出，约与混元（腹部）等高，掌心向下，指尖向右；右臂回收，前臂收至右肋外侧，拳心向上，拳眼

向右，左掌与右拳相距 20~30 厘米（图 4-110）；重心右移，以腰带动身体左转，同时左臂外旋回收，前臂收至左肋外侧，掌心向上，指尖向右；右臂内旋，右拳旋转而上，沿左臂上方"掤臂"而出，约与混元等高，拳心向下，拳眼向左，右拳与左掌相距 20~30 厘米，目视两手，神形相合（图 4-111）。

图 4-110 　　　　　图 4-111

②切掌、掤臂二：接上势。重心左移，同时以腰带动身体右转（面向正西）成右虚步，右脚尖点地；随着身体右转，左臂内旋，左掌旋转而上，沿右臂上方"切掌"而出，约与混元等高，掌心向下，指尖向右；右臂外旋回收，前臂收至右肋外侧，拳心向上，拳眼向右。左掌与右拳相距 20~30 厘米（图 4-112）；重心右移，以腰带动身体左转，同时左臂外旋回收，前臂收至左肋外侧，掌心向上，指尖向右；右臂内旋，右拳旋转而上，沿左臂上方"掤臂"而出，约与混元等高，拳心向下，拳眼向左；右拳与左掌相距 20~30 厘米，目视两手，神形相合（图 4-113）。

图 4-112 　　　　　图 4-113

③搬、拦、捶：接上势。扳：身体微左转，左臂向后上方伸出，约与肩等高，掌心斜向上（图4-114）；重心左移，以腰带动身体右转；同时收右脚至左脚内侧，离地约1厘米，继而抬起，右脚尖向右斜前方划圆摆脚开步，脚跟先着地；左臂内旋向前划弧，经面前回收于混元前，掌心向下，指尖向右；右拳回收于腹前从左臂内侧向上、向前"搬"出，拳心向内，拳眼斜向上，面向正西，目似垂帘（图4-115、图4-116）。

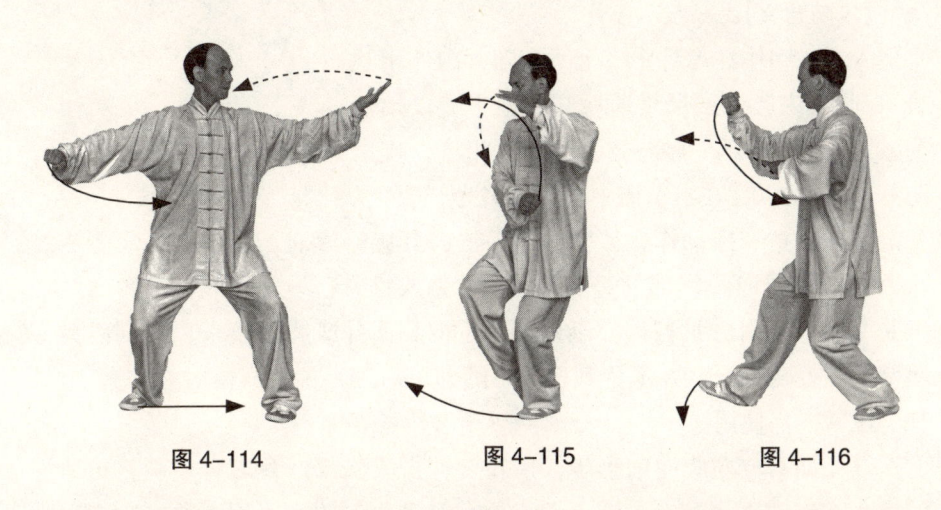

图4-114　　　　　图4-115　　　　　图4-116

拦：重心前移，右脚尖落地，收左腿，左脚收至右脚内侧离地约1厘米，继而向左斜前方开步，脚跟落地；同时左掌上提向前"拦"出，掌约与肩等高，掌心斜向前；右拳回收至右腰间，拳心向上（图4-117、图4-118）。

图4-117　　　　　图4-118

第四章　四十六式混元太极拳义解

149

捶：重心前移，左脚尖着地（指向正西），右腿内旋，右脚跟后蹬成左弓步；同时，右拳从腰间内旋向前、向上冲出，与肩等高，拳眼向上，拳心向左；左掌回收，立于右臂内侧，掌心向右，指尖向上，面向正西，目视前方，神意照体（图4-119）。

【攻防含义】

①本式动作在习练中"上下相随，内外相合"，行气入膜，层层贯通；在技击中"以腰为轴，旋转自如"；与人交手"刚柔相济，攻防并用"。所以，在本拳谱中将其定名为"千变万化"。

图4-119

②搬、拦、捶动作，"搬"是一法，其旋臂滚肘，以自己的尺骨一侧截断对方伸臂向我胸部的进击（如直冲拳或推掌）。"拦"是一法，"捶"又是一法。当对方被截后，继以另一手向我面部或胸部袭来，我则以另一手掌横向拦截拍开，并不待其稍缓，随即以另一手握拳直击对方。搬、拦、捶三法常连环使用。

③比如对方左脚向前上步，用左拳冲击我胸部。我右脚上步，迅速用右拳由左向右下压其左前臂；对方见左拳进攻失效，速用右拳再次向我胸部冲击，我速用左前臂由右向左拦其右臂，将对方之力化于左侧，同时左脚向前上步，重心前移，用右拳向对方胸、腹部冲击，使其失去重心后倒或胸骨受损（注：搬拳、拦拳要看准时机，及时化解对方前冲之力；上步冲拳反击要快速连贯，迅猛准确）。

【康复养生】

①切掌、掤臂动作，随着身体左右旋转，一动以腰带动全身无处不动。两臂上下交替划弧缠丝，人与虚空相合，收虚空混元气源源不断地进入体内，意念行气入膜，皮、肉、筋、脉、骨层层贯穿，节节贯通。

②搬、拦、捶的动作，左臂内旋向后伸出时，收后方虚空混元气往体内凝聚。右脚抬起向右斜前方摆脚开步，重心、力量都在右脚，左脚开步须轻灵。意想体内能量向外开，打开全身毛窍、穴道，人与自然相融。冲拳要求用意不用力，左右臂来去自如，刚柔相济。

③本式动作要向前迈出两步，同时双手不停顿地运动，所以对分清虚

实、稳固下盘有着较高的要求。在连续进步时，迈步如猫行，并要求速度均匀，身体中正，不可左右歪斜和前后俯仰。步法和手法要随腰转动，开合升降动作要连贯，勿使有缺陷、凹凸，做到绵绵不断，一气呵成。

21. 铁脚破身（独立右蹬腿）

【动作详解】

①收腿收手：接上式。重心后移，左脚尖翘起外撇约30°，同时左手体前伸出，右手松拳，两臂内旋，一同外开（图4-120）；重心前移，左脚尖落地，右腿回收（脚跟先离地），屈膝上提至混元位，脚尖向下指地，脚背绷直，左腿随之起立，成左独立式（坐胯微屈膝，气沉丹田），重心前移的同时两臂外旋，向下、向内划弧至腹前腕部交叉，交叉手随右膝上升至胸前，左臂在内，右臂在外，两掌心斜向外，指尖斜向上（图4-121）。

②分手蹬腿：接上势。右脚向右斜前上方伸出外蹬（西北方向）；同时两臂内旋向两侧拉开，右臂与右腿的方向相同，两臂似成"一"字，肘部微下沉，掌心向外，指尖向上，目视右掌、右脚，神意照体（图4-122）。

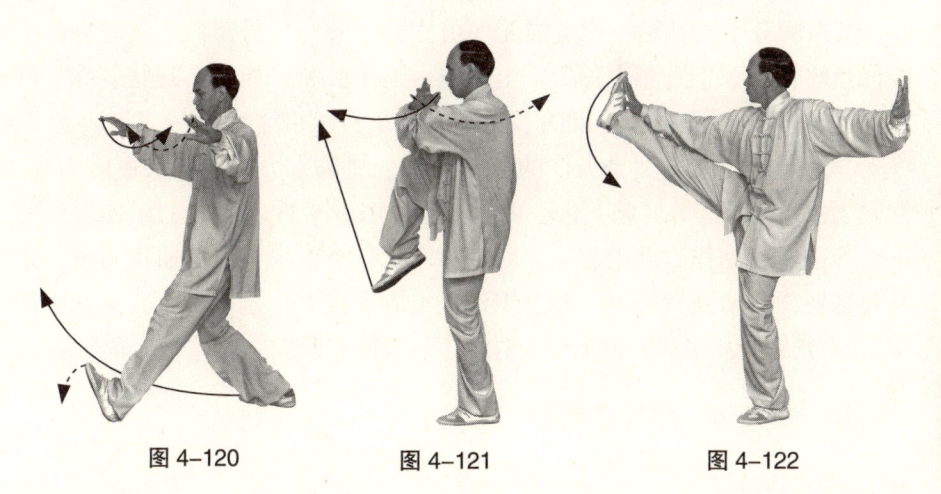

图 4-120　　　图 4-121　　　图 4-122

【攻防含义】

①蹬脚是武功运用中一个很重要方法，在习练时"上下一体，内外合一"；在技击中劲贯足跟，达到"快、准、狠"。所以，在本拳谱中将其定名为"铁脚破身"。蹬脚是用脚攻击的动作，要求单腿直立，下盘稳固。要使下盘稳固须注意将"虚灵顶劲、松腰松胯、含胸拔背、气沉丹田、沉

肩垂肘"等要点贯彻于动作中，使单腿直立而不挺，身不上拔，气不上浮，下盘有下沉的力量。

②比如对方上步进逼，出右直拳击打我头部，我借势用十字手上架其右臂使其打空，并顺势提右膝顶击其裆（腹）部，这时对方会含胸收腹回缩缓冲，我趁机出右脚蹬击其腹部或胸部，使其后仰倒地。架挡对方来掌要及时，架掌与蹬脚要连贯、快速，蹬脚要准确有力（注：这是右脚蹬的技击运用）。

③如对方在我背后以右拳击来，我即将身体由右向左旋转，使身体转向正前，两手合收随身体转至正面，以右手粘住其肘腕，左手向左挒出，同时提起左脚，向对方腹部蹬去（注：这是转身左挒、左脚蹬的技击运用）。

【康复养生】

①两臂胸腹前划弧回收时，内外相合，从地下虚空抱起一个似有非有的大气球，连于丹田。丹田内气沉入左脚涌泉与地下虚空相接。左脚踏实，屈膝松腰，落地生根，右脚虚悬，两脚虚实分明。

②蹬脚分手时，地下虚空混元气由左脚上升与下丹田混元气融合。这股能量转化后，上升至中丹田、上丹田，连于脏腑，通透右腿胯、膝、踝各关节。两臂外开时，体内能量向外开，人与自然相融。

③人老腿先衰，腿是人体的第二心脏，腿部有力则心脏供血能力强。混元太极拳要求屈膝开胯，重心虚实变换，裆走圆弧，动作有踢腿、独立、下势等静立性动作，动中有静，静中有动，能有效增强腿部肌肉力量，增强腿部肌肉，增强骨密度。有意识地在重心变换中控制平衡，犹如"不倒翁"，可延缓骨质疏松，避免引发骨折，有效防止跌跤。

22. 铁脚破身（转身左蹬脚）

【动作详解】

①转身收腿：接上式。右腿屈膝回收（图4-123）；身体左转，右脚随之螺旋下落至左脚尖前落地，右脚尖指向东南方，重心逐渐右移，两臂随身体转动（图4-124），身体转至面向东方；两腿屈膝微下蹲，重心右移，左腿内旋向上提膝（脚跟先离地），左膝提至混元位，脚尖向下指地，脚背

绷直，右腿随之起立，成右独立式（坐胯微屈膝，气沉丹田）；同时，两臂外旋，向下、向内划弧至腹前，腕部交叉，交叉手随左膝上升至胸前，右臂在内，左臂在外，两掌心斜向外，指尖斜向上（图4-125）。

②蹬脚分手：接上势。左脚向左斜前上方蹬伸（东北方向）；同时两臂内旋向两侧拉开，左臂与左腿的方向相同，两臂似成"一"字，肘部微下沉，掌心向外，指尖向上，目视左掌、左脚，神意照体（图4-126）。

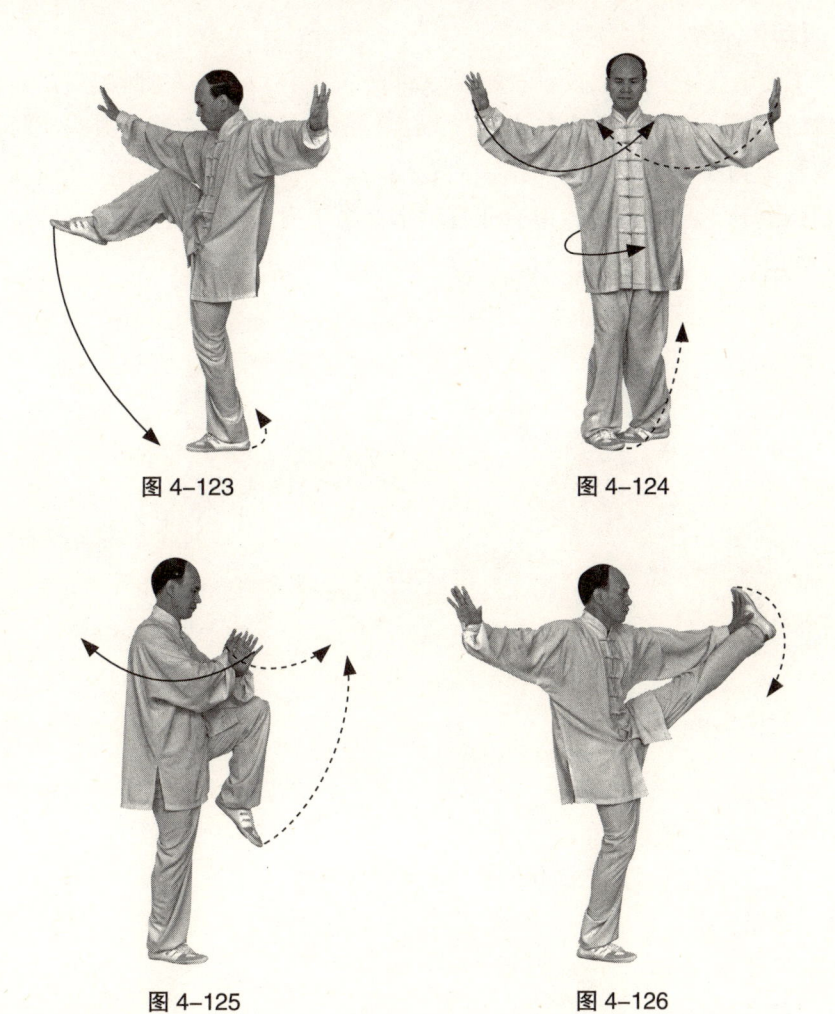

图4-123

图4-124

图4-125

图4-126

【攻防含义】

与 21.相同。

【康复养生】

与 21.相同。

23. 猿猴献果 （左搂膝拗步）

【动作详解】

①收腿收手：接上式。左腿屈膝回收（图 4-127），左脚收至右脚内侧离地约 1 厘米。同时身体右转，右腿随之屈膝微下蹲；左臂划弧胸前回收，左掌置于胸前，掌心向下，指尖向右斜向上；右臂外旋微下落，向右后上方划弧上升于身体右侧，似直非直，掌略高于肩，掌心斜向上；目视双掌（图 4-128）。

图 4-127　　　　图 4-128

②开步推掌：与 15.②相同。

【攻防含义】

与 15.相同。

【康复养生】

与 15.相同。

24. 猿猴献果 （右搂膝拗步）

【动作详解】

①收腿收手：接上式。重心后移，左脚尖翘起外撇约 30°；同时左臂外旋，向左后上方划弧，左掌升至身体左侧上方，略高于肩，掌心斜向上；右臂外旋划弧于胸前回收，右掌置于胸前，掌心向下，指尖向左（图 4-129）；重心前移，左脚尖落地，同时身体左转，收右腿，右脚尖落至左脚内侧中心，离地约 1 厘米（图 4-130）。

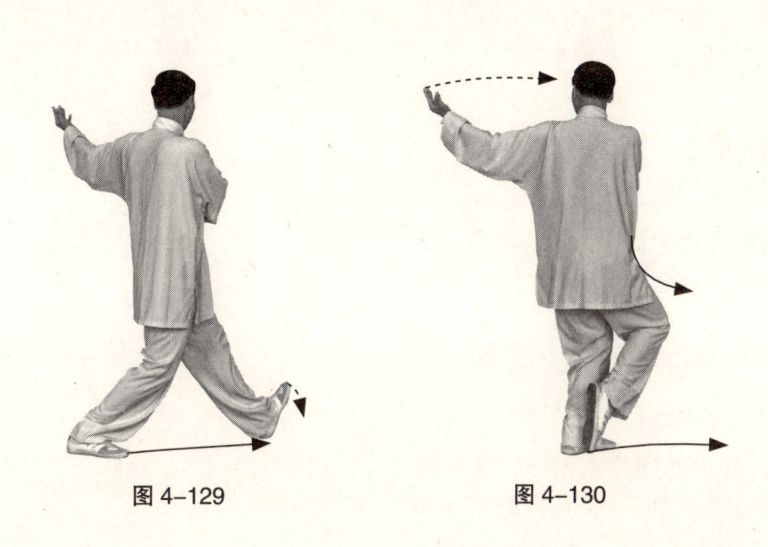

图 4-129　　　　图 4-130

②开步推掌：接上势。以腰带动身体右转，右腿向右斜前方开步（脚尖离地约 1 厘米向右斜前方迈出，与正前方约 30°开步），脚尖上翘，脚跟落地，随着重心前移，全脚着地（指向正东），左腿内旋，左脚跟后蹬成右弓步；右掌由左胸前划弧下落经腹前、右膝（搂膝）至右大腿外侧，掌心向下，指尖向前；左臂拢球回收，左掌掌心向下，指尖向前，经左耳侧向前推出，逐渐转成掌心向前，指尖向上，推出后掌略高于肩，气沉丹田，松腰松胯，垂尾闾，领百会，目视前方，神意照体（图 4-131、图 4-132）。

图 4-131 　　　　　　　图 4-132

【攻防含义】

与 15.相同,唯左右相反。

【康复养生】

与 15.相同。

25. 来去自如（左揽雀尾）

【动作详解】

动作、要领与 5.相同,唯方向相反（图 4-133~图 4-145）。

图 4-133 　　　　图 4-134 　　　　图 4-135

图 4-136

图 4-137

图 4-138

图 4-139

图 4-140

图 4-141

第四章 四十六式混元太极拳义解

157

图 4-142　　　　　　　　图 4-143

图 4-144　　　　　　　　图 4-145

【攻防含义】

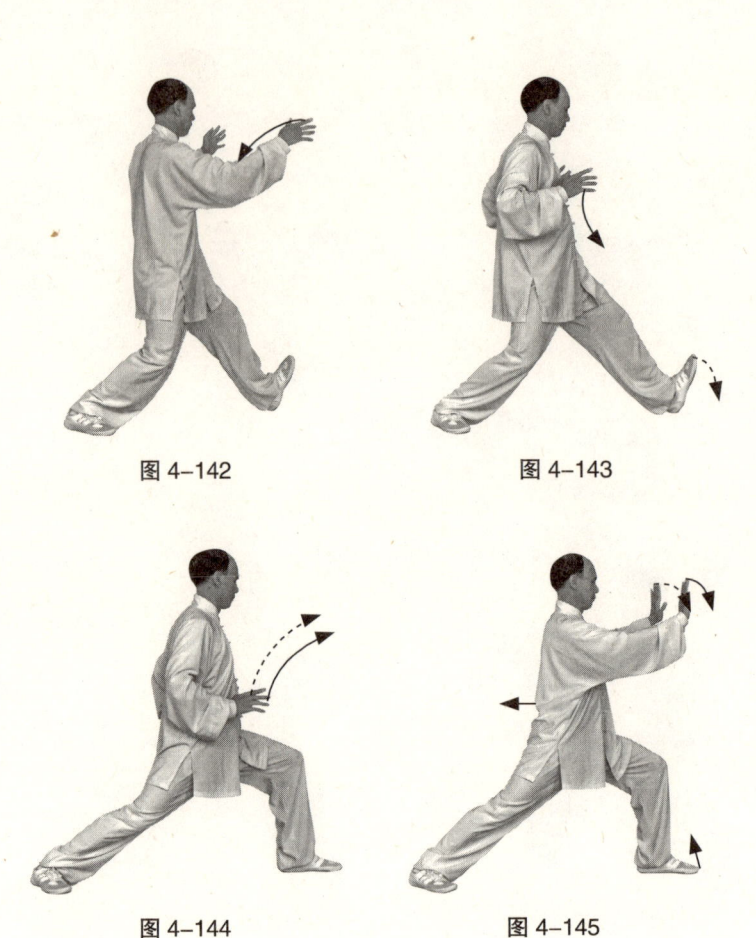

与4.相同，唯方向相反。

【康复养生】

与4.相同。

26. 拨云见日（右弓步单鞭）

【动作详解】

动作、要领与6.相同，唯方向相反（图4-146~图4-158）。

图 4-146　　　　　　　　图 4-147

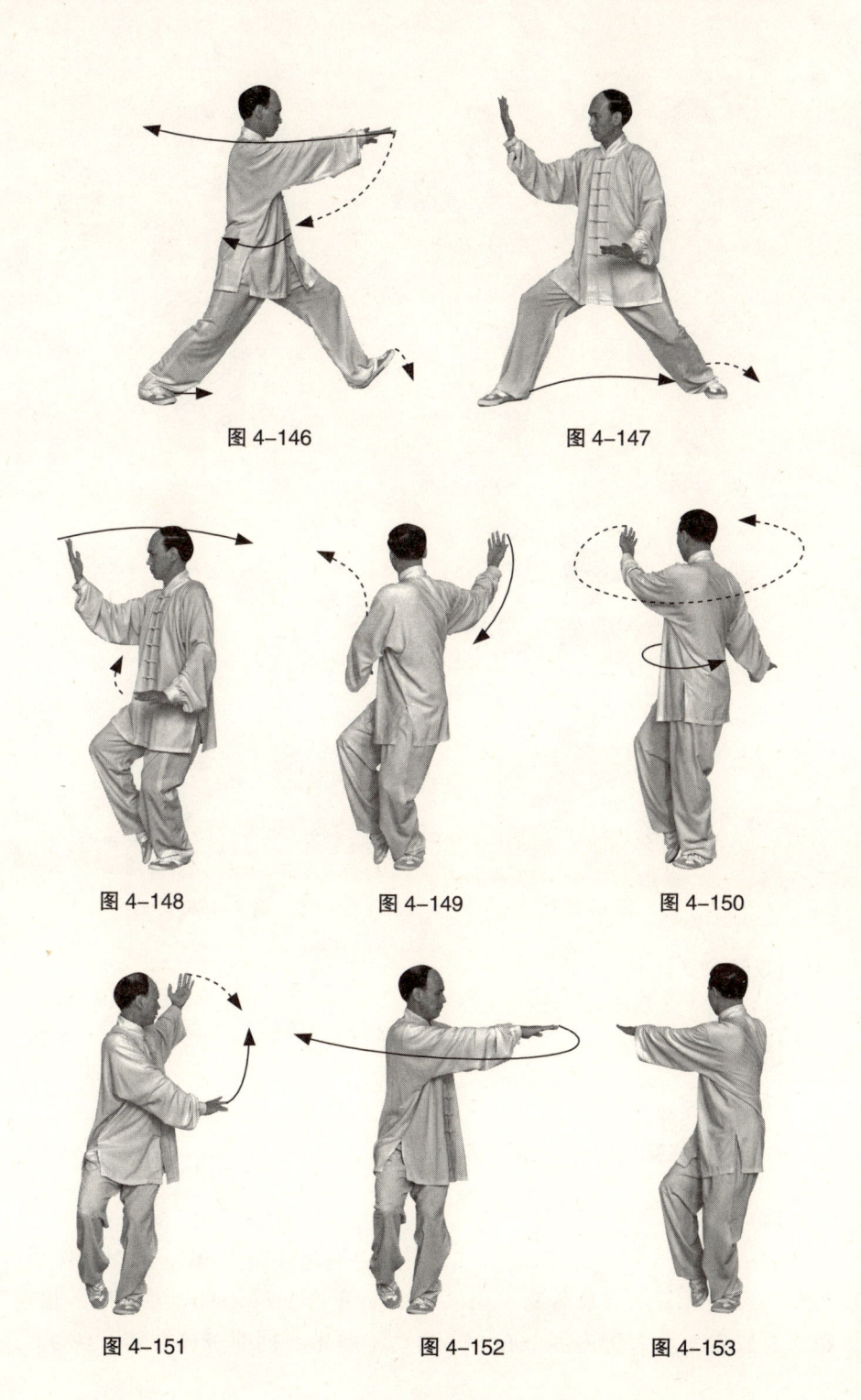

图 4-148　　　　图 4-149　　　　图 4-150

图 4-151　　　　图 4-152　　　　图 4-153

第四章　四十六式混元太极拳义解

159

图 4-154　　　　　图 4-155　　　　　图 4-156

图 4-157　　　　　图 4-158

【攻防含义】

与6.相同。

【康复养生】

与6.相同。

27. 野马分鬃　（左右抢手）

【动作详解】

①左分鬃：接上式。重心后移，右脚尖翘起外撇约30°，同时松钩手，两臂内旋外开，约与肩等高（图4-159）；重心前移，右脚尖落地，收左腿，左脚尖落至右脚内侧中心，离地约1厘米，同时身体右转，约90°，

两臂随身体右转回收于胸腹前，前臂交叉抱球，右臂在上，右掌心向下，指尖向左；左臂在下，左掌心向上，指尖向右，两前臂上下距离约20厘米（图4-160）。

图4-159

图4-160

左脚向左斜前方开步（脚尖离地约1厘米，向左斜前方伸出，与正前方约成30°开步），脚尖上翘，脚跟用内劲外抻落地，同时身体左转，随着身体的转动重心前移，左脚尖随之落地，右腿内旋，右脚跟后蹬成左弓步；同时，交叉手前后外拨，左掌随身体向左上方弧形捯出，掌与肩等高，臂似直非直，掌心斜向上，指尖向前；右掌向右下方弧形下采至右胯侧，掌心向下，指尖向前，面向正西，目视左掌，神意照体（图4-161、图4-162）。

图4-161

图4-162

②右分鬃：接上势。重心后移，左脚尖翘起外撇约30°；左臂内旋，右臂外旋上提，两臂外开，约与肩等高（图4-163）；重心前移，左脚尖落地，收右腿，同时身体左转，右脚尖落至左脚内侧中心，离地约1厘米，两臂随身体回收于胸腹前，前臂交叉抱球，左臂在上，左掌心向下，指尖向右；右臂在下，右掌心向上，指尖向左，两前臂上下距离约20厘米（图4-164）。

图4-163　　　　　　　　　图4-164

右脚向右斜前方开步（脚尖离地约1厘米，慢慢向右斜前方伸出，与正前方约成30°开步），脚尖上翘，脚跟用内劲外抻落地，同时身体右转，随着身体的转动重心前移，右脚尖随之落地，左腿内旋，左脚跟后蹬成右弓步；同时，交叉手前后外拨，右掌随身体向右上方弧形捌出，掌与肩等高，臂似直非直，掌心斜向上，指尖向前；左掌向左下方弧形下采至左胯侧，掌心向下，指尖向前，面向正西，目视右掌，神意照体（图4-165、图4-166）。

图4-165　　　　　　　　　图4-166

③左分鬃：动作、要领与②相同，唯左右相反。

【攻防含义】

①本式动作在习练中"进如螺旋、退如抽丝，形神合一、内外贯通"；在技击运用中"招招式式，左右开弓；步步前进，妙在自然"。所以在本拳谱中将其定名为"野马分鬃"。以右野马分鬃为例。比如对方向前逼近，以左弓步，左直拳击打我头部。我左手外接捋抓其击来之手腕，侧闪进，上右步落于对方身体左后侧，管别其脚；同时右臂穿、靠于其腋下，右转腰，肩背臂部向后旋靠其上体，使其身体后仰歪斜，左手顺势随送，身体重心前移过渡成弓步夺其位，使对方失去重心，摔倒在地。

②若对方以右弓步，右直拳向我右侧背后袭来，我速向右转身，顺势用左手握住对方右手腕，同时上右脚成弓步，以右臂向对方右腋下用掤、捯劲袭击，其中内含撅意。

【康复养生】

①两臂划弧胸腹前交叉抱球时，意想上丹田混元气螺旋下降，下丹田混元气螺旋上升，天地虚空混元气旋转着向体内凝聚。随着体内外混元气混化，目似垂帘，神光照体。达到三田合一，合于混元。

②习练混元太极要求松腰开窍，随着胸腹开合、折叠运动，做到有规律地松腰、松胯、垂尾闾，一套拳打下来由于腰部的旋转、臀部的收放对肾脏起到牵引作用，加之裆走圆弧的重心变换练习，增大了下肢的运动量，有利于血脉的畅通，从而充盈精气，对内分泌系统、生殖系统均能产生有益的调节。通过敛臀对治疗痔疮病症极为有效，对延缓前列腺疾、肾脏等疾病具有显著效果。

28. 来去自如（右揽雀尾）

【动作详解】

①左腹前抱球：接上式。重心后移，左脚尖翘起外撇约30°，两臂内旋外开，约与肩等高（图4-167）；重心前移，左脚尖落地，身体左转，收右腿，右脚尖落至左脚内侧中心，离地约1厘米；同时右臂外旋，右掌划弧下落至左腹前，掌心向上，指尖向左；左臂微外旋，左掌回收于左胸前，掌心向下，指尖向右，两掌心相对，于左腹前抱球，目似垂帘（图4-168）。

图 4-167 　　　　　图 4-168

②"掤"：与4.动作②相同。
③"捋"：与4.动作③相同。
④"挤"：与4.动作④相同。
⑤"按"：与4.动作⑤相同。

【攻防含义】

与4.相同。

【康复养生】

与4.相同。

29. 拨云见日（左弓步单鞭）

【动作详解】

①两臂回收：接上式。松腕，重心左移（后移），右脚尖上翘；同时以腰带动两臂回收，两掌掌心向下，指尖向前（图4-169）。

②左转云手：接上势。左臂外旋，左手转掌划弧向上，升至面部左侧前，掌心向内略向上，指尖向上，上臂与前臂之间夹角略大于100°；右掌微外旋，右手转掌划弧下落，降至右腹侧前，掌心向下略向左，指尖向前；同时，以腰带动身体连续左转，两臂

图 4-169

随身体而行，向左云手，右腿随之内旋，右脚尖内扣约60°落地，碾左脚（左脚跟微抬起内旋约60°）（图4-170），碾右脚（右脚跟微抬起外旋约60°），重心后移，收左腿，脚尖落在右脚内侧（图4-171）；两脚原地不动，身体以腰带动连续左转云手，两臂随身体转至左侧后，左掌略高于肩，掌心斜向上，指尖向上；右掌转至腹前，掌心向下略向左，指尖向前，目视左掌，神意照体（图4-172）。

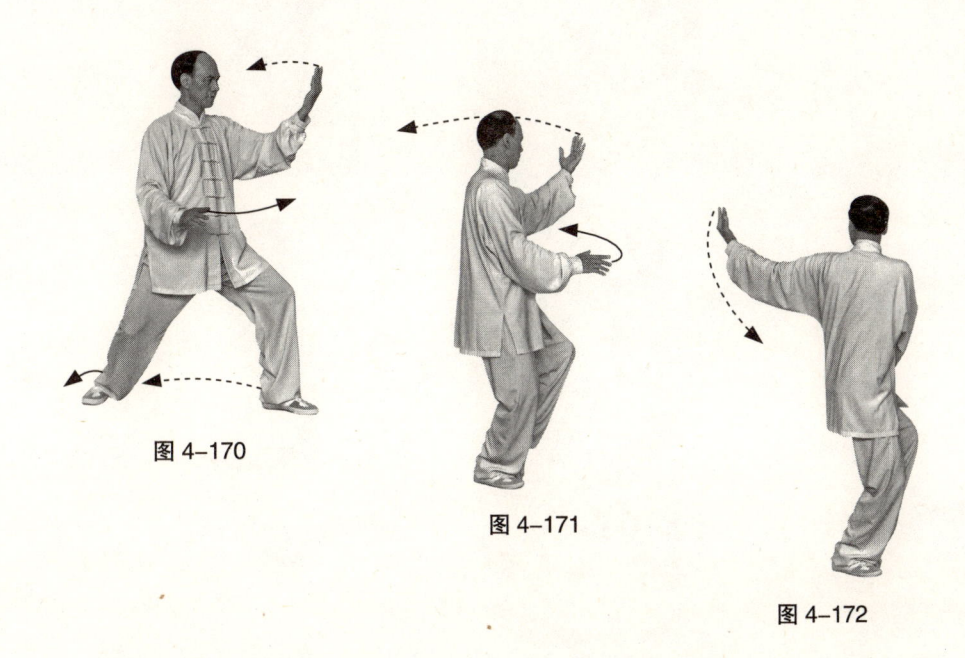

图 4-170

图 4-171

图 4-172

③右转云手：接上势。右臂外旋，右掌划弧体前上升，升至面部右侧前，掌心向内略向上，指尖朝上，上臂与前臂之间夹角略大于100°；左臂内旋，左掌划弧体前下落，降至左腹侧前，掌心向下略向右，指尖向前；同时以腰带动身体右转，向右云手，转体约360°，两臂随身体转至身体右后侧；右掌略高于肩，掌心斜向上，指尖向上；左掌转至腹前，掌心向下略向右，指尖向前，目视右掌（图4-173、图4-174）。

④两臂平肩划弧：接上势。左臂内旋上提，同时右臂内旋下降，两臂与肩等宽高，似直非直，掌心向下，指尖向前（图4-175）；以腰带动身体左转，两臂平肩水平向左划弧，转至身体左侧，约270°，目视两掌（图4-176）。

图 4-173　　　　　　　　　　图 4-174

图 4-175　　　　　　　　　　图 4-176

⑤钩手推掌：接上势。两臂向胸前拢球回收，指尖相对，掌心向下（图 4-177）；以腰带动身体右转 180°（图 4-178）；两臂由胸前向身体右侧推出，右掌以小指带动五指依次撮拢成太极钩手；左掌拇指、食指、中指轻贴右腕部内侧，目视钩手（图 4-179）；以腰带动身体左转，左脚向左斜前方伸出，与正前方约成 30°开步，脚跟先着地；左臂随身体左转，同时外旋转掌心向内，于右前臂内侧拢球至胸前；右臂仍置于体右侧，沉肩坠肘（图 4-180）；重心前移，左脚尖着地踏实（指向正东方），右腿内旋，右脚跟后蹬成左弓步；同时，左掌经胸前划弧向左斜前方推出，掌心向前，指尖向上，沉肩坠肘，气沉丹田，松腰松胯，垂尾闾，领百会，把脊柱拉直，面向正东方，目视左掌，神意照体（图 4-181）。

图 4-177　　　　图 4-178　　　　图 4-179

图 4-180　　　　图 4-181

【攻防含义】

与 6.相同，唯左右相反。

【康复养生】

与 6.相同。

30. 金童观图　（左开步云手）

【动作详解】

①两臂划弧回收：接上式。重心后移，左脚尖翘起，同时左臂松腕，掌心向下，以腰带动身体右转（转至面向西南），左腿随之内旋，左脚内扣约 90°落地（指向正南）；两臂随身体右转，左臂外旋，左掌向右下方划弧

至右腹前，掌心向右斜向下，指尖向前；右臂松钩手，外旋微上提，掌略高于肩，掌心斜向下，目视右掌（图 4-182）。

②右收步云手一：接上势。重心左移，以腰带动身体左转。随着身体的转动收右腿；同时左臂外旋，左掌向左上方划弧；右臂内旋，右掌划弧下落，当身体转至正前方时，右脚落至左脚内侧，前脚掌着地，两脚间距离约 10 厘米；左掌升至面部左侧，掌心向内略向上，指尖向上，上臂与前臂之间的夹角略大于 100°；右掌落至右腹外侧前，掌心向左斜向下，指尖向前（图 4-183）；身体继续左转，重心右移，右脚跟随之下落（两脚平行），左脚跟随后抬起；两臂随身体左转至左侧，左掌仍略高于肩，掌心斜向上，指尖向上；右掌转至左腹前，掌心向左斜向下，指尖向前，目视左掌，神意照体（图 4-184）。

图 4-182　　　　图 4-183　　　　图 4-184

③左开步云手一：接上势。重心右移，以腰带动身体右转，随着身体的转动左脚向左横跨出一步；同时，右臂外旋，右掌向右上方划弧；左臂内旋，左掌划弧下落；当身体转至正前方时，左脚前脚掌着地（指向正南，两脚之间大于肩宽）；右掌升至面部右侧，掌心向内略向上，指尖向上，上臂与前臂之间的夹角大于 100°；左掌落至左腹外侧，掌心向右斜向下，指尖向前（图 4-185）；身体继续右转，重心左移，左脚跟随之下落（两脚平行）；两臂随身体右转至体右侧，右掌仍略高于肩，掌心斜向上，指尖向上；左掌转至右腹前，掌心向右斜向下，指尖向前，目视右掌，神意照体（图 4-186）。

图 4-185　　　　　　图 4-186

④右收步云手二：接上势。重复动作②。
⑤左开步云手二：接上势。重复动作③。
⑥右收步云手三：接上势。重复动作②。
⑦左开步云手三：接上势。重复动作③。
⑧右收步云手四：接上势。重心左移，以腰带动身体左转；随着身体的转动收右腿；同时左臂外旋，左掌向左上方划弧移至面部左侧，掌心向内略向上，指尖向上；右臂内旋，右掌划弧下落至右腹外侧，掌心向左斜向下，指尖向前，随着身体的旋转右脚落于左脚尖外侧，两脚之间的夹角约60°，目视左掌（图4-187）。

图 4-187

【攻防含义】
与7.相同，唯左右相反。

【康复养生】
与7.相同。

31. 拨云见日（左弓步单鞭）

【动作详解】
①身体左转云手：接上式。重心右移，右脚跟落地，左脚跟内旋提起，脚尖立于右脚内侧中心，面向东方（图4-188）；两脚原地不动，以腰带动身体继续左转，连续云手，两臂随身体左转至左侧后，左掌略高于肩，掌

169

心斜向上，指尖向上；右掌至腹前，掌心向下略向左，指尖向前，目视左掌，神意照体（图4-189）。

图4-188 　　　　　　图4-189

②体右转云手：与29.③相同。
③两臂平肩划弧：与29.④相同。
④勾手推掌：与29.⑤相同。

【攻防含义】

与6.相同，唯左右相反。

【康复养生】

与6.相同。

32. 玉女穿梭（四方推掌）

【动作详解】

①西南方穿梭：接上式。重心后移，左脚尖翘起，身体右转，左腿随之内旋，左脚尖内扣约90°落地；同时松勾手，两臂随身体右转至正南方，两掌约于肩等高，掌心向下斜向前，指尖向前斜向上（图4-190）；重心左移，右脚跟微抬起内旋收右腿，右脚收于左脚内侧，脚尖点地；同时，身体右转至面向西南；右臂外旋随身体转至体右侧，似直非直，右掌约与肩等高，掌心向上，指尖指向右上方；左臂回收于胸前，掌心向下略向前，指尖向右（图4-191）；右脚跟落地；左脚跟内旋抬起，身体微右转；右臂

以肘为圆心划弧翻掌，掌心向下，指尖指向右上方；左臂外旋，左掌穿于右肘下，掌心向上，面向正南，目似垂帘（图4-192）。

图4-190　　　　　图4-191　　　　　图4-192

磨掌：左脚向左斜前方开步（西南方向），脚跟着地，左臂向前、向左划弧至身体左侧前，似直非直，掌约与肩等高，掌心斜向上，指尖指向左前方（西南方）；右掌回收于混元前，掌心向下（图4-193）；重心前移，左脚尖着地，左腿屈弓；同时身体微左转；右臂向左上方伸出至胸前，掌心向下，指尖向左；左臂向右下方划弧，掌心向上，指尖向右（图4-194）；身体微右转，重心后移，同时右掌顺势向右划弧；左掌划弧回收于右肋旁。目光关注两掌旋转，神形相合（图4-195）。

图4-193　　　　　图4-194　　　　　图4-195

推掌：重心前移，身体微左转至面向西南；右腿内旋，右脚跟后蹬成左弓步；同时，左臂内旋于胸前上提，边提边翻掌，左掌提至额前上方，掌心向前斜向上，指尖向右；右掌划弧向前推出，掌心向前，指尖向上，目视前方，神意照体（图4-196）。

②东南方穿梭：接上势。重心后移，左脚尖翘起，身体微右转；同时，左臂外旋划弧转掌于身体左侧，似直非直，左掌约与肩等高，掌心向上，指尖指向左上方；右臂回收置于胸前，掌心向下略向前，指尖向左（图4-197）；以腰带动身体继续右转，左腿随之内旋，左脚尖内扣约90°落地，继而重心左移，右脚跟微抬起内旋，收右腿，右脚收至左脚内侧中心，脚尖离地约1厘米，连续向右后方开步（东南方向），脚尖先落地，随着重心后移脚跟落地，两臂随身体而行，目似垂帘（图4-198~图4-200）。

图4-196　　　　图4-197　　　　图4-198

图4-199　　　　图4-200

缠丝：以腰带动身体右转，左腿随之内旋，左脚尖微翘起内扣约60°落地，两臂随身体向右缠丝划弧至身体右侧，左手掌心向上，右手掌心向下斜向前；重心左移，身体左转，同时左臂内旋、右臂外旋，两臂向上、向右、向下划弧下落，左手掌心向下斜向前，指尖向右，右手掌心向左，指尖向前，两臂继续向左回收于腹前，右手掌心斜向上，指尖指向前下方，左手掌心向下，指尖向右，目光关注两掌旋转，神形相合（图4-201~图4-203）。

图4-201　　　　图4-202　　　　图4-203

推掌：右脚跟内旋，重心右移，身体右转至面向东南，左腿内旋，左脚跟后蹬成右弓步；同时，右臂内旋上提，边提边翻掌，右掌提至额前上方，掌心向前斜向上，指尖向左；左掌胸前推出，掌心向前，指尖向上，目视前方，神意照体（图4-204）。

③东北方穿梭：接上势。重心后移，身体微右转，右脚尖翘起；同时，右臂外旋划弧转掌于身体右侧，似直非直，掌高于肩，掌心向下，指尖指向右上方；左臂回收置于胸前，掌心向下略向前，指尖向右（图4-205）；重心前移，右脚尖略外撇落地，继而左腿回收，左脚收至右脚内侧中心，脚尖离地约1厘米；同时，右臂以肘为圆心划弧翻掌，掌心向下，指尖指向左前方；左臂外旋，左掌穿于右肘下，掌心向上，指尖向右，面向正东，目似垂帘（图4-206）。

图 4-204　　　　　图 4-205　　　　　图 4-206

磨掌：左脚向左斜前方开步（东北方向），脚跟先着地，左臂向前、向左划弧至身体左侧前，似直非直，左掌约与肩等高，掌心斜向上，指尖指向左前方（东北方）；右掌回收于胸前，掌心向下，指尖向左（图 4-207）；重心前移，左脚尖着地，左腿屈弓；同时身体微左转；右臂向左上方伸出至胸前，掌心向下，指尖向左；左臂向右下方划弧，掌心向上，指尖向右（图 4-208）；身体微右转，重心后移，同时右掌顺势向右划弧；左掌划弧回收于右肋旁。目光关注两掌旋转，神形相合（图 4-209）。

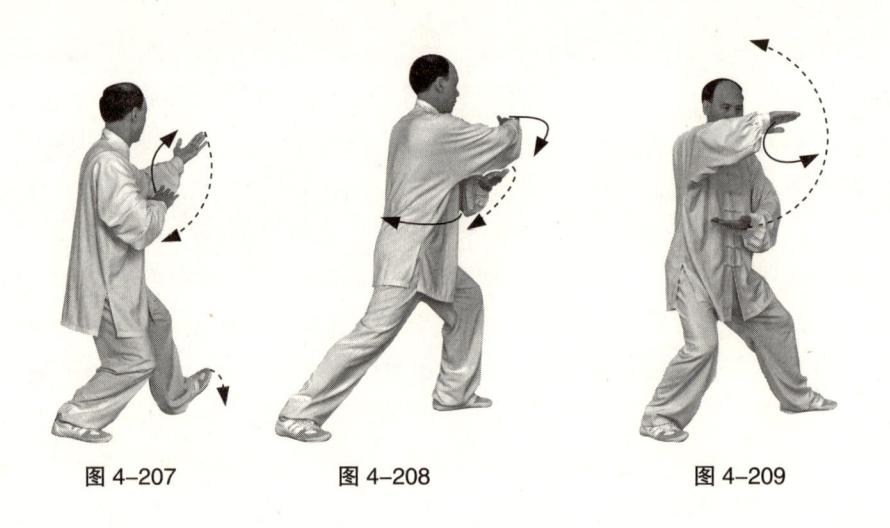

图 4-207　　　　　图 4-208　　　　　图 4-209

推掌：重心左移，身体微左转至面向东北，右腿内旋，右脚跟后蹬成左弓步；同时，左臂内旋胸前上提，边提边翻掌，左掌提至额前上方，掌心向前斜向上，指尖向右；右掌划弧向前推出，掌心向前，指尖向上，目视前方，神意照体（图4-210）。

④西北方穿梭：接上势。重心后移，身体微右转，左脚尖翘起；同时，左臂外旋划弧转掌于身体左侧，似直非直，左掌约与肩等高，掌心向上，指尖指向左上方；右臂回收置于胸前，掌心向下略向前，指尖向左（图4-211）；以腰带动身体继续右转，左腿随之内旋，左脚尖内扣约90°落地，继而重心左移，右脚跟微抬起内旋，收右腿，右脚收至左脚内侧中心，脚尖离地约1厘米，连续向右后方开步（西北方向），脚尖先落地，随着重心后移脚跟落地，两臂随身体而行，目似垂帘（图4-212~图4-214）。

图 4-210　　　　　图 4-211　　　　　图 4-212

图 4-213　　　　　图 4-214

缠丝：以腰带动身体右转，左腿随之内旋，左脚尖微翘起内扣约60°落地，两臂随身体向右缠丝划弧至身体右侧，左手掌心向上，右手掌心向下斜向前；重心左移，身体左转，同时左臂内旋、右臂外旋，两臂向上、向右、向下划弧下落，左手掌心向下斜向前，指尖向右，右手掌心向左，指尖向前，两臂继续向左回收于腹前，右手掌心斜向上，指尖指向前下方，左手掌心向下，指尖向右，目光关注两掌旋转，上下相随，内外相合（图4-215~图4-217）。

推掌：右脚跟内旋，重心右移，身体右转至面向西北，左腿内旋，左脚跟后蹬成右弓步；同时，右臂内旋上提，边提边翻掌，右掌提至额前上方，掌心向前斜向上，指尖向左；左掌胸前推出，掌心向前，指尖向上，目视前方，神意照体（图4-218）。

图 4-215

图 4-216

图 4-217

图 4-218

【攻防含义】

①本式在习练中，行走四隅（其方向秩序为西南、东南、东北、西北），穿梭时前弓后蹬、上挡下推，动作连贯、均匀，上下相随，内外相合。兵家云："敌进我退，敌退我进。"又云："进如螺旋，退如抽丝。"所以，在本拳谱中将其定名为"玉女穿梭"。四方推掌招势，融混元场、八卦步、太极手为一体，动作圆活优美、舒展大方，上下相随、内外相合，来去自如、攻防并用。

②本式在技击中，内含以柔克刚和借势生力的防守反击哲理，是以防为主，攻防并用，以柔化刚，后发制人的策略。比如对方从我左侧以左脚在前用左拳自上击下，我急向左转身，先用右手接住对方左手腕，左手在对方左肘下，向上掤起，置于对方肘腕之间，同时上左脚成左弓步，并使右手变掌收回于腰间，向对方胸部或肋部击出。

③若对方在我身后右侧，以右脚在前，用右拳劈头打来，我急由左向右稍转，以右前臂将对方之右臂掤起粘住。同时上右脚，成右弓步，左掌即向对方右肋或胸部击去。玉女穿梭在技击中是千变万化的，习练者要反复实践，才能得心应手。

【康复养生】

①本式动作大开大合、松紧并用，缠丝内劲、混元一气。磨掌时意想上丹田混元气螺旋下降，下丹田混元气螺旋上升，天地虚空混元气旋转着向体内凝聚。缠丝掌向斜前上方伸出时意想接通虚空，将虚空混元气源源不断地收入体内。

②随着重心的移动，地下虚空混元气由前脚上升与下丹田混元气融合，这股能量转化后一部分通透后腿至涌泉与地下虚空相连，另一部分贴背沿脊柱上升至两手。丹田混元气向外开，人与虚空相融，收虚空更多的能量为己所用。

③习练混元太极心意放松，则全身内外无不放松；心意松开，则筋肉骨节无不松开。运用诀窍在于意气贯注经穴。经络犹如山谷中之通道，山川间之河流；经穴则犹如城镇和村寨，依靠通道和河流相互通达。经穴是内气流行最活跃、最敏感之处，位于骨节之处的经穴谓节窍。内气由节窍入于骨髓之中，节节贯注，而又出于骨缝，充于肌肤，通于经络，达于四梢，从节节放松至节节拉开到节节贯通。

33. 来去自如（左揽雀尾）

【动作详解】

与5.相同。

【攻防含义】

与5.相同。

【康复养生】

与5.相同。

34. 来去自如（右揽雀尾）

【动作详解】

①左腹前抱球：接上式。松腕，重心后移，左脚尖翘起外撇约30°，同时两臂外开，约与肩等高（图4-219）；重心前移，左脚尖落地，身体左转，收右腿，右脚尖落至左脚内侧中心，离地约1厘米；同时，右臂外旋，右掌划弧下落至左腹前，掌心向上，指尖向左；左臂内合，左掌回收于左胸前，掌心向下，指尖向右，两掌心相对于左腹前抱球；目似垂帘（图4-220）。

图 4-219 　　　　　　图 4-220

② "掤"：与4.动作②相同。
③ "捋"：与4.动作③相同。
④ "挤"：与4.动作④相同。
⑤ "按"：与4.动作⑤相同。

【攻防含义】

与4.相同。

【康复养生】

与4.相同。

35. 拨云见日（左弓步单鞭）

【动作详解】

与29.相同。

【攻防含义】

与6.相同，唯左右相反。

【康复养生】

与6.相同。

36. 雁落沙滩（左仆步下势）

【动作详解】

①屈膝下蹲：接上式。右脚尖外撇约45°，以腰带动身体右转，重心随之右移，同时左臂外旋，转掌向右拢气至右侧前；身体右转的同时右腿屈膝下蹲，左脚跟微外旋，左腿伸直成左仆步，右臂随身体下落，目视双手（图4-221）。

②拢气穿掌：接上势。身体渐向左旋，同时左掌沿右臂内侧划弧向内拢气下落，掌心向内，经右胸、左腹前，左臂外旋沿左大腿内侧向前穿出，至小腿内侧，掌心向右，指尖向前，目视左掌，松腰松胯，松膝松踝（图4-222）。

图4-221 　　　　　　图4-222

【攻防含义】

与9.相同，唯左右相反。

【康复养生】

与9.相同。

37. 上步七星（虚步交叉拳）

【动作详解】

①左弓步立掌：接上式。左脚尖外撇，身体前移，左掌沿脚内侧向前穿出至左脚尖处，指尖向前，掌心向右（图4-223）；重心向前移于左腿，左腿屈膝前弓，右脚跟后蹬成左弓步；同时，身体微左转，左掌向前、向上穿出立于胸前，掌指约与肩等高，掌心向右，指尖斜向上，肘与膝合，手与足合；右臂内旋下落，手腕部轻贴于右胯外侧，钩手的手心向后，面向正东，目视左掌，神形相合（图4-224）。

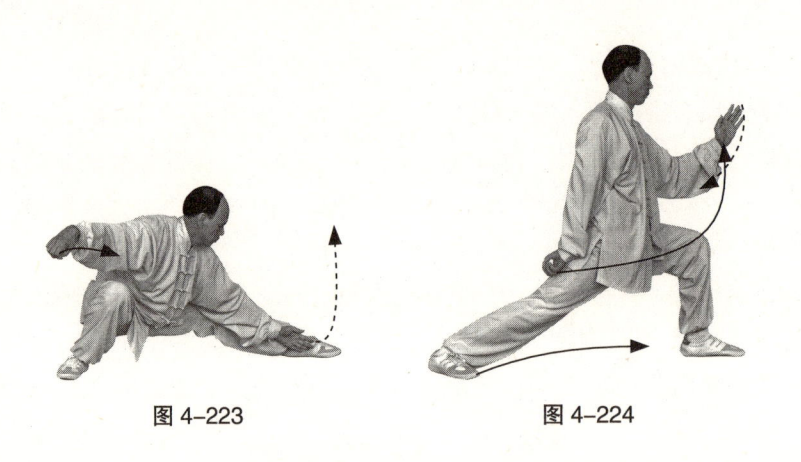

图4-223　　　　图4-224

②右虚步交叉拳：接上势。重心前移，腰胯微左转，收右腿，右脚落于左脚内侧，右脚尖离地约1厘米；同时，右掌松勾手外旋上升握拳；左掌下落握拳，两拳腕部交叉回收于左肋，左拳在上，右拳在下，拳眼向上，拳面向前（图4-225、图4-225附图）。右脚向右斜前方开步成右虚步，脚尖点地，同时交叉拳向前推出，推出的双拳约与肩等高，拳眼斜向内，拳面斜向上；注意右脚开步须轻灵，身体微下蹲，坐实左腿，松腰、松胯、垂尾闾，气沉丹田，目视双拳，神意照体（图4-226）。

图 4-225　　　　图 4-225 附图　　　　图 4-226

【攻防含义】

①本式动作在习练时，交叉拳向前推出要求松腰、松胯，上步与双拳推出同时到位；在技击中脚踩五行，手按八卦；七星布阵，无微不至；双拳击人，威力无比。所以，在本拳谱中将其定名为"上步七星"。

②比如对方用左手自上劈下，我速起身，向左前进，两手变拳，交叉成十字，掤住对方左肘，同时也可以双捶直击对方胸部，意到气到，气到力发。古人云："习练时，眼前无人似有人，运用时，眼前有人似无人"。

【康复养生】

①重心前移，身体慢慢直起，脚底气机跟随螺旋上升，左掌向前上方穿出时，意想顶天立地，丹田内气向外开，体内气圈螺旋向外延展，人与自然混融。

②右脚向右斜前方开步时，意想地下虚空混元气沿左脚上升与下丹田混元气融合。交叉拳向胸前推出时，松腰、松胯、垂尾间。意想气沉丹田，落地生根，敛炁入脊，真气直走先天气穴（腰部命门），上下内外一气贯通。

38. 退步跨虎（左虚步推掌）

【动作详解】

①右面推掌：接上式。重心后移，收右脚，右脚尖收至左脚内侧离地约1厘米，右脚向右后方开步，脚尖落地；同时，双拳以腕为轴向下、向内划弧旋转约一圈，拳心向内，拳眼斜向上（图4-227）；重心后移，右脚

跟落地，左脚跟抬起成左虚步；同时，以腰带动身体右转，两手随之松拳，右臂内旋向右外上方划弧掤出，掌略高于肩，掌心向外，指尖向左；左臂内旋，跟随右臂向右推出，掌心向外，指尖向上，指尖与右掌大指相距约20厘米，面向南方，目视双掌（图4-228）。

②左面推掌：接上势。以腰带动身体左转，同时左臂随身体向左、向上螺旋划弧，升至左侧上方，掌约与头顶等高，拇指高于双眼，掌心向外，指尖向右；右臂跟随左臂向下、向左推出，掌心向左，指尖向上，指尖与左掌大指相距约30厘米，面向东北方，目视双掌，神形相合（图4-229）。

图4-227　　　　图4-228　　　　图4-229

【攻防含义】

①本式动作在退步时交叉拳胸前回收，两臂向下、向内螺旋划弧旋转。此动作在技击中随着腕关节粘压住对方"拳、掌"的某一部位时，顺手向下、向内螺旋擒拿，对方无不瞬间压到在地，这是混元太极揉手（擒拿）的高级技术。所以，在本拳谱中将其定名为"退步跨虎"。

②比如对方上左脚用双掌向我右侧胸部击来，我右脚速向后退一步，落下坐实，变左足为虚，同时右臂屈肘向右格挡其双臂，左臂相助，改变其力的方向。对方紧接着又一次用双掌向我头部击来，我速向左转，同时左臂屈肘上迎向左格挡，右掌即向对方左肋或胸部击出。

③两臂划弧向左右推掌的动作，是混元太极在技击中对"顾、盼"的简要运用心法。比如对方左右同时攻击我时，我除用双掌（双拳）同时还击对方外，还可以左右快速旋转，用声东击西（左顾、右盼心法），攻防并

用，打败对方，这是技击功夫的上乘境界。

【康复养生】

①松拳后两臂向右再向左外上方划弧掤推时，一动以腰带动全身无处不动；右脚向右后方开步成左虚步时，意想气沉丹田，落地生根；两臂上下缠丝交替划弧转体时，引动四面八方混元气进入体内，丹田混元气向外开，人与虚空相融，收虚空更多的能量为己所用。

②混元太极拳修炼丹田混元气，丹田气贴脊，达到"炼精化炁"炁入脊；肚脐为前丹田，命门为后丹田，前田贴后田，后天返先天；命意源头在腰隙，腰部气血通畅，两肾真气充足。肾气充足了，人的生命力就旺盛。中国医学认为：肾乃藏精之舍，生气之源，性命之根。气始于此亦归于此，所谓气归丹田，其实气归于肾。精足气自足，若要气足，就要清心寡欲，养精保精。两肾之间谓命门，乃气出入之门，动则出，静则入，出肾入肾是真诀。

39. 转身摆莲（转身双摆脚）

【动作详解】

①转身穿掌：接上式。以腰带动身体右转，重心左移，左脚跟随外旋落地；同时左臂外旋划弧转掌于体左侧，似直非直，略高于肩，掌心向上，指尖向左；右臂回收置于胸前，肘略低于腕，掌心向下，指尖斜向上（图4-230）；身体连续右转，两臂随身体而行；同时重心继续左移，右脚尖随之抬起（图4-231）；随着身体的转动，重心右移，右脚尖落地，收左腿，左脚尖立于右脚内侧，离地约1厘米；收腿的同时左臂内旋，向右划弧置于胸前，掌心向下，指尖向右；右臂内旋向右后下方划弧，继而外旋回收，右掌收于右腋下，掌心向上（图4-232）。

左脚向左斜前方开步，脚跟先落地，随着重心前移，左脚尖下落（指向西南），右脚跟后蹬成左弓步；同时，右掌经左手背向前上方穿出，掌略高于肩，掌心斜向上，指尖向前（指向西南）；左掌回收于右腋下，掌心向下，指尖向右，目视右掌，神意照体（图4-233）。

图 4-230　　　　　　图 4-231

图 4-232　　　　　　图 4-233

②转身摆莲：接上势。重心后移，左脚尖翘起，身体继续向右旋转，随着身体的右转，左腿内旋，左脚尖内扣约90°落地，再碾右脚（右脚跟微抬起内旋约90°），而后碾左脚（左脚跟微抬起外旋约90°），两臂随身体而行，右臂逐渐内旋转成掌心向下；左臂逐渐从腋下掤出，两臂约与肩等宽高，掌心向下，指尖向前，松腰、坐胯（图4-234~图4-236）；重心后移，提右腿，右脚从左前方抬起，右脚背绷直，同时左腿渐起（图4-237），右脚快速升高，并从左向右横向划弧外摆，膝部自然微屈，脚高不超过肩部，脚背向上略侧向右；同时两掌自右向左分前后迎着右脚面快速轻拍，左手先拍，右手跟随，目视掌脚，形神相合（图4-238、图4-239）。

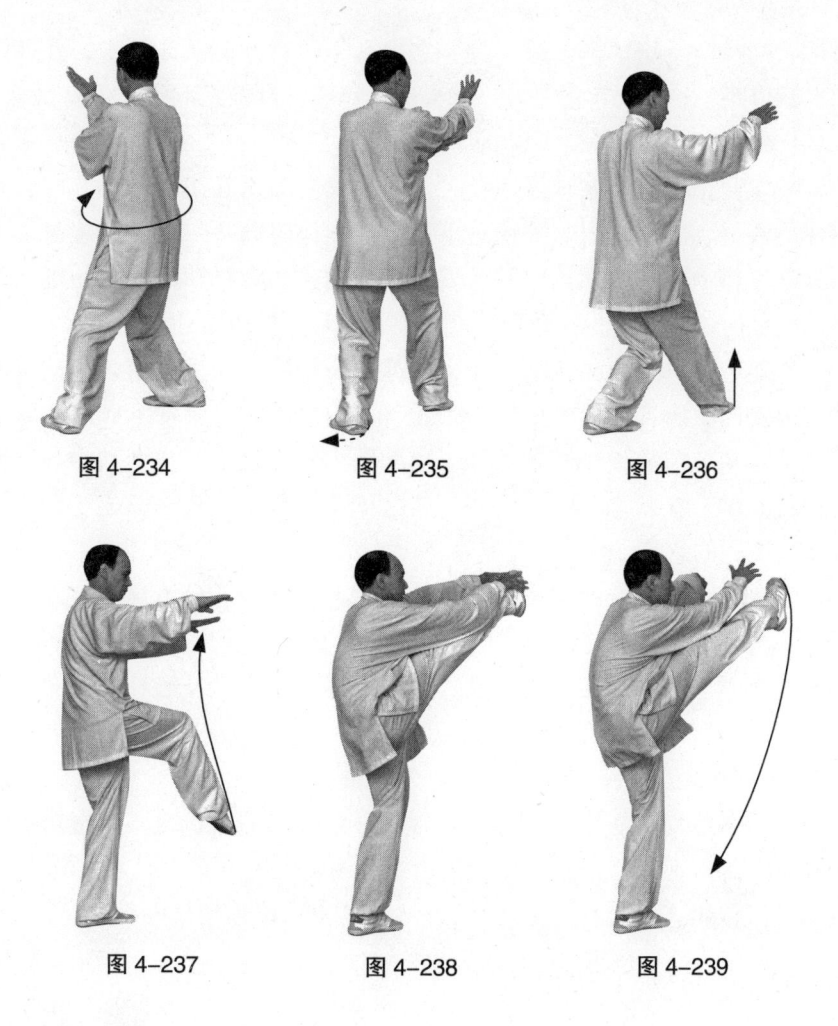

图 4-234　　　　　图 4-235　　　　　图 4-236

图 4-237　　　　　图 4-238　　　　　图 4-239

【攻防含义】

①摆莲脚在武术（太极）实践中是一种攻击性很强的招术，古人云："手是两扇门，全靠腿击人。"又云："拳打一线，腿扫一片。"单腿横扫如神龙摆尾，逍遥自在。所以，在本拳谱中将其定名为"转身摆莲"。比如遇多人围攻，前后受敌，情况紧急。自己双掌顺手牵住眼前人的手臂，身体向右旋转一周（两脚交替重心），使对方不敢靠近。

②对方用左拳击我胸部，我即含胸松腰、气沉丹田，用右手握住其手腕，左手旋转搭在对方左胳膊上，向右侧捋化，使其失去重心，同时提起右脚用横劲向对方胸、腹部扫击。比如对方由身后来击，我即刻向右旋转

身体，同时两手用"挒、采、掤"之内劲，向对方上下部还击，并如时提起右脚以踢、扫招势攻击对方。如果进攻得法，对方无不摔倒在地。

【康复养生】

①左臂在左侧上方转体划弧时，意想虚空混元气按顺时针方向旋转地向体内渗透，通透全身，连于地下虚空。转体时以腰带动，意想身体内气向外开，体内的气圈螺旋向外延展，人与虚空相合，四面八方的混元气源源不断地向体内渗透。在健身、养生中，达到"松筋松骨、炼炁入骨"。

②随着左脚尖内扣转掌划弧，腰部（命门穴）向后放松，一动以腰带动。碾脚时，脚部的内气螺旋带动腿部的内气螺旋，牵动下肢胯、膝、踝各关节，从节节放松到节节拉开。由两腿内气螺旋进一步带动中、下两丹田内气螺旋。在状态中能体会到"旋之于足、行之于腿、纵之于膝、松活于腰……"的意境。

③混元太极所有的动作都必须分清虚实，动作能分清虚实，即可灵活转化，久练不疲，张弛轻重，均匀转换，不致困顿。比如，在左右旋转时，如果重心移至右腿，则右腿为实，左腿为虚；反之，重心移至左腿，则左腿为实，右腿为虚。虚实变化表现在转体、变换姿势时，这也是调整体内气机阴阳转化的过程。虚，不是全无力量；实，也并非全部落实、站实，只是比重各有所偏罢了。所以不可过实，过实则迟滞；也不可过虚，过虚则浮飘，无着无落，根基不稳。分清虚实调整阴阳，通过混元太极的习练，身心阴阳转化、阴阳消长而至阴阳平衡，人就可以达到长寿而健康。

40. 拉弓射虎（马步开弓）

【动作详解】

①摆莲下落：接上式。右腿摆莲后下落至与大腿平，小腿垂直于地面（成左腿独立、右腿提膝），脚背绷直；两臂收回仍与肩等宽高，掌心向下，指尖向前，沉肩、坠肘、松腰、坐胯、屈膝，面向正东，目似垂帘（图4-240）。

②马步开弓：左腿屈膝下蹲，同时右腿下落，腰胯右转，右脚向右后方开步，脚尖先着地（指向南方），随着重心右移至全脚踏实，同时左脚跟

图4-240

外旋成四平马步。两臂随身体下落，左臂微外旋成左立掌，掌心斜向外，指尖向上；右臂外旋握拳，拳心向内，拳眼向上；随着重心的右移，两臂外拉，左掌向前，立掌推出；右拳后拉至右胸前成马步开弓；松腰、坐胯、垂尾间，气沉丹田，落地生根，目视左方，神意照体（图4-241、图4-242）。

图4-241　　　　　　　　　图4-242

【攻防含义】

①本式动作在技击中，前推后拉，似如开弓；松活弹抖，运用自如。所以，在本拳谱中将其定名为"拉弓射虎"。比如对方用蛮力向后牵拉，我顺势后退一步靠近对方，同时转身在肩、胯、腿的协调下，气沉丹田，整体发出弹力，以肩部靠击对方胸部。

②若遇对方多人围攻，我前后受敌，对方一人从背后抓拿我肩部，同时前面又有拳击来，我左前臂掤起粘住前来之臂，同时后退一步，突然屈肘向后方之人的胸部击出。

【康复养生】

①两臂外拉成马步开弓时，意想地下虚空的混元气源源不断地上升与下丹田混元气融合。这股能量转化后，上升至中丹田、上丹田，连于脏腑、四肢百骸，达到内外合一。

②本式动作在健身、养生中以意引气，意到气到。首先把体内三个丹田贯通，进一步丹田内气内达脏腑，外通四肢百骸，达到上下内外一气贯通。

41. 飞针走线（右虚步抢手）

【动作详解】

①收腿收手：接上式。重心微上起，腰胯随之左转，左脚跟内旋，重心前移，右腿回收，右脚尖收至左脚内侧，离地约1厘米；同时，左掌回收于胸前，掌心向下，指尖向右；右臂外旋，同时肘下落，松拳变掌，位于右肋，掌心向上，指尖向前，面向正东，目似垂帘（图4-243）。

②虚步抢手：接上势。右脚向右斜前方开步，成右虚步，脚尖点地；同时，右掌向前穿出，掌心向上，指尖向前；左掌心贴于右臂，指尖向右，目视右掌，神形合一（图4-244）。

图4-243　　　　　图4-244

【攻防含义】

①穿掌这一招式在揉手（推手）技击中是非常厉害的，在丹田内气练足的同时，手势可以千变万化，意到气到，力达指尖。所以，在本拳谱中将其定名为"飞针走线"。

②当对方正面进攻时，我左手护胸（还起到掩护右手的作用），右脚突然上步，右掌心向上，手指直插对方心窝。这一招叫黑虎掏心，有功底的人在技击中一定要慎用。

【康复养生】

①右腿回收时，地下虚空混元气沿右脚上升与下丹田混元气融合。随着右脚向右斜前方开步成右虚步，地下虚空混元气仍源源不断地上升与下

丹田混元气融合。身体内气向外开，体内的气圈螺旋向外延展，人与自然相融。

② "飞针走线"在习练中，不但地下虚空混元气上升与下丹田混元气融合，而且四面八方的混元气也源源不断地向体内渗透，这一式在健身、养生中是内合过程，习练者只要神形合一，内气会通透全身，上下内外一整体。

42. 千变万化（进步搬拦捶）

【动作详解】

动作要领与20.相同，唯方向相反（图4-245~图4-254）。

图4-245　　　　图4-246　　　　图4-246附图

图4-247　　　　图4-248　　　　图4-248附图

图 4-249　　　　　图 4-250　　　　　图 4-251

图 4-252　　　　　图 4-253　　　　　图 4-254

【攻防含义】

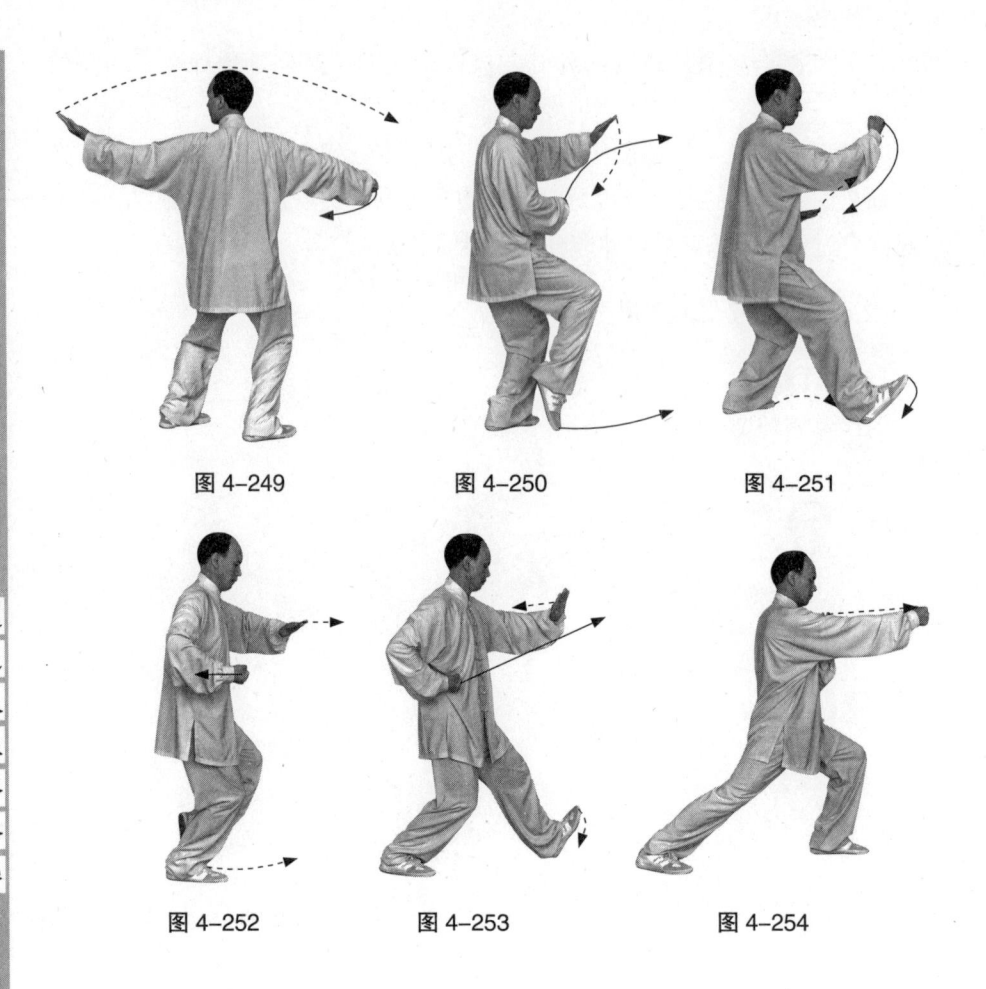

与 20.相同，唯左右相反。

【康复养生】

与 20.相同。

43. 如封似闭（弓步双推掌）

【动作详解】

①两臂抱球回收：接上式。松右拳，右臂内旋转掌心向下，指尖向前，同时左掌上升到右臂上侧沿臂向前穿出，两前臂腕部交叉如剪，掌心向下，指尖斜向前（图 4-255）；重心后移，左脚尖翘起，同时两臂外分，转掌心

相对，指尖向前成抱球状，沉肩坠肘，两臂抱球于胸前回收，把气贯入中丹田，面向正东，目似垂帘（图4-256、图4-257）。

图 4-255　　　　　图 4-256　　　　　图 4-257

②胸前推掌：接上势。两掌抱球从胸前下按至腹前，气由中丹田落至下丹田，有落地生根之意，同时重心前移，左脚尖落地（图4-258）；右脚跟内旋后蹬成左弓步；同时，两臂前伸，向上、向前推出（推掌时，掌侧前推逐渐转掌心向前），与肩等宽等高，掌心向前，指尖向上，目视前方，神意照体（图4-259）。

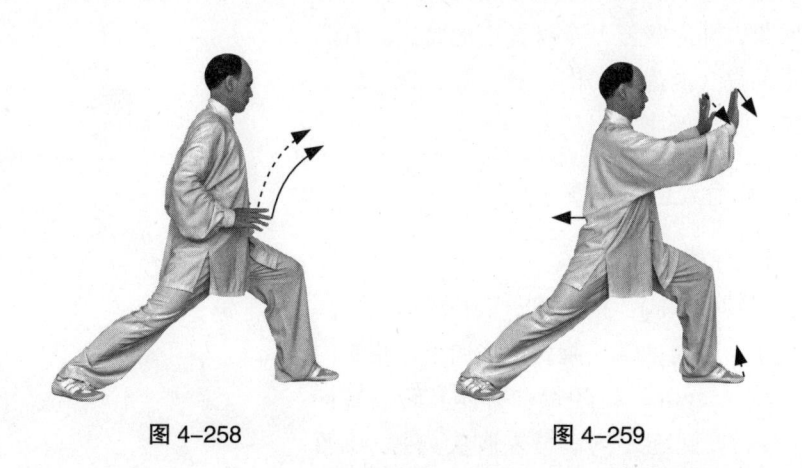

图 4-258　　　　　图 4-259

【攻防含义】

①太极拳许多手法都是从双推掌变化而来的，混元太极习练到一定的阶段，就能体察到螺旋内劲贯通全身。其"气根在脚，行之于腿，主宰于腰，形于指掌"。双推掌在技击中，招式千变万化，力从腰出，劲由脊发，上下内外一整体［混元太极修炼到上乘阶段，体内能量（内功）会显现出"混元力""混元整体力""混元爆发力"……自然能达到点穴解穴、封锁劲路］。所以，在本拳谱中将其定名为"如封似闭"。

②当对方上步进身向我胸腹部推击时，我将重心后移随势引空对方的攻势，同时双手粘住其臂下按以改变其力的方向。当对方背势力尽欲回收时，我重心迅速前移，两手用力向前将对方推出（注意：快速后移重心、下按对方双臂，及时化解其前推之力；推掌时前移重心，后脚要有蹬力，快速、迅猛地将对方抛出）。

【康复养生】

①练习本节要求一动以腰带动，手掌前推时，配合自然的呼气，可将胸部的紧张随着呼气的反作用力沉到腹腔（在呼气的同时，做好含胸拔背、沉肩坠肘和束肋下气，使肩、胸、背等处肌肉随着呼气自然向小腹松沉），有助于气沉丹田，亦可使重心下移，从而增加身体的稳定性，这就是体呼吸的自然呼吸法。

②从外表看手前推是呼气，实际上是真气下沉后去松腰，腰部命门向后放松，不但命门要打开，五心都要打开，内气充斥皮肤、毛窍。随着两臂回收，同时吸气，全身真正地放松，有股无形的真气渗透皮、肉、筋、脉、骨，融于脏腑，达到健康之目的。

44. 莲花盛开（捧球上升）

【动作详解】

①转体收脚：接上式。重心后移，左脚尖翘起；同时两掌松腕，掌心向下，指尖向前（图 4-260）；以腰带动身体右转（转向正南），左腿随之内旋，左脚尖内扣 90°落地，随着身体的右转，右臂平肩向右划弧至

图 4-260

身体右侧，掌心向下，指尖指向右前方；左臂平肩转至左侧前，掌心向下，指尖指向左前方（图4-261）；重心左移，收右腿（右脚跟微抬起内旋收回），两脚平行站立，与肩等宽；同时两臂下落，目似垂帘（图4-262）。

②捧球上升：接上势。身体微下蹲，同时两臂继续于体侧下落，腹前回收，两前臂（手腕）交叉，左掌在上，右掌在下，两掌掌心向上，指尖斜向前（图4-263）；两掌体前捧球上升至胸前，身体随之上升（图4-264），两臂内旋，转掌心向内，贯球入中丹田（图4-265）。

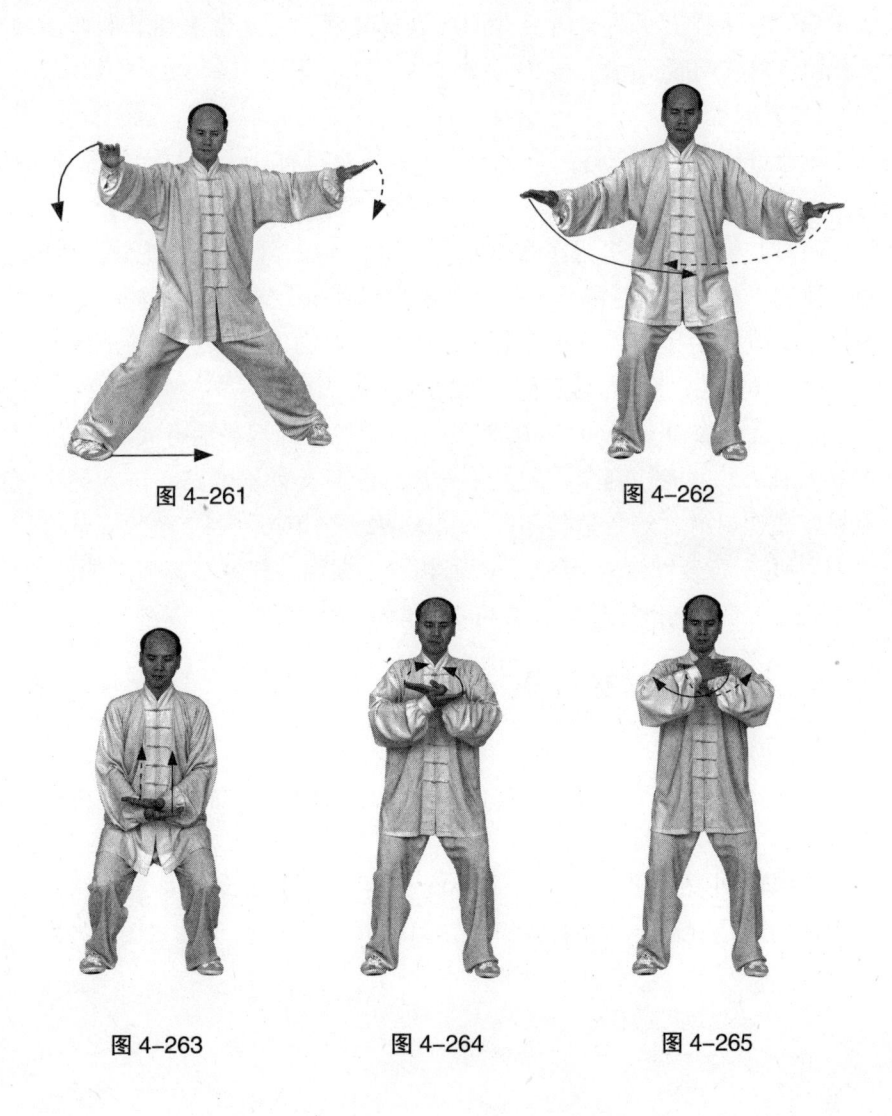

图 4-261

图 4-262

图 4-263

图 4-264

图 4-265

【攻防含义】

①本式已进入整体的收气，体现了习练混元太极用意不用力。"自始至终，绵绵不断，如行云流水，形断气不断，气断意不断，意断神相连"。可比"仙人坐莲，云游四方"。所以，在本拳谱中将其定名为"莲花盛开"。

②比如对方由右侧向我袭来，我急将身体右转，同时两臂向左右两侧大展分开，格挡对方的进攻，两臂顺势从下方相合成十字手上接对方的再次来拳，左手抓其手腕，内旋并向后卷折其臂，右手臂上顶其肘弯使其失去稳定，将其制服。

【康复养生】

①通过认真习练套路，全身毛窍、穴道都已打开，人与虚空混融一体，达到天地人相合、精气神相融，基本完成了抻筋拔骨、松筋松骨、炼炁入骨的过程。到本式就进入了收势前的准备，意、气都要向里合、往内收。两臂体侧下落时，意想混元气从上方虚空贯下来，通透全身连于地下虚空；做捧球上升的动作时，意想捧起一个似有非有的大气球，把天地虚空混元气都收入体内为己所用，强化自身的整体功能。

②混元太极每一个套路的动作开合、气机升降都是运行大周天的过程，大周天通了，就能达到全身无处不丹田，全身无处不气路，进入体呼吸的境界，显现出潜藏的智慧与才能。功夫习练至上乘，十二经脉练通好像十二条大河，奇经八脉似与十二条大河相通的湖泊，任督二脉似湖泊的主干。功夫到此，玄关窍开，修炼者方可步入太极大道之门。

45. 天人合一（太极还原）

【动作详解】

①两臂外分：接上式。两臂内旋，转掌心向下，向前伸出，外分，与肩等宽高（图4-266）。

②抱球回收：接上式。两臂外旋，两手拢球回收至混元两侧，两掌敷于两肋（混元处），指尖斜相对，目似垂帘，神意照体（图4-267、图4-268）。

图 4-266 　　　　　　图 4-267 　　　　　　图 4-268

【攻防含义】

①习练混元太极拳始终要求做到心静体松，内外合一。不管是盘拳走架或揉手技击，意有所感，气必致动，意气一动则全身无处不动，意气一静则全身无处不静。意从心出，心意放松则周身内外皆放松，心意紧张则皮肉筋脉骨无不紧张；心意开合则四肢百骸皆开合，心意缠绕则浑身上下无不缠绕；心意一下则全身之气无不俱下，心意轻轻领起则顶劲虚灵，上至百会，下贯涌泉，一气合成；心意一动则皮、肉、筋、脉、骨无不随从，掤、捋、挤、按皆随心而为，采、挒、肘、靠皆随心而发，心想前、后、左、右、中，则有进、退、顾、盼、定之五行。习练混元太极的外形动作、神态、气势都是内在心、意、神、气的外在表现，也是人与大自然混融的过程。内功理论指出："心性沉着，身庄稳定，积聚内功，养蓄灵机，随时运用。"所以，在本拳谱中将其定名为"天人合一"。

②学练混元太极拳需要学习揉手，习练揉手一开始就要求放松，心身都要放松。在实践中，比如对方"刚"来，我总是以"柔"相应，使对方不得力，有力无处用。这叫作"走化"，目的是我走顺劲，造成有利于我的形势。当对方来劲被我走化形成背劲时，我即用粘劲加力于其身手，使之陷入更不利的地步，从而无力反击。粘走相生，刚柔相济，这是揉手的重要原则。

【康复养生】

①两臂前伸，两手拢球回收至混元两侧，意想把虚空的混元气贯入体

内。收势的过程就是整体收气的过程，把气贯到体内，神意体察体内气机变化；脏腑之气随着体内、外气的合一，会达到"无内无外，浑然一体；神入气中，气包神外"的意境。

②收势时两手拢气于混元窍时，把五脏的脏真之气融合于混元，是神气合一的练法。习练者很快就能内气充盈、气血畅通，获得防病治病、强身健体的功效，长期锻炼则能达到松腰开窍、开发潜能之目的。

46. 返回无极（一炁混元）

【动作详解】

①收气养气：接上式。重心右移，左脚回收，两脚并拢；同时，两掌转指尖向下，神意内敛（图4-269）。

②两手还原：接上势。百会上领，身体慢慢直起，周身中正；同时，两掌慢慢分开，还原体侧，两手臂自然下垂，全身放松（图4-270）。

图 4-269 　　　　　　　图 4-270

【攻防含义】

①混元太极只有认真苦练，反复实践，内气方能层层深入，功夫步步提高。正如传统武学所说："运气至顶门，虚灵顶劲，轻如鹅毛；运气至海底，落地生根，重如泰山。"混元太极习练到心意合一时（由太极功修炼太极拳直达太极道），能体会到"内观其心，心无其心；外观其形，形无其形；远观其物，物无其物"，"拳无拳，意无意，无意之中有真意"，"身

心和谐，混混沌沌，一团和气"的上乘境界。所以，在本拳谱中将其定名为"返回无极"。

②太极拳主张"柔中寓刚""刚柔相济"，"绵里藏针"。粘与走都要以柔为主，柔久则刚在其中。人以刚来，我若以刚对抗，这是两方相抗，不是"引进落空""借力打人"的技巧，应该"人刚我柔"地把对方力量引开，使之落空不得力。所谓得机得势，就是抢占时间与空间的优势。混元太极拳久练得道者，不但在技击中上能达到来去自如、攻防并用，而且在健身养生、祛病延年上也会起到显著的效果。

【康复养生】

①随着左脚回收，又进入了一个由动到静的整体状态。这里不但躯体（皮、肉、筋、脉、骨）要放松，而且神意也要放松。意想全身毛孔都在收气，气机随意念一层一层地向里渗透，意到气到，气到脉通，气足窍开。

②混元太极是全身心的整体运动，讲究意气神形的高度统一，要求四肢百骸协调一致地服从大脑的指挥，一动无有不动，一合无有不合，使气机由足而腿而腰而肩而手节节贯通。要达到这一整体要求，就必须在练习中做到"分清虚实，调和阴阳；上下相随，内外合一；松慢圆匀，周身一家……"

总之，混元太极阐述了人与自然是一个整体，人与万物同源于初始混元气，这个层次的混元气是最根本的混元气。并指出习练混元太极的过程就是人与自然混化的过程，也是从人天混融到天人合一的整体过程，这是太极文化的重要组成部分之一。混元太极的习练既是动中求静，亦是静中有动，即虽动而静，视动犹静。待招势动作纯熟、通顺、连贯、协调以后，要平心静气地用意运气，轻轻开始，慢慢运行，默默停止。静心想着，阴阳开合，静心听着天机流动，静心看着浩气旋转，周身上下浑然不觉，四肢百骸，荡然无存。"不知身之为我，我之为身"，唯有心中一片觉明景象，逐渐达到始于无形，归于无迹的无极、太和之原象。此境界是混元太极修炼之上乘功夫。诗曰：掤捋挤按功上乘，粘连黏随妙如神；采挒肘靠缠丝旋，牵动四两拨千斤。上下相随内外合，松慢圆匀走虚灵；进退顾盼与中定，混元太极健身心。

第五节　四十六式混元太极拳口令词

1. 混沌无极（心静体松）

两脚并拢，周身中正，两手自然下垂。百会上领，虚灵顶劲，气沉丹田，落地生根，全身放松。

2. 太极出世（开合升降）

重心右移，提左腿向左开步，与肩等宽。两手插入地下的虚空，体前捧球上升，与肩等宽高，拢球回收，下按。

3. 无极化生（划弧转体）

两臂划弧，身体左转180°。两臂划弧，体右转270°，成右虚步，按掌。

4. 来去自如（右揽雀尾）

重心左移，收腿、收手，左腹前抱球。右脚向右斜前方开步，成右弓步，掤，松腕，将，挤，两手外分，后坐，收，贯，按，推。

5. 来去自如（左揽雀尾）

重心后移，右脚尖外撇，重心前移，收腿、收手，右腹前抱球。左脚向左斜前方开步，掤，松腕，将，挤，两手外分，后坐，收，贯，按，推。

6. 拨云见日（右弓步单鞭）

重心后移，左脚尖内扣，两臂划弧，身体右转，云手，碾脚，收右腿，转至360°。两臂划弧，身体左转，云手，360°。转掌心向下，身体右转，水平线向右划弧270°。拢气胸前回收，身体左转，左侧推出成勾手。身体右转，右脚向右斜前方开步，右掌胸前划弧推出。

7. 金童观图（右开步云手）

重心左移，右脚尖内扣，身体左转，松勾手。向右云手，收左脚，向左云手，右脚向右开步；向右云手，收左脚，向左云手，右脚向右开步；向右云手，收左脚，向左云手，右脚向右开步。向右云手，收左脚（落于右脚尖前，右脚跟抬起），右脚尖点地。

8. 拨云见日（右弓步单鞭）

身体右转，云手，身体转至180°。两臂划弧，身体左转，云手，身体转至360°。转掌心向下，身体右转，水平线向右划弧270°，拢气胸前回收，身体左转，左侧推出成勾手，身体右转，右脚向右斜前方开步，右掌胸前划弧推出。

9. 雁落沙滩（右仆步下势）

重心左移，下蹲成右仆步，右掌向左拢气回收，沿右腿内侧向前穿出。

10. 金鸡独立（左右独立）

重心前移，身体直起成右弓步（左臂回收，轻贴左胯，右掌向前穿出成立掌）。重心前移，左腿上提，左手穿掌，立于左膝，成右独立。左腿下落，右腿上提，右手穿掌，立于右膝，成左独立。

11. 回头望月（左右倒卷肱）

两臂前后伸出，右脚下落向右后方开步，两臂回收，前后推拉（左臂回收经左耳侧向体前推出，右臂回收至腰间，继而右手经腰带向右后方伸出）；收腿收手，左脚向左后方开步，两臂前后推拉（右臂回收经右耳侧向体前推出，左臂回收至腰间，继而左手经腰带向左后方伸出）；收腿收手，右脚向右后方开步，两臂前后推拉；收腿收手，左脚向左后方开步，右掌前推，左掌回收至腰间。

12. 燕子斜飞（右弓步斜掤）

重心左移收右腿，两臂划弧，左腹前交叉抱球，右脚向右后方开步，身体右转（左脚尖内扣），碾脚（成右弓步），两臂前后外拨（右臂在前，虎口向前上方，左掌下降于左胯外侧）。

13. 提手上势（右虚步推掌）

速上半步，后坐，收腿、收手（至左腹前），右脚向右斜前方开步（脚跟落地），两手胸前推出。

14. 白鹤亮翅（左虚步亮掌）

收腿、收手，右脚向右后方开步，成左虚步（左脚尖点地），两臂上下外拨（右掌升至右耳侧，左掌降至左胯侧）。

15. 猿猴献果（左搂膝拗步）

身体左转，两臂划弧，身体右转，两臂划弧，收左腿，左脚向左斜前方开步，左掌搂膝，右掌推出（右掌经耳侧向前推出）。

16. 探腰望海（左虚步海底针）

收，推，速上半步，后坐。两臂划弧，收左腿，左脚向左斜前方开步（左脚尖点地），海底针（左掌搂膝，右掌经耳侧向前、向下插掌）。

17. 乘风破浪（左弓步闪通背）

左脚向前开步（成左弓步），前臂交叉，上提，前后推拉（右臂至头右侧上架掌，左掌体前推出）。

18. 掩手肱拳（左弓步冲拳）

重心后移，左脚尖内扣，两臂划弧，身体右转，两臂划弧，身体左传，两臂划弧，身体转正（右掌抱拳于右腰间，左掌立于体前），左手回收，右手冲拳（左掌收回抱拳于腰间，右掌变拳向左斜前方冲出）。

19. 青龙出水（缠丝撇身捶）

重心右移，左脚尖内扣，两臂划弧（松拳，向右缠丝），重心左移，收腿、收手（右手握拳收回抱于胸前，左掌贴于右上臂内侧），右脚向右斜前方摆脚开步，撇身捶（身体右转，右拳向上、向前撇出）。

20. 千变万化（进步搬拦捶）

收腿、收手，切掌，掤臂，切掌，掤臂。两臂划弧，摆右脚，搬（右拳从左臂内侧向前搬出）收左腿，左脚向左斜前方开步，拦（左掌向前拦出，右拳收回抱于腰间）。重心前移，右手向前冲拳，捶（左掌回收，立于右上臂内侧）。

21. 铁脚破身（独立右蹬脚）

重心后移，左脚尖外撇，重心前移，前臂交叉，提腿、蹬脚、分手（右脚向右侧上方蹬出，右掌心靠近右脚背，左掌心向外，两臂水平线成"一"字）。

22. 铁脚破身（转身左蹬脚）

收右腿，身体左转180°，重心右移，前臂交叉，提腿、蹬脚、分手（左脚向左侧上方蹬出，左掌心靠近左脚背，右掌心向外，两臂水平线成"一"字）。

23. 猿猴献果（左搂膝拗步）

身体右转，两臂划弧，收左腿，左脚向左斜前方开步，左掌搂膝，右掌推出（右掌经耳侧向前推出）。

24. 猿猴献果（右搂膝拗步）

身体左转，两臂划弧，收右腿，右脚向右斜前方开步，右掌搂膝，左掌推出（左掌经耳侧向前推出）。

25. 来去自如（左揽雀尾）

重心后移，右脚尖外撇，重心前移，收腿、收手，右腹前抱球。左脚向左斜前方开步，掤，松腕，捋，挤，两掌外分，后坐，收，贯，按，推。

26. 拨云见日（右弓步单鞭）

重心后移，左脚尖内扣，两臂划弧，身体右转，云手，碾脚，收右腿，身体转至360°。两臂划弧，身体左转，云手，360°。转掌心向下，身体右转，水平线向右划弧，270°，拢气胸前回收，身体左转，左侧推出成勾手，身体右转，右脚向右斜前方开步，右掌胸前划弧推出。

27. 野马分鬃（左右抢手）

重心后移，右脚尖外撇，重心前移，收腿、收手，右腹前交叉抱球。左脚向左斜前方开步，交叉手前后外拨。重心后移，左脚尖外撇，重心前移，收腿、收手，左腹前交叉抱球。右脚向右斜前方开步，交叉手前后外拨。重心后移，右脚尖外撇，重心前移，收腿、收手，右腹前交叉抱球。左脚向左斜前方开步，交叉手前后外拨。

28. 来去自如（右揽雀尾）

重心后移，左脚尖外撇，重心前移，收腿、收手，左腹前抱球。右脚向右斜前方开步，掤，松腕，捋，挤，两掌外分，后坐，收，贯，按，推。

29. 拨云见日（左弓步单鞭）

重心后移，右脚尖内扣，两臂划弧，身体左转，云手，碾脚，收左脚，身体转至360°，两臂划弧，身体右转，云手，360°，转掌心向下，身体左转，水平线向左划弧，270°，拢气胸前回收，身体右转，右侧推出成勾手，身体左转，左脚向左斜前方开步，左掌胸前划弧推出。

30. 金童观图（左开步云手）

重心后移，左脚尖内扣，身体右转，松勾手。两臂划弧，向左云手，收右脚，向右云手，左脚向左开步；向左云手，收右脚，向右云手，左脚向左开步；向左云手，收右脚，向右云手，左脚向左开步；向左云手，收右脚（落于左脚尖前，左脚跟抬起，脚尖点地）。

31. 拨云见日（左弓步单鞭）

身体左转，云手，至体后，两臂划弧，身体右转，云手，360°，转掌心向下，身体左转，水平线向左划弧，270°，拢气胸前回收，身体右转，右侧推出成勾手，身体左转，左脚向左斜前方开步，左手胸前划弧推出。

32. 玉女穿梭（四方推掌）

重心后移，左脚尖内扣，身体右转，松勾手。收腿、收手。左脚向左斜前方开步，磨掌，向左穿梭（西南方）。重心后移，左脚尖内扣，右脚向右后方开步，重心右移，两臂划弧（向右缠丝），向右穿梭（东南方）。重心后移，右脚尖外撇，重心前移，收腿收手，左脚向左斜前方开步，磨掌，向左穿梭（东北方）。左脚尖内扣，右脚向右后方开步，重心右移，两臂划弧（向右缠丝），向右穿梭（西北方）。

33. 来去自如（左揽雀尾）

重心后移，右脚尖外撇，重心前移，收腿、收手，右腹前抱球。左脚向左斜前方开步，掤，松腕，捋，挤，两掌外分，后坐，收，贯，按，推。

34. 来去自如（右揽雀尾）

重心后移，左脚尖外撇，重心前移，收腿、收手，左腹前抱球。右脚向右斜前方开步，掤，松腕，捋，挤，两掌外分，后坐，收，贯，按，推。

35. 拨云见日（左弓步单鞭）

重心后移，右脚尖内扣，两臂划弧，身体左转，云手，至体后，两臂划弧，身体右转，云手，360°，转掌心向下，身体左转，水平线向左划弧，270°，拢气胸前回收，身体右转，右侧推出成勾手，身体左转，左脚向左斜前方开步，左手胸前划弧推出。

36. 雁落沙滩（左仆步下势）

重心右移，下蹲成左仆步，左手向右拢气回收，沿左腿内侧向前穿出。

37. 上步七星（右虚步交叉拳）

重心前移，身体直起成弓步（右臂回收，轻贴左胯，左掌向前穿出成立掌）。收右腿，两掌握拳交叉，右脚向右斜前方开步（右脚尖点地），双拳推出。

38. 退步跨虎（左虚步推掌）

收右腿，右脚向右后方开步（左脚尖点地），交叉手转圈，两臂划弧，向右穿梭，向左穿梭。

39. 转身摆莲（转身双摆脚）

左脚跟外旋落地，两臂划弧，身体右转，收左腿，左脚向左斜前方开步，右手穿掌（右掌经左掌背向前穿出），身体右转，碾脚，重心左移提右腿，双摆莲（右脚从左向右划弧，两掌自右向左分前后快速拍脚）。

40. 拉弓射虎（马步开弓）

右脚下落，向后方开步，成马步拉弓（两手前后推拉，左手立掌，右手握拳于胸前）。

41. 飞针走线（右虚步抢手）

收腿、收手，左脚跟内旋，重心左移，收右腿，右脚向右斜前方开步（成右虚步），右手穿掌（右手松拳变掌向前穿出，左掌心贴于右上臂上）。

42. 千变万化（进步搬拦捶）

收腿，握拳。切掌，掤臂，切掌，掤臂。两臂划弧，摆右脚，搬（右臂从左臂内侧向前搬出）。收左腿，左脚向左斜前方开步，拦（左掌向前拦出，右拳收回抱于腰间）。重心前移，右手向前冲拳，捶（左掌回收，立于右臂内侧）。

43. 如封似闭（弓步双推掌）

松拳，两手外分，后坐，收，贯，按，推。

44. 莲花盛开（捧球上升）

重心后移，左脚尖内扣，体右转，收右脚与肩等宽，两臂下落，体前交叉，捧球上升，至胸前。

45. 天人合一（太极还原）

转掌心向内，向下外分，转掌拢气回收，至混元敷于两肋。

46. 返回无极（一炁混元）

左脚收回，两脚并拢，百会上领，身体慢慢直起。两手分开，还原体侧，周身中正，全身放松。

第五章 易筋易骨形神桩义解

第一节 易筋易骨形神桩综述

易筋易骨形神桩又名易筋易骨桩，是混元太极第四步功。本桩法是笔者根据混元太极拳习练松筋松骨的需要，在师传功法（此功法为笔者恩师依照通臂拳、形意拳、太极拳、八卦掌、红砂掌、太极十三丹法、易筋经和峨眉十二桩等武术、内功的精髓动作编创而成）的基础上做了进一步修整，将原来的十式改进为十四式而形成的。

易筋易骨形神桩阐述了混元太极从内功入手习练"精、气、神"的心法，破译了"抻筋拔骨、松筋松骨、炼炁入骨、敛炁入脏、元炁洗髓"的诀窍，指出了"意引气，气引形，形引气、气动意"的整体练习过程就是体内气机（能量）转化的过程。其在招式运行中，形体运动大开大合，松紧并用，神意与形体紧密结合，气机在体内鼓荡，节节贯通。本桩法与松腰开窍太极桩、三十六式混元太极拳、四十六式混元太极拳同属混元太极的中层功法，其中包含了许多内家拳登堂入室和进阶的窍门，也是笔者入道修炼从基础功夫向中级层次迈进的阶梯（为笔者入道习练通透形体起到关键的作用）。

太极十三势歌诀讲："刻刻留心在腰间，腹内松静气腾然，尾间中正神贯顶，满身轻利顶头悬。"太极内功理论进一步指出："要想骨髓洗，先从练桩起。"混元太极桩法分为动和静两大类：第一类是"定桩"，以"静"为主（如无极混元桩、大、小马步桩等），定桩是"神气合于形"的练法。第二类是"活桩"，以"动"为主（如混元太极开合桩、内外相合混元桩等），活桩是"神形合于气"的练法。不管是定桩还是活桩都是习练内功（练丹田混元气）。本桩法以"动"为主，练形神混元，习练中要做到"身形合度，姿势合法，神注桩中，气随桩动"，自始至终保持神形并重。

本桩法经笔者自身习练和多年来的教学实践证明，是健身养生、祛病强身、增加功力、变换气质的有效桩法。混元太极内功心法有效地破解了人体生命奥秘，习练本桩法不仅能松腰开窍，炼炁入骨，敛炁入髓、入脏，更能易形神、增智慧，是研究太极拳、太极功、太极道的金钥匙，为进入高层次习武（修道）打下扎实的基础，指明了前进的方向（注：易筋易骨形神桩功法所涉及的穴位，参阅《混元太极拳入门》第八章，混元太极中医基础知识。）。

第二节 易筋易骨形神桩功谱与解述

一、易筋易骨形神桩功谱与动作名称

1. 混沌无极（心静体松）　　2. 精气神合（气贯三田）
3. 鹤首龙头（意气冲天）　　4. 寒肩缩项（融通臂肩）
5. 立掌分指（畅通经脉）　　6. 气意鼓荡（臂肋坚固）
7. 俯身拱腰（松通督脉）　　8. 转腰涮胯（真气归田）
9. 平足开胯（分松前后）　　10. 膝跪足面（三节相连）
11. 弹腿翘足（描化太极）　　12. 回气归一（转返混元）
13. 开合敛气（天人合一）　　14. 返回无极（一炁混元）

二、易筋易骨形神桩解述

1. 混沌无极（心静体松）

【动作详解】

两脚并拢，周身中正，目似垂帘，全身放松，进入状态。

①两脚并拢：两脚平铺于地，脚跟自然并拢，两下肢大小腿、膝关节、踝轻轻靠在一起。

②周身中正：头部中正，做到顶头悬，重心微前移，把全身的重量放在前脚掌。注意垂尾间、领百会、松命门，百会至会阴连成一直线垂直地面，两手自然下垂于体侧。做到虚灵顶劲，气沉丹田，落地生根。

③目似垂帘：目光平视前方，要求神光穿透眼前一切障碍物，在天地交合处凝聚成一点，这一点与自己大脑中心相连。在目平视前方时，不要忘了目光的"根"还在体内（图5-1）；目光回收，收到体内，外眼角带动上下眼睑轻轻相合，将目光收到体内（图5-2）。相合时可留一线光，好像一条白色光带，这有利于集中精神，意识内守，调动气机，还可使身体之气和大自然之气沟通连结。相合时也可以完全闭合，这样有利于精神宁静。闭合后眼球要保持平视状态，不能在眼睛里面随便转动（注：为便于学习参考，本章中出现的图片以目似垂帘为主）。

图5-1    图5-2

④全身放松

头部放松：两眉舒展，眉间放松，印堂内放松，两个内眼角内放松，意想沿眉放松外展至眉梢，放松下落到腮，再连着两嘴角轻提。通过这个动作和意念的配合，展现出似笑非笑的喜悦状态。两唇轻轻闭合，上下齿对齐，开始舌尖轻轻抵上腭（初练者可抵在上门齿根与齿龈的交接处），等口内金津玉液来了，就可自然地平放，这样可以接通任督二脉。

颈项放松：颈项要松直，体会颈椎一节一节地放松。

胸背部放松：通过"拔背、落膀、含胸、开胸、松肩、虚腋"放松胸背。先深吸一口气，同时两肩向上耸（拔背），然后慢慢地呼出，呼气的同时两肩向后、向下落（落膀），微前合（含胸），再向外上方轻提（开胸），最后放松下落（松肩、空腋）。

腰胯部放松：前阴上提，腹部微微回收，腰部命门向后放松，尾闾下垂，百会上领，把脊柱拉直，上下连成一个整体。

两上肢放松：两臂自然下垂，肩关节、上臂、肘关节、前臂、腕关节、手掌、手指都要放松。

两下肢放松：胯关节、大腿、膝关节、小腿、踝关节、脚掌、脚趾都要放松，两脚平铺于地，重心放到前脚掌，百会带动，身体前后微微地晃动（感觉一下体内外的混元气，这样不但可以放松形体，而且可以把练功者周围的气场调动起来，对练功者大有益处）。

整体放松：皮、肉、筋、脉、骨、五脏、六腑、经络、窍穴放松，全身从上到下、由里至外，通透放松。

⑤进入状态：这是练功的开始，在放松的状态中，人与大自然连成一个整体。默念"顶天立地，形松意充，外敬内静，心澄貌恭，一念不起，神注太空，神意照体，周身融融"。认真体察内境，达到神气合一（人在气中，气在人中）。

【意境指导】

①两脚并拢的意境：意想人体内外成为一个整体，内气上下畅通。

②周身中正的意境：要做到虚灵顶劲，气沉丹田，落地生根，上下一体，内外相合。虚灵顶劲：虚灵则灵明，这是习练混元太极的高级境界；顶劲即内劲轻轻上拔，百会穴有虚悬之意，使清阳之气上升，打开百会穴接通虚空之气。气沉丹田：在混元太极形体动作的练习中，所指的丹田是人体下丹田（前有肚脐，后有命门，下有会阴，于腹腔中心），混元太极又称之为"丹窍"（有气则成窍，有窍能还丹）。气沉丹田即在运动中人与大自然融为一体，接收虚空整体信息转化为人体内的能量，沉藏于丹田。落地生根：落地指两脚平铺于地，生根是在气沉丹田的基础上，丹田气经下肢通向脚底涌泉穴，两脚像树根一样伸入地下虚空，全身上下、内外连成一个整体。

③目似垂帘的意境：在目平视前方时，意念从脑中心向前看，由眼前一米处向外扩展，神光放到天地交合处，连于宇宙虚空，在无边无际的状态中收天地之混元气。然后神光回收笼罩全身，达到天人合一。在目光回收时，意念要与目光相合，匀速地回收。两眼轻轻闭合，意想把神收回来，把气收回来，收到大脑中心，闭着眼睛向里看，耳朵向里听，用纯意念想

脑中心，空空荡荡，虚灵明镜。

④全身放松的意境：首先是精神（意识）放松，用祥和的意念、愉悦的心情带动脏腑和四肢百骸放松。从中医的整体观来讲，脏腑与面部乃至四肢百骸都通过经络而相互联系，"有诸于内，必形于外"。放松好了，脏腑的精气才能调和，经络气血才能畅通，大脑的灵敏度才能提高。

⑤进入状态的意境：要求习练者排除一切杂念后，进入精神专一的状态。人与大自然连成一个整体，达到人在气中，气在人中，精气神合一，从不练功的状态进入练功的状态，这是习练内功关键的一步。

⑥八句口诀的意境："顶天立地，形松意充，外敬内静，心澄貌恭，一念不起，神注太空，神意照体，周身融融。"顶天立地：顶天，意想头顶百会穴往上虚领，头上就是蓝天，一顶就顶到蓝天里，顶到宇宙虚空或者顶到遥远的银河系；立地，脚往下一踩，踩到地下虚空，使体内之气与地下虚空之气相连。形松意充：形松，是身体从上到下，由里至外通透放松；意充，是体内混元气充足，好像体内有一股能量充斥周身。形松要求以精神放松为前提，用自己的意识引导整个身躯放松，意充则是一方面形体随着意充气也随之充实于内；另一方面意想自己是一个顶天立地的巨人，充斥于天地之间，达到人天混融。这是外混元的练法。还有一种内混元的练法：意念"头"就是"天"，"脚"就是"地"，身体包含天地，胳膊、腿都是天地的一部分，没有形体被包裹之感。此练法关键的一点是，在意守形体做动作时，要似守非守，不要守的那么具体，要模模糊糊地去想，练起来就会产生自己高高大大的感觉。此练法需要注意两点：第一，意念要从身体里面想天、地，不要从体外去想天、地；第二，意念从里往外想，要透开头顶和脚下的皮肤层，使头与天、脚与地没有皮肉相隔之感，这样意念上下一充，就能达到头就是天，脚就是地的意境。外敬内静：内心宁静以起敬重之心，敬重他人，敬重万事万物。敬是善心善念的最好表现形式，敬又能养心，当诚敬之心被引发出来时，虚空最精纯的混元气就会源源不断地进入身体之中，濡养心神。敬以入静，在明师、严师面前，畏敬之心还可以很好地自我管理，不敢怠慢，这样才能做到一丝不苟，使自己更好、更快地进入练功状态。心澄貌恭：澄是清沏透明之意，是静的延展。心静如止水，清澈透明，表明脑中如水之清，如镜之明；恭是对他人的敬重之貌，恭与敬稍有不同，敬主要是自身的内在情意，恭是

这种心境的体态、外貌的表现。所以"心澄貌恭"是"外敬内静"的进一步延伸，其提高了意识的灵明度。一念不起，神注太空：要求练功者心念专一，不起杂念。鉴于常人难以做到一念不起，于是把意念与虚空相结合，并与身体相连，意念空空荡荡，着眼点在体内。神意照体，周身融融：把意念从虚空收回来，观照自己周身上下。由于意念与太空相结合时，和虚空的混元气紧密连成了一体，所以当神意观照身体时，虚空混元气就自然而然地进入身体，使自身的混元气更加充实、和畅，从而出现周身融融的感觉。

【内涵解说】

①混沌者，无极也，似有非有，若有若无，恍恍惚惚，空空荡荡。在混元太极习练中，一说两脚并拢，就标志着要求习练者从不练功状态主动调整，从而进入到练功状态（从不练功的"俗心"进入到练功的"道心"）。

②下肢并拢连为一个整体可以使肾经和阴跷脉紧密地结合，对培补肾气有特殊的作用，另外，周身气机也得到整合，这样不仅可使两脚长时间站立不易劳累，而且有开地关的作用。

③周身中正是习练混元太极基本要求之一。前人说："低头猫腰，武艺不高。"初学者大多立身不正，前俯后仰，左右倾斜，下肢不稳。长期这样会导致内在的气机失衡或不畅，不仅影响练功效果，还会引起阴阳失衡而产生疾病，因此在习练中做到"周身中正"极为重要。

【康复指导】

①虚灵顶劲，气沉丹田，落地生根是一个整体。要虚灵顶劲，必须气沉丹田，落地生根；要落地生根，也必须虚灵顶劲。任何一方不能偏废，如此周身上下、内外才能连成一个整体。

②八句口诀中的"形松意充"特别重要，需要认真领会其中含义。形松是指形体放松，意充是体内混元气充斥周身。松是永无止境的，功夫的层次不同松的情况也不一样，松可以再松，但松不能像烂泥一样，不能像生病没有力气那样，应该是不仅要形松而且要意充。意充指的是意念充斥周身，随着意充气也会随之通透全身。形松与意充是相辅相成的，有形松而无意充则松松垮垮，有意充而无形松则紧张似僵，只有两者并举，才能达到松而不懈，紧而不僵的柔和、灵活的状态。

③当人的意识接通虚空时，虚空的整体信息会源源不断地随着意念的

接收进入体内，混化为人自身的真气（在功能态中能感觉到有热量在体内流动）。这股真气由意念引导向自己全身充斥，渗透皮、肉、筋、脉、骨、骨髓、五脏、六腑、血液、细胞，层层通透、节节贯穿。比较敏感的人，意注体内会进入一个若有若无、混混融融的状态，进而体会到天、地、人相合，精、气、神相融的境界，这是无极生太极之妙境。

2. 精气神合（气贯三田）

【动作详解】

①混气、捧气贯下田：接上式。手指微微地动一动，大指带动两臂内旋（腕带动肘，肘带动肩），成掌心向后（图5-3）；以腕为定点，中指带动指掌慢慢上翘，手掌与臂成直角，掌心向下，指尖向前（图5-4）；两掌下按，拉气，前推，以肩为轴手臂向前推出约一掌远（图5-5、图5-5附图）；向后拉回至体侧（图5-6、图5-6附图），拉气动作要求做3次。

图5-3 　　图5-4

图5-5 　　图5-5附图 　　图5-6 　　图5-6附图

松腕，小指带动两臂外旋，转成掌心向内，指尖向下（图5-7），体前捧气上升，与脐平，前臂微内收，掌心斜向内，回照肚脐，把捧起来的大气球贯进下丹田（图5-8、图5-8附图）；大指带动手臂内旋，转成掌心向下（图5-9），两臂外开、外展（在外展时两掌保持与腰带等高）至体侧（图5-10）；两臂继续向后，展至体后，前臂微内合，拢气向腰部回收，掌心微含斜向内，指尖斜相对，回照命门、两肾，把气球贯进体内（图5-11、图5-11附图）。

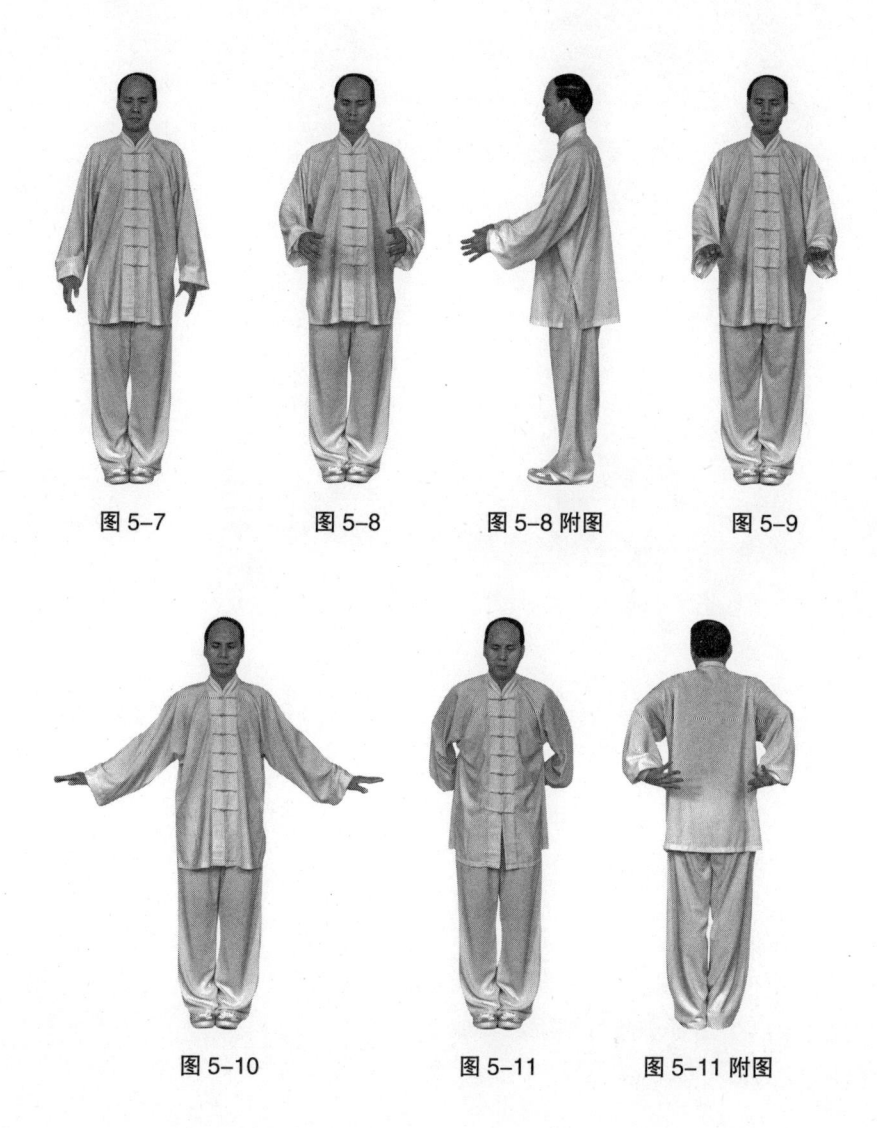

图5-7　　　图5-8　　　图5-8附图　　　图5-9

图5-10　　　图5-11　　　图5-11附图

②向中上二田贯气：接上势。两肩带动手臂顺势上提至腋下大包穴，掌心向上，指尖向内，中指轻点大包穴（同时配合开胸），两肩要放松，身体中正（图5-12）；转指尖向前，掌心向上，肘向后靠，上臂贴肋（图5-13），掌臂向前伸出，与肩等宽高，臂似直非直；掌臂向内微收，掌心微含斜相对，中指末端回翘，指尖回照两眉间印堂穴（图5-14、图5-14附图）。

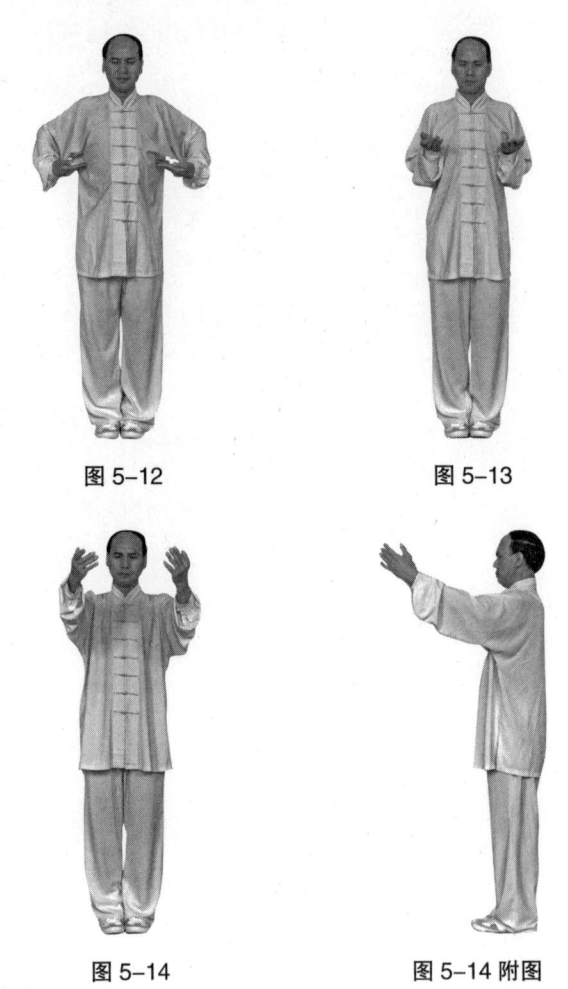

图5-12　　　　　　　　图5-13

图5-14　　　　　　　　图5-14附图

转肘尖向外，两肘外撑，带着两臂外展（图5-15），至体侧成一字，掌心向上，指尖向外（图5-16）；以大指带动，两臂内旋，转成掌心向下（图5-17），继而以小指带动两臂外旋，转成掌心向上，边转边向上起（图5-18），继续向上划弧捧气上升，至头顶上方，两掌相合，轻轻上拔（图5-19）。

图 5-15　　　　　　　　图 5-16

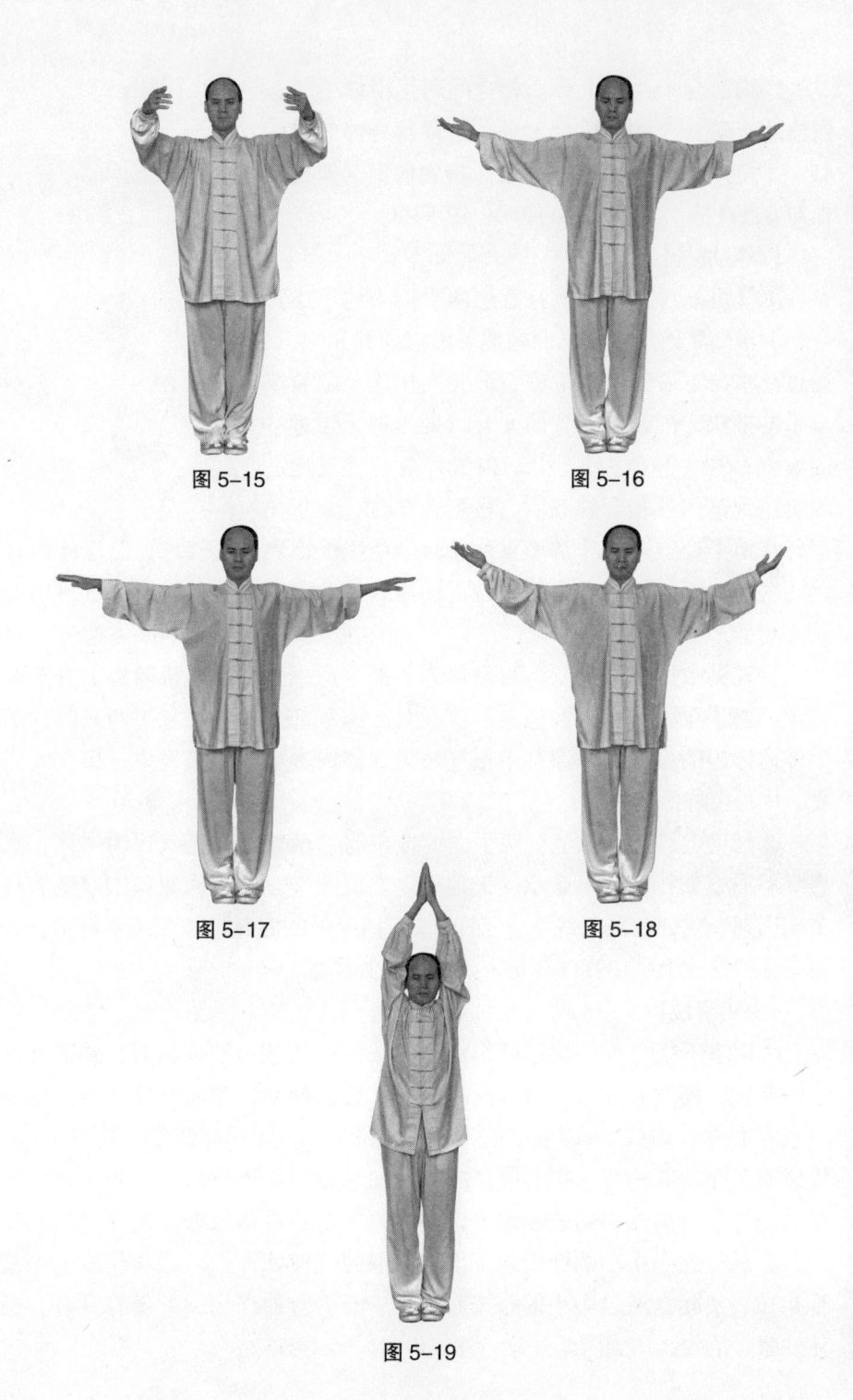

图 5-17　　　　　　　　图 5-18

图 5-19

第五章　易筋易骨形神桩义解

③胸前合十：接上势。相合的两手沿体中线慢慢地下落，至胸前成合十手，上臂与身体约成45°，两前臂同在一条水平线上，指尖向上，拇指根对着膻中穴，离胸约10厘米（图5-20）。

【意境指导】

①气贯下丹田的意境：意想两手插入地下虚空，手指微微地动一动，混融地下虚空的混元气，通过翘掌与下按，和地下虚空混元气相连。随着双手的推拉，配合着意念的开合（推，想无限远的虚空；拉，想体内），引动内气外放与外气内收，达到体内外相合的意境。松腕转掌时，意想手臂在地下虚空中，非常珍重地捧起一个恍恍惚惚的大气球，意注体内外混元气连为一体。当手中的气球贯进体内时，意想腰腹部放松，下丹田混元气充足，下丹田炼精化炁。

图5-20

②气贯中丹田的意境：两手顺势上提，意想下丹田气机随之上升至中丹田。两手至腋下向"大包穴"贯气时，胸背部要放松，意想两只巨大的手伸向体内的虚空，好像有十根气柱子在体内虚空中相接，中丹田真气充足，中丹田炼炁化神。

③气贯上丹田的意境：两手向前伸出时，两臂之间用气连为一体，意想掌心向上如托物，以此承受天地虚空之混元气。中指回照印堂（随中指末端回翘，犹如两条气线汇合于印堂），把手中的混元气球收入上丹田，意想头部放松，上丹田真气充足，上丹田炼神还虚。

【内涵解说】

①两掌下按"推、拉"动作熟练后就可以划弧形的长圆圈，并带有微小的起伏，使掌心一凸一含，一紧一松。往前推时，掌心下按外凸，推到极点掌心内含回收；往回拉时，掌心下按外凸，拉到体侧掌心内含回收，形成有节律地收—按—收。推拉的同时加上意念，下按时，手到了地下的虚空，把自身的气引出来和地下虚空之气接上，身体放松；回收时手微微一拧，通过这个小小的圆把地下虚空的混元气兜回体内。这动作看上去是推、拉，实际是通过小小的收按起到了一开一合的作用，并随着开合，身体外张、内收，达到内气外放，外气内收。

②初学者做回照印堂的动作时手掌要微内含，熟练后用中指末端向印堂一翘，把手中的混元气球收至印堂，动作越小越好。随着功夫的提高，两中指尖如两条气线汇合于印堂，印堂内就会有胀、紧的跳动感，甚至耳根部会有动感。气进头里打开上丹田（祖窍），可敏感头内关窍，有利于开天目。

③肘臂外展的动作熟练后可体会三种力量：一是用两臂往外挤，会感到挤不动（阻力）；二是肩带肘外拉，感到两臂内有吸力，拉不开（吸力）；三是两臂之间像有个大气球似的涨开，臂内充满了混元气（涨力）。手掌捋着天边走，把内外之气连通在一起，气就整了。两臂至体侧做转掌动作的同时掌臂从两侧划弧上升，要把动作做圆活使其连绵不断，气才不会断。在做后面的动作转换时，都需注意动作圆活。手臂在虚空中沿天穹向上捧气时，要直而放松，两手如托物，会觉得很沉，有捧不动的感觉，这是承受了天地之混元气，两臂之气充足的表现。

④两掌至头顶上方虚空相合，手由体前下落（意想由体中线下落），功夫高的人真气直走中脉。双手下落于胸前合十，这个动作叫作合十手当胸（它是从以前的长拳起势《易筋经》的横担降魔杵与合十手当胸变来的，其动作环转连绵，刚柔相济），能让十指气脉左右流通，形成环流，劳宫相对可使左右气机平衡，大拇指对膻中又有气血相合、收摄心神和排除杂念之效。

【康复指导】

①第二式也可称之为起式，其动作虽然简单，但包含着天地人相合、精气神相融的境界。习练者千万不要掉以轻心。两手腹前（下丹田）贯气后，转成掌心向下，随着两臂外开、外展，意想自己在天地之间，好像捋着天边的混元气向外延展，浓浓的混元气源源不断地往体内收。向后拢气回照命门时，丹田气贴脊，达到炼精化炁炁入脊。命门、两肾真气充足了，人的生命力就旺盛。

②人体有十五个大的络穴，每条络脉有一个络穴，大包穴是脾之大络。练混元气必须把全身的络脉打开。中指点大包穴有助周身络脉张开，把气贯入中丹田，因此点大包穴时精神特别要专注，用中指轻轻地划圈点按（以指尖从后向前划小圆往里按），似乎中指尖的气在体内碰上了。这时全身会有酥酥的感觉，直通内脏，有时从里往外冲，有时从外往里冲，使络脉之气和畅。

③两手额前（上丹田）贯气后，随着肘外撑、外展时，想着臂内充满了浓浓的混元气，像有个大气球似的向外涨开，手臂沿着无限远的天边向两侧外展，体内外混元气连为一体。向上捧气时，意想手臂搅动天地虚空的混元气沿着天穹向上聚气，至头顶上方，两掌相合，轻轻上拔，接通上方虚空。

④随着相合的双手沿体中线慢慢地下落，意想天河精气源源不断地贯入头顶，进入体内，至胸腔大气库里，同时双手也落至胸前。掌根微微地转动时，意想把气收起来，用灵敏的意识察照体内外的虚，广收天地之混元。功夫练到上乘，能体会到合十手是一个定心诀，在闭着眼睛向里看，耳朵向里听，安安静静地体察体内的气机时，若接到人天混融的整体信息，一下子就会领悟"自性"（修道者讲的道体，即渐修与顿悟所感觉的一种状态）而打开心窍。在心窍似开非开的过程中，意识里会出现心包天地、心包太虚的意境。

3. 鹤首龙头（意气冲天）

【动作详解】

①合十手变叉腰：接上式。掌根分开，下落至心口，转掌心向内（图5-21）；两掌擦着肋弓弧形下降至腰两侧，转成掌心向上，小指贴肋，指尖斜向前（图5-22），小指带动按照上、后、下、前的方向划弧转动，变两手叉腰，四指在前按住章门穴与带脉穴，大指在后按于京门穴（图5-23）。

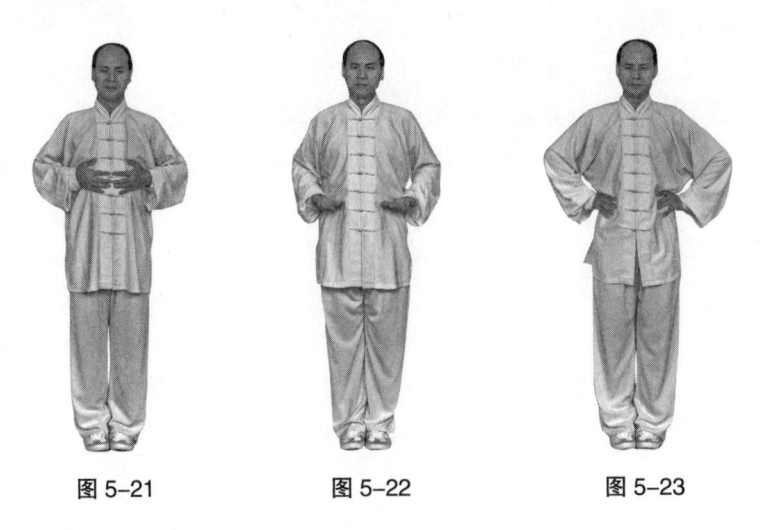

图5-21　　　　　图5-22　　　　　图5-23

②正向鹤首（正鹤首强调颈项后突上拔，它以头为动点，以大椎穴为定点，以颈项的伸曲配合下颌划圆弧做动作，这动作模仿仙鹤行走时头的运动状态，以达到人的颈项、头部前后上下运动的目的）：接上势。收下颌：下颌回收时，百会微前扣（像低头找衣服纽扣似的），一直收到不能再收（图5-24、图5-24附图）；拔颈椎：收住下颌，颈项后突上拔，头向上顶，百会上领，躯干也随之上拔，颈椎一节一节地上拔直到玉枕，拔到不能再拔时（图5-25、图5-25附图）；头后仰：收住下颌，玉枕放松，一直松到百会，仰到不能再仰（图5-26、图5-26附图）；下颌上翘：下颌划着圆弧往上翘，同时颈项放松，百会向后上方轻提，翘到极限（图5-27、图5-27附图）；下颌向前：下颌划着圆弧前移（图5-28、图5-28附图）；下颌向下：下颌顺势划圆弧下移（图5-29、图5-29附图）；下颌向内：百会往前扣，帮助下颌内收，百会处用劲向前下拉，下颌处贴着胸，用劲向后上方提（图5-30~图5-31附图）；拔颈椎：意念下颌像擦着脊柱似的，从下向上逐节引动颈椎上拔，一直上拔到玉枕（图5-32、图5-32附图）。以上动作连接起来就是一个完整的正向鹤首。它正好以大椎穴为定点，下颌划了一个圆弧。古语讲"唯大椎气难上行"，而正鹤首简单的动作就可以把督脉的气调动起来，直接促进大椎穴气血畅通，从而引气过头部，向前送到任脉，降到中宫。正向鹤首动作，要求重复做6次以上，多多益善。

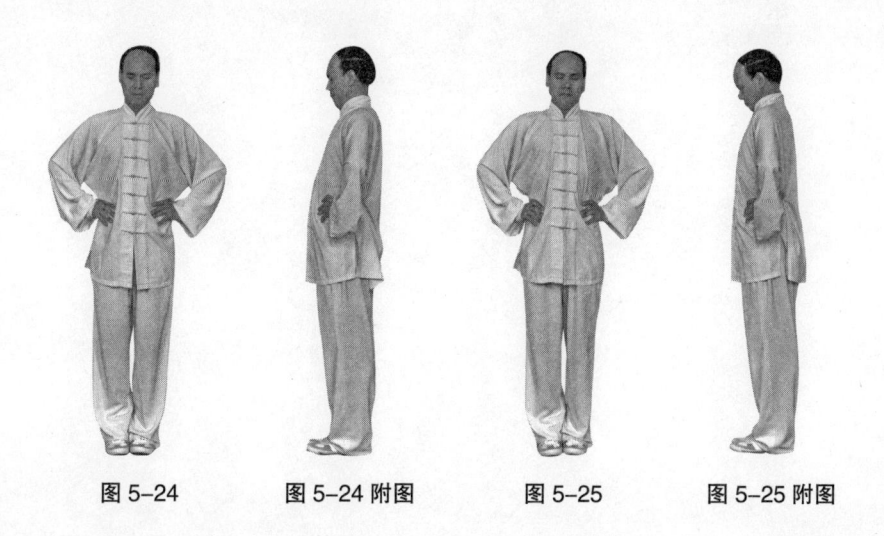

图5-24　　图5-24附图　　图5-25　　图5-25附图

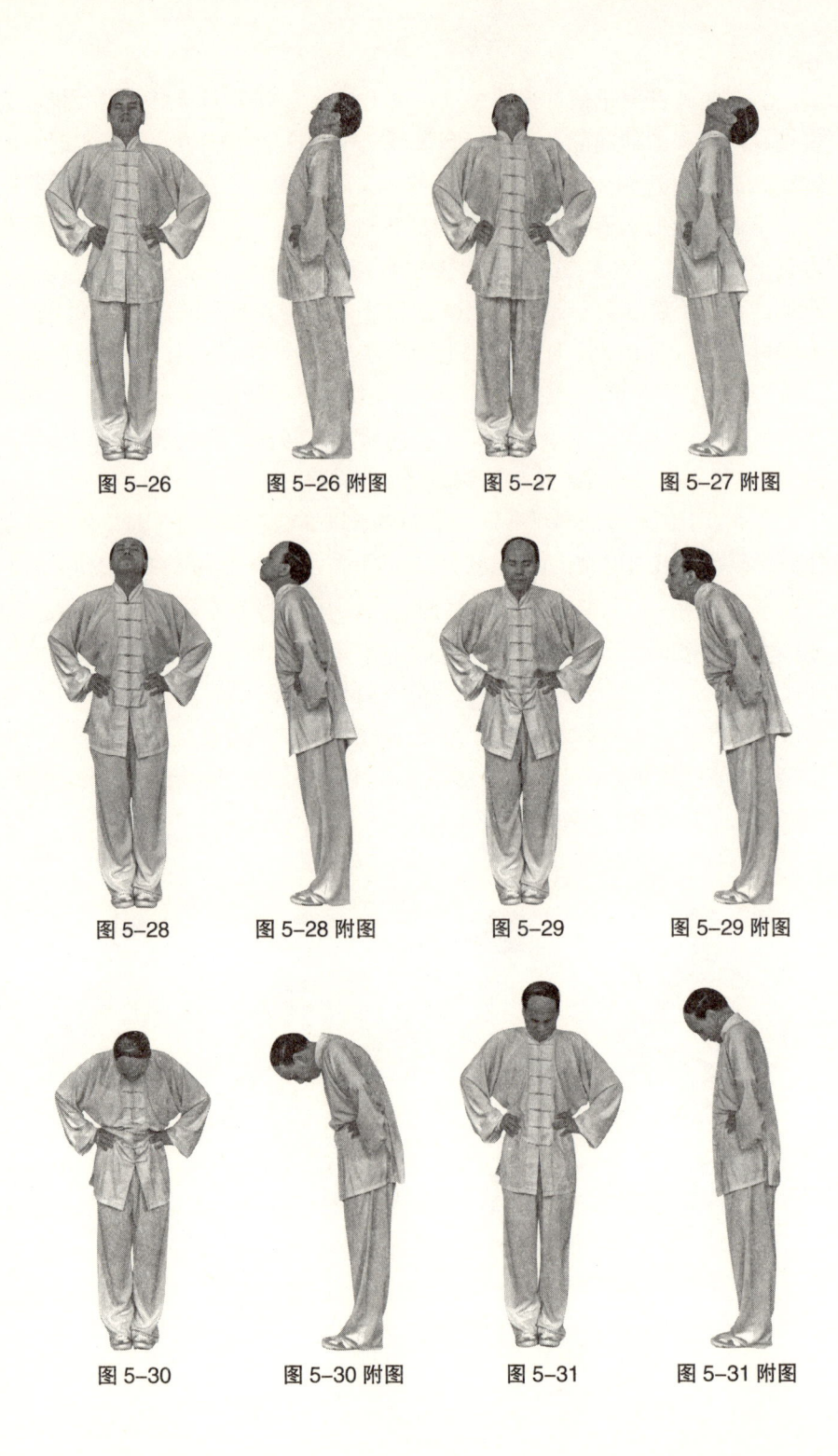

图 5-26　　　图 5-26 附图　　　图 5-27　　　图 5-27 附图

图 5-28　　　图 5-28 附图　　　图 5-29　　　图 5-29 附图

图 5-30　　　图 5-30 附图　　　图 5-31　　　图 5-31 附图

图 5-32　　　　图 5-32 附图

③反向鹤首（反鹤首动作模仿仙鹤捕鱼、喝水的运动路线，是正鹤首动作路线的逆行方向，动作要领相同，路线相反）：接上势。下颌沿胸向下：下颌回收，收到喉部，百会上领，并微前扣，下颌从第一颈椎骨开始贴着整个脊柱内侧划弧向下至极点；下颌向前：下颌划着圆弧前移；下颌向上：下颌划弧上翘；头后仰：颈项放松，下颌继续上翘，翘到不能再翘；百会上顶收下颌：百会向后上方领着颈项往上拔，同时收下颌，躯干也随着百会上领而上拔。至此，即为一个完整的反向鹤首，下颌正好划了一个圆弧。做反鹤首的作用可以调动"任脉"之气，把气从中宫调到头顶进而通达"督脉"。做反鹤首动作，要求重复 6 次以上。

④龙头：接上势。左青龙角向左侧倾斜，左肩、左肋放松，左肋微向下，头尽量倒向左侧（左耳找左肩），左脚放松（图 5-33）；左青龙角向左上方上顶划弧（上顶时，好似一股力量把左青龙角向外上一推，整个身体也跟着拉起来）（图 5-34）；右青龙角向右侧倾斜，右肩、右肋放松，右肋微向下，头尽量倒向右侧（右耳找右肩），右脚放松（图 5-35）；右青龙角向右上方上顶划弧（上顶时，一股力量把右青龙角向外上一推，整个身体也跟着拉起来）（图 5-36）；龙头左右划弧动作要求做 6 次以上，完成龙头动作后头要保持中正（图 5-37）。

图 5-33　　　　　　　　图 5-34

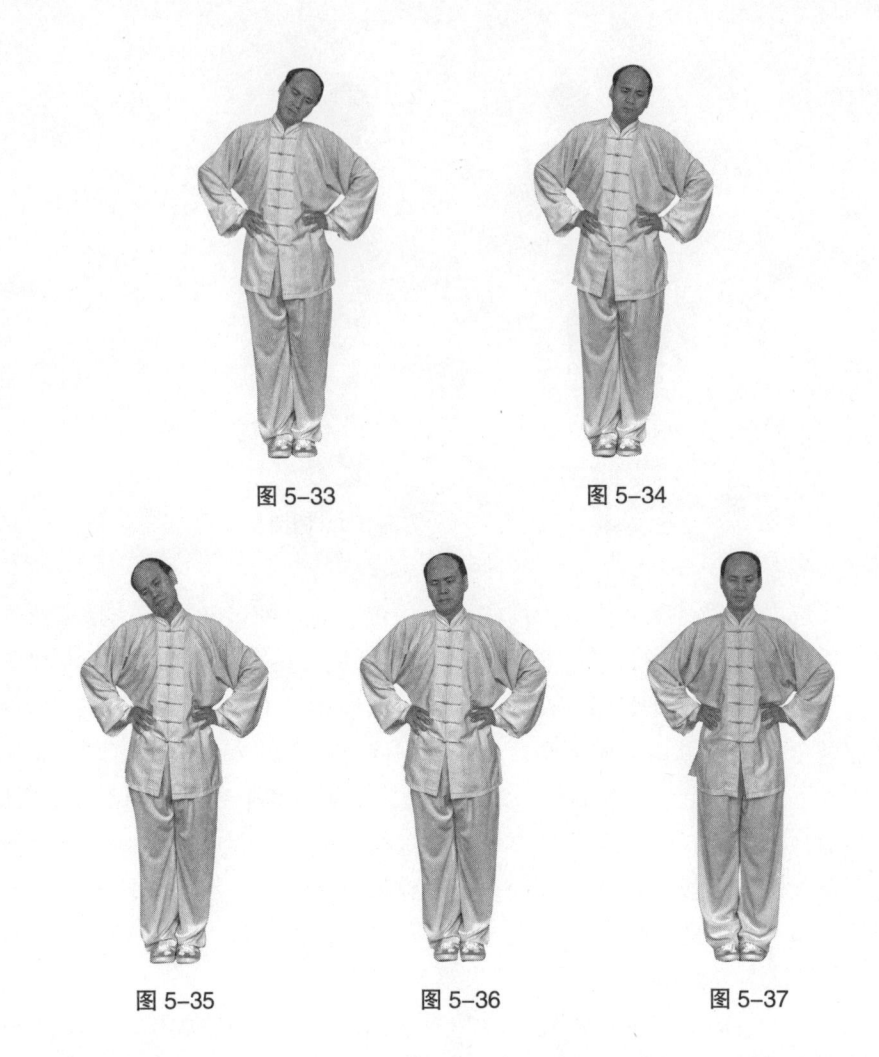

图 5-35　　　　图 5-36　　　　图 5-37

做龙头动作的要求：下颌尽量不动，面部对正前方。头部动作略呈"∞"形（而不是头的简单左右摆动），并在意念里呈"∞"形上升。练好龙头的关键在两侧青龙角（青龙角的位置在耳上二寸的一个硬骨包，叫顶骨结节）。注意不要划成平面的"∞"字，还要注意肩与肋部放松及与动作的配合。

【意境指导】

鹤首龙头取意于鹤首之前后运动和龙头的左右摇动，它是本桩法第三式，练的是头部带着全身运动。本式体现了整套功法的神韵。鹤禀阴阳中和之性（居于陆地而喜涉水），意态娴静，又善高空飞翔。习练本桩法要体现鹤的这些特征，故应做到神恬意静，动作优柔自在，沉稳深厚，不事张狂。又古人认为龙主神意。练本桩法神要恬静，气要灵动，一举一动都在沉稳自在之中，又寓有矫健。

①正、反鹤首的意境：开始习练时，以大椎穴为定点，用下颌划圆弧，动作可做大一些。熟练后，就应配合肩部的开合和胸部的吞吐。例如：做正鹤首时，颈项上拔，躯干稍向后，肩部、胸部略向前凸，但不要挺胸；下颌前移和向下划弧时，两肩稍向前合，胸部内含，意想下颌接通地下虚空的混元气。做反鹤首时，下颌沿胸向下，两肩稍向前合、含胸；下颌向上划弧时，意想下颌接通上方虚空的混元气，划弧的同时胸、肩张开，胸稍凸，全身放松。这样躯干一伸一缩，胸、肩一开一合，熟练后就自然形成了几个弯曲。这时鹤首的动作可以做的小一点，随着头的动、躯干的动，整个脊柱就像一串珠子一样，上面一动，下面的珠子就跟着前后动了起来，可以一直动到脚跟。有了功夫之后，就不用下颌划圆弧，而是意念在印堂里面划弧。

②龙头的意境：做龙头时，意想青龙角接通上方虚空的混元气。这个动作是以青龙角带动头、躯干、下肢做蛇形运动，初练者可将龙头摆动的幅度放得大一些，以便帮助完成动作，有了基础后就需减小动作的幅度，不要僵硬。摆动幅度小了，内景中会有晃晃悠悠的感觉。随着青龙角划圆弧摆动，脊柱会打弯、打旋地动起来，做好了，脊柱就不是一个弧度，而是几个弧度转来转去，像蛇形似的左右运动，并且下肢也跟着运动。这样不仅牵动的气机大，而且通透得深。进一步熟练以后就不用青龙角，而是用百会去划"∞"字，当练功到一定程度后，则应注意"∞"路线在颅内运动，"∞"字划得越来越小，就能更好牵动体内经脉了。

【内涵解说】

①鹤首龙头的姿势来源于峨眉桩法。练好鹤首的关键是下颌回收，颈项后拔；练好龙头的关键在青龙角。这些动作看起来简单，只是头部带着身体前后、左右划弧转动，实际上它可以起到打通小周天和卯酉周天的功效（由于混元气充足了，因而不易感觉到它的运动）。单纯练鹤首的前屈后仰及胸部的吞吐、开合可以牵动任督二脉而打通小周天；单纯练龙头则可以通卯酉周天。虽然练鹤首和龙头能起这个作用，但在习练时切切不可以有意去通周天，否则容易产生偏差。

②合十手沿肋弓分开，可把脏腑的精气会集于丹田，把胸腹部的募穴拉开。双手分开、叉腰后，大指按于京门穴，这样的按法对身体起到了按摩的作用。因为京门是管全身经脉的，大拇指按住京门，气就容易往经脉里走，所以易筋易骨形神桩一开始就调动了全身的筋骨、经脉和络脉之气，打开了全身的关窍。

③由于叉腰手的拇指在后按于京门穴（属胆经，是肾之募穴），其余四指与手掌按着章门穴（属肝经，是脾之募穴）、带脉穴（带脉经之所生），故可起到四重作用：第一，点按京门、章门穴，可启动脾（后天）、肾（先天）之气。第二，按着肝胆两经，可使肝胆（同属少阳）之气交合，使少阳生发之气加强。第三，按带脉可增强带脉功能，使之约束诸经之功能改善。第四，按住脾之募穴章门，可引胆气入脾，起甲己（胆属甲木，脾属己土）合而化土之效，收"土得木而达"之功，脾之升运动能得以加强。正因如此，本桩法许多式子以双手叉腰为基本姿势。

④摆青龙角的作用开始是牵动两侧胆经，而后则进入肝经。胆经为少阳之气，中医讲：五脏六腑取决于胆。少阳胆经可以调动五脏六腑清阳之气。闭着眼睛练龙头，动作从大动到小动，小动到微动，微动进入内动，达到内外相合的境界。习练者能感觉到身体轻飘飘、晃悠悠的，很舒服，这是清阳之气升起来了。头上清阳之气多了，脑子就得到了营养。

【康复指导】

①做鹤首龙头对治头部（包括脑神经、脑血管）、脊柱（脊椎）的疾病、特别是颈椎病、头晕、头胀、头痛、耳鸣、神经功能失调等疾病，效果都比较好。因为练本式功可使颈椎血管和淋巴循环正常，一般头部疾病都能缓解（或清除）。练功时脑子里要有"练功能改变自己全身气机"的意念，这样一个良性信息来指导自己。头颈部有病的人，要暗示自己"头颈部放松，真气充足，经络气血通畅，疾病消除"。用这样的精神暗示练功，就会起到事半功倍的效果。

②鹤首龙头主要是引导气机上行。初练时，即可运动颈椎，对大椎穴气机流通有直接促进作用。大椎穴是督脉、手足三阳经的会穴，故可导引清阳之气上升。练本式功不仅对颈椎病、头部疾病（尤其脑血管病）疗效显著，而且可引气上冲天门（头顶）。练此式还可使脊柱灵活，畅通督脉，是练轻功的基础。

③鹤首龙头首先练头，练神经主管系统。鹤首调动任督二脉，龙头调动少阳胆经，都是为了头部。中医讲"脑为元神之府"，西医讲头是大脑皮质所在之处，指挥全身。做鹤首脊柱得以前后运动，做龙头脊柱得以左右运动，它们把整个脊柱都抻动了。医学上讲脊柱两旁有个神经链，一节一节的，做龙头时使脊柱左右拧曲，就对神经链作了柔细、均匀的按摩。鉴于脊柱运动能使血液循环增强，脑循环改善，就可以起到清脑、明目的作用。所以练这一式，上可使中枢神经、大脑皮质真气充足；下可使整个脊柱、脊神经起到按摩作用，为练下面几式打下了基础。

4. 寒肩缩项（融通臂肩）

【动作详解】

①两臂外展：接上式。松开叉腰的双手，转掌心向上，指尖向前，两肘向后靠，掌与前臂成一字（图5-38）；前臂前伸至两肘下垂贴肋，前臂与上臂成直角（图5-39、图5-39附图）；上臂体前上抬（以肩关节为定点，肘为动点，保持上臂、前臂夹角90°），抬至肘与肩平，掌心向内，指尖向上（图5-40、图5-40附图）；两臂向两侧外开、外展，展成两上臂成一字（图5-41），大指带动转掌心向外（图5-42），前臂划弧下落与肩平（图5-43）；前臂起落：以肘为定点，中指带动前臂上起，至前臂与上臂成90°，掌心向外，指尖向上，前臂竖直指天（图5-44）；前臂下落，两手臂还原成一字（图5-45）。前臂起落动作，要求做3次。

图5-38 　　　　图5-39 　　　　图5-39附图

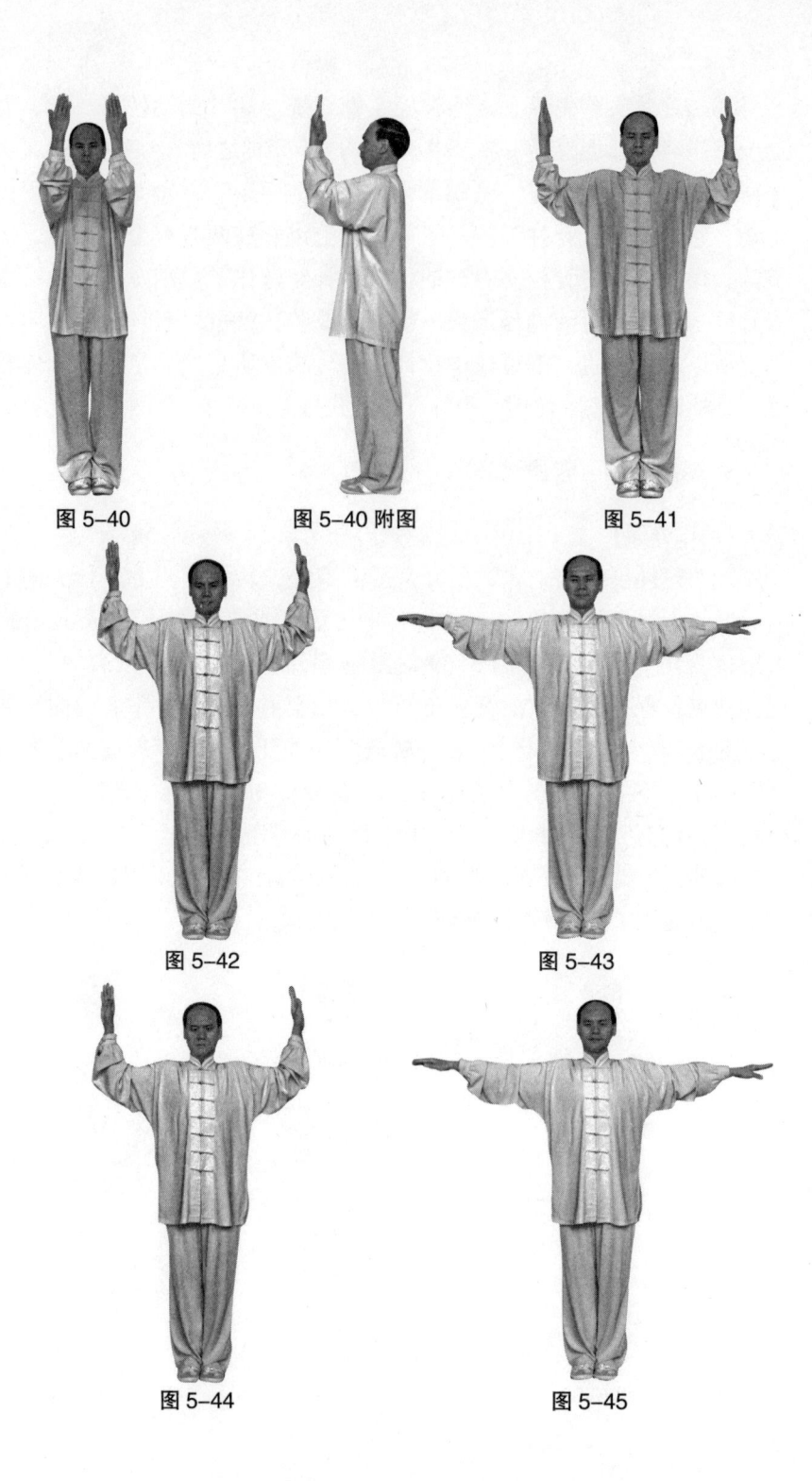

图 5-40　　　　　图 5-40 附图　　　　　图 5-41

图 5-42　　　　　　　　　图 5-43

图 5-44　　　　　　　　　图 5-45

动作要领：做两臂外展的动作，一定要注意外方内圆。初练时，应将每一动作做到位再换势，以帮助记忆行走路线；熟练后，则需注意动作的连贯性，否则容易见棱见角，而且气不易连上。如做上臂前抬，当上臂还未抬平（约剩1/4），双臂便开始外展（动作是带弧形的）；两上臂外展还未展成一字（约剩1/4），掌心便转向外；当掌还未转到掌心完全对向左右两侧时，前臂就自然地下落。

②旋腕：接上势。以手腕关节为定点（上臂、前臂皆不动），用中指尖带着手掌划圆，掌心保持向下。正转：从中位向前、下、后、上划圆（图5-46~图5-49）。旋腕动作要求做到松、慢、圆、匀。完成正转三圈后，回到原位。反转：反转与正转动作、要领相同，方向相反。完成反转三圈后，回到原位，两臂平伸，掌心向下，指尖向外（图5-50）。

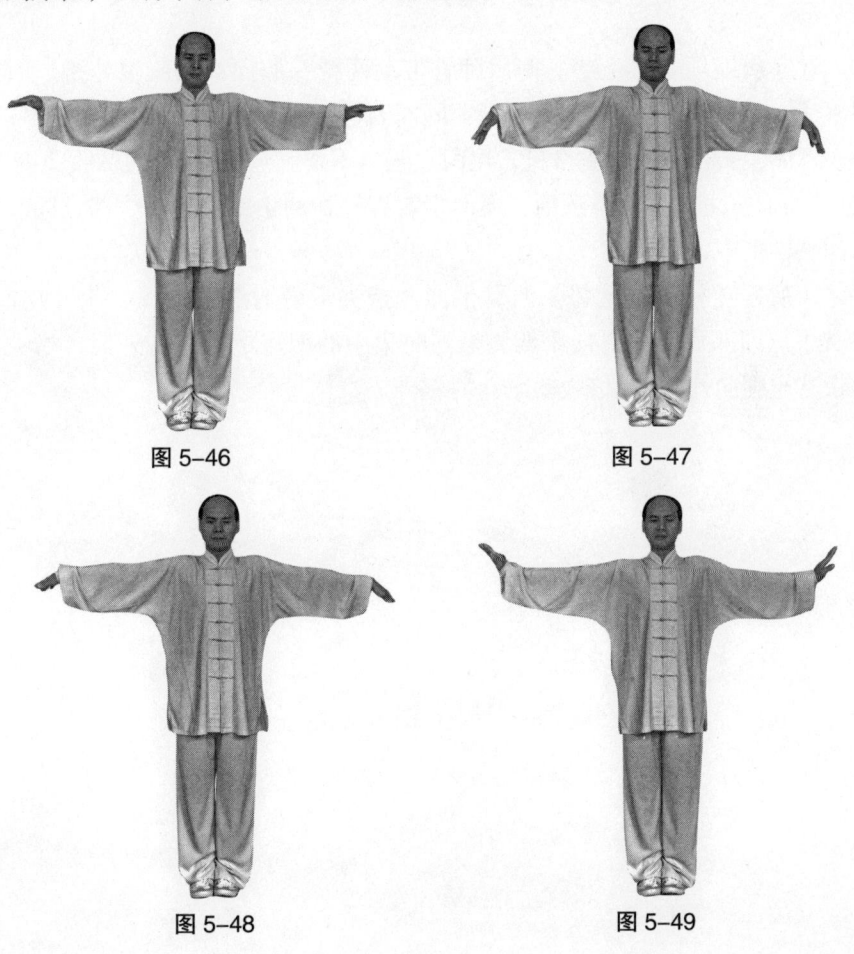

图 5-46　　　　　　　　　图 5-47

图 5-48　　　　　　　　　图 5-49

图 5-50

③寒肩缩项：接上势。两肩胛骨带动两臂一起向第四胸椎处挤，肘微屈下垂，腕不低于肩，五指舒展；同时百会上领，下颌回收，躯干不动，脖子下缩，头微后仰，胸微挺，尾闾上翘（不要大塌腰），小腹微收（图 5-51）。简而言之，头带着颈项，尾闾带着脊柱，两手带着两臂，四点同时向第四胸椎集中。

④肩开项松：接上势。两臂平伸，指尖带着肩胛向外撑，头、尾闾、左右手（即寒肩缩项时向第四胸椎同时集中的四点）同时往外拽，指尖向外带着肩胛向外撑（图 5-52）。

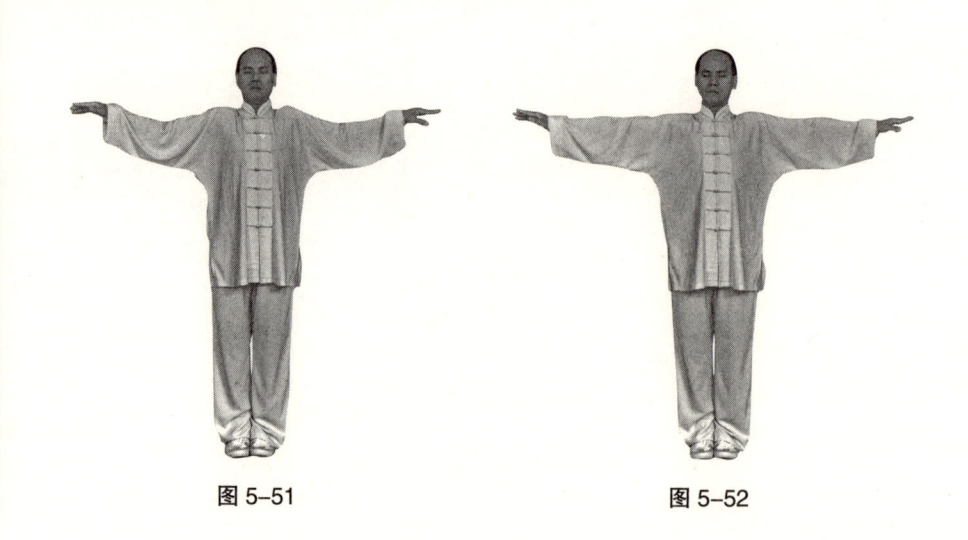

图 5-51　　　　　　　　图 5-52

寒肩缩项与肩开项松两动作，要求循环习练6~9次。

⑤通臂：接上势。两臂做右缩左伸（图5-53），左缩右伸（图5-54）的蛇形运动。

图5-53　　　　　　　图5-54

动作要领：两个相邻关节做上下相反的屈伸运动，比如，右肩胛骨向脊柱移动时，左肩胛骨向左外方移动，同时右肱骨自肩关节向内拽动，肘微下沉，腕自然弯曲，指关节随之运动。通臂动作初练者不宜做好，需要慢慢细心体会。久之，从背、肩、臂、肘、腕以及各节手指都会整体地自然蠕动。通臂动作，要求左右蠕动6~9次，多多益善。

【意境指导】

本式功仙鹤从静止到飞翔。意想头顶青天，脚踩大地，是一个顶天立地的气柱子。

①两臂外展的意境：两臂外展时，上臂前臂保持直角，前臂与手掌要竖直，两前臂始终平行地向外展，到体侧转掌心向外，注意做到开肩开胸，做好这个动作的关键是两肘要向前、向上转拧。

②寒肩缩项的意境：头、尾闾、左右手四点要同时向第四胸椎集中，意想一个圆球在里面鼓荡。寒肩缩项动作如同小鸟学飞，小鸟刚学飞时，脑袋往前够，尾巴往前翘，脚往前蹬，两个小翅膀扑拉扑拉地，两个肩胛骨往一起聚。寒肩缩项动作也像人在发烧、发冷时的打寒战。打寒战是因为人受了冷刺激之后，身体内需要产生更多的热量以适应外界。人体有许

多立毛肌，立毛肌收缩，体内产生的热能就骤然增加，所以受冷刺激便出现打寒战的动作。习练者主动做这个动作，可以把自身的气机调动起来。

③肩开项松的意境：肩开项松与寒肩缩项的动作要求连贯一致。这个动作的关键在于肩胛骨（两肩胛骨中间的部位，平时最不容易得到运动），两肩胛骨往里挤时意想炼炁入骨、入脊（丹田气贴脊，炼炁入脊），寒肩缩项达到了极点后，肩开项松，肩开项松时两手好像伸到无边无际的虚空，达到松筋松骨的意境。

④通臂的意境：通臂可以让肩、肘、腕、掌、指各关节放松，同时也使肌肉、肌腱相对的放松，从而保证了上肢的气机灵活。

【内涵解说】

①前臂左右下落时，以肘为支点轻轻下落，指掌放松划弧，气直达手指，手指会有松沉和酥酥的感觉。以肘为中心，从经络来说，肘是合穴所在处，合穴是通内脏的。前臂上起时用中指带，往起一挺时有松沉的感觉。

②两肩胛骨向脊椎合拢谓寒肩；躯干不动，头微向后仰，收下颌为缩项。正确习练寒肩缩项，好处多多。由于寒肩缩项与肩开项松动作的配合，使两肩胛骨这一部位得到运动，做好了不仅可以使之放松，还可以起到按摩的作用。这里有风门、肺俞、心俞、膏肓等重要穴位，这一动作可以加强这些穴位的功能，从而使心肺的功能得以加强。

③通臂时，两臂做右缩左伸、左缩右伸，大关节蛇行，小关节蠕动。做好通臂动作要注意两点：一是要两臂一起通，不能只注意通一个臂，要有重点。二是两臂要求在水平线上做动作，一屈一伸时臂有高低，高点要在水平线上，低点要在水平线下。做通臂动作时，一个臂的屈和另一个臂的伸是同时进行的，如左肩往右肩推时，右肩臂就由先前的蜷着，慢慢变直往外伸出去，功夫高的可以伸得长出一截，甚至长出半个手掌。同时手指也要有屈伸，把气通到指尖上，否则手指绷紧，经脉就通得不够，虽然觉得手指有气，但气脉没有从内里走。初练者如果动作做不好，可以先抓挠，慢慢就会做了。峨眉十二桩里也有左右通臂动作，而少林通臂拳的通臂动作，是上下、左右、前后旋转的通臂，其肩可以探出很长，这叫抻筋拔骨（松筋松骨）。通臂动作可以单独习练，一次做10分钟、30分钟、60分钟或更长。

【康复指导】

①人的肺属上焦，中医讲："上焦开发，宣五谷味，熏肤充身泽毛，

若雾露之溉，是谓气。"做好本式动作能开发上焦，很快地把气机调动起来，使阳气更加充盛。因此，做好本式动作，对阳气比较衰微，或患慢性疾病、慢性低烧性疾病的人很有好处。

②多做展臂动作对一般的上焦病有益，对防治心血管疾患效果显著。通过做寒肩缩项动作能打开背部三关的夹脊关。本式动作对于开胸、开肩、松肘、松腕、通透上肢都有很好的作用，特别是对于开阔胸部能起很大作用，对于治疗心肺病，如肺气肿、气管炎、心血管疾病等效果较好。

③本式功对于整个上肢的疾病有很好的疗效，对心肺虚弱的人也会带来很大的帮助。要想真正练好这一节功，两个上肢必须放松，做到形松意充，只有很好的放松，才能达到两上肢肩、肘、腕、掌、指各关节意念充斥，使之成为一个整体，气血通畅。

5. 立掌分指（畅通经脉）

【动作详解】

①外撑、内含：接上式。身体中正，两臂平伸成一字（图 5-55）；中指带动立掌，使掌与臂成直角。两掌外撑：用腕部掌根带动两臂往外撑，掌心外突，指根外胀，指肚外撑，指尖往回翘，同时两臂整体的向外开（肩胛、肩、肘都要拉开），命门向后放松（图 5-56）；肩胛内含：用肩胛带动手臂回缩，保持两臂水平伸直及立掌（图 5-57）。外撑、内含动作，要求做3次以上。

图 5-55　　　　　　　　　图 5-56

图 5-57

②分指、合指：接上势。两臂轻轻撑住。分指：大、小指同时分开（图 5-58），二、四指同时分开，动作要慢、要匀，尽量分大些（图 5-59）；分指动作结束后掌臂外撑（外撑动作要领同①）。而后放松合指：二、四指同时合（图 5-60），大、小指同时合（图 5-61），要慢、要匀。分指、合指动作，要求做 3 次以上（分指、合指动作可以单独习练）。

图 5-58　　　图 5-59　　　图 5-60　　　图 5-61

③勾手：接上势。松腕，掌心向下，指尖向外（图5-62）；两指掌逐节下抓，卷曲如钩（图5-63），指尖逐渐内收，五指指腹自然相接（图5-64、图5-64附图），向掌心内上提，提到不能再提，呈半握状（图5-65、5-65附图）；以腕为轴，两手上提，手与臂成直角（图5-66），手指从根节、中节、稍节逐节舒展开，掌心向外，指尖向上（图5-67，图5-68）。勾手整体动作，要求连续做3次以上。

图 5-62　　　　　　　　　图 5-63

图 5-64　　　　　　　　　图 5-64 附图

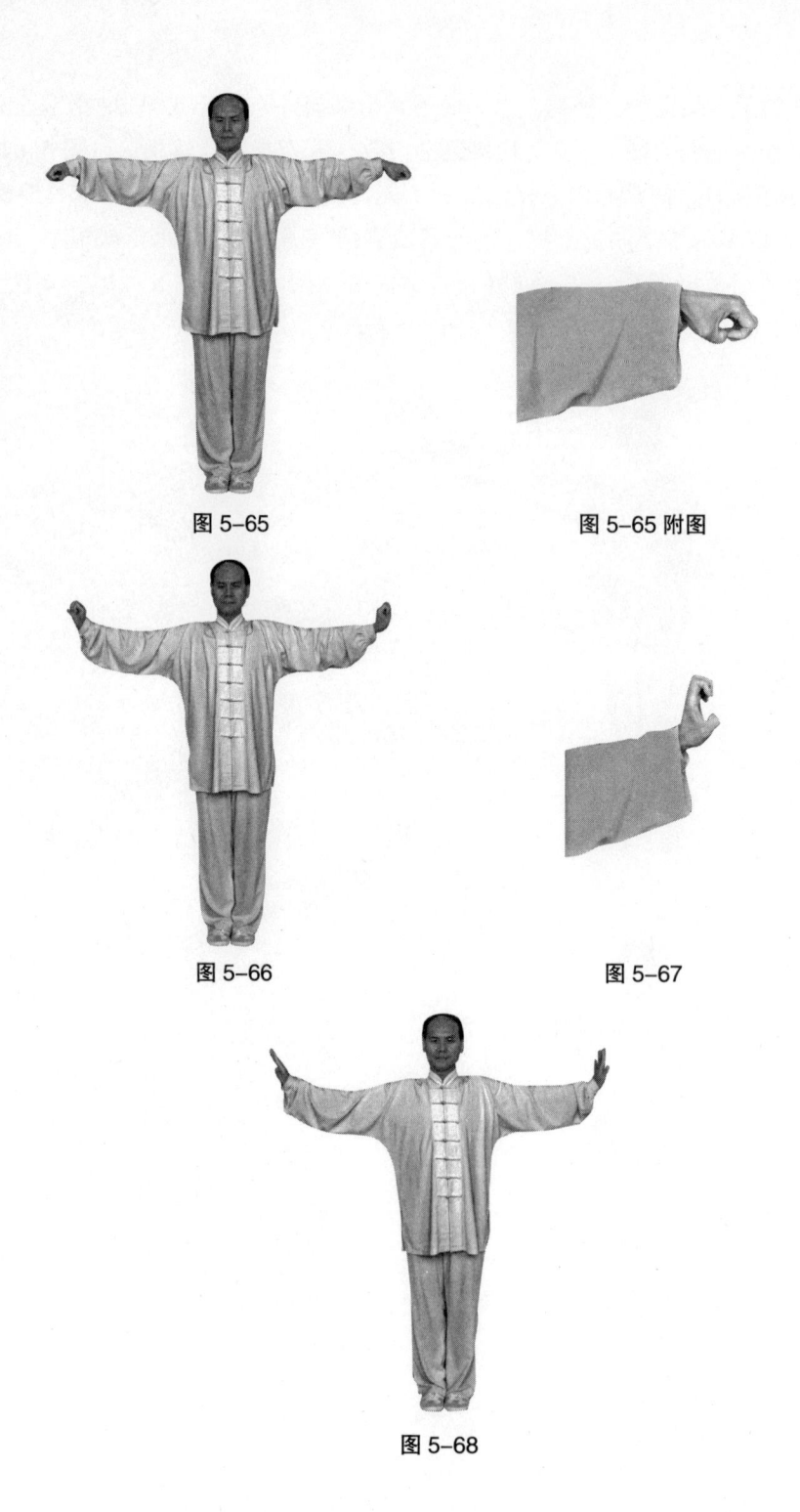

图 5-65 图 5-65 附图

图 5-66 图 5-67

图 5-68

混元太极拳拳学

④通臂：接上势。通臂动作要求两臂做左缩右伸（图 5-69），右缩左伸（图 5-70）的蛇形运动。动作要领与 4.相同，左右蠕动 6~9 次。

图 5-69　　　　　　　　　　　图 5-70

【意境指导】

①外撑、内含的意境：两臂外撑时意念向外开，同时用两肩向外抻，胳膊要直，手掌要尽量往外撑，指尖尽量往回翘。这样手指缝间会有"酥酥"冒气的感觉。内含时意想虚空、场内的混元气源源不断地向里渗透。

②勾手的意境：做勾手动作意念放在手指尖。下抓时从指尖第一节开始，逐节弯曲，指尖用内力下抓。下抓时并非腕部使劲往里扣，而是五指向掌心合，似乎合到手掌里，这样合能使下面的筋绷得很紧，上边的筋放松，如果做成腕往里扣，拉力就会变小。手指上起时要自下而上逐节慢起。这样做气血可以冲到指尖，把手指上的经脉冲开，使手指末端的气充盈畅通。在习练的过程中意想炼炁入骨，百脉畅通的意境（经络气血通畅，骨骼坚固，关节灵活，韧带柔软）。

【内涵解说】

①习练本式时，两臂必须平伸。检查两臂的平与不平不能用眼看，而是凭感觉。两臂放松，若手觉得沉，肩觉得轻，是手偏低；若手觉得轻，肩觉得沉，是手偏高。通过这种方法可以调整、维持平衡。本式功的动作开始时（初练者）不宜多练，有的人练多了上臂和前臂会痛得厉害，习练者应循序渐进。

②初练者常常会觉得立掌困难，可以在日常多行练习：方法一，把手掌贴在一个比较平的面上（或墙上或桌上，也可以放在大腿上），将臂垂直于平面用力按掌。方法二，走路时立掌拉气，意注指尖用力回翘，掌心外突。认真习练，慢慢的就能起到强化立掌的作用。

③分指动作主要运动手三阴经（从胸走臂、手的内侧），故气机在臂的下面，会有微胀感。此动作对于调动经络之气，通透上肢有很好的作用（手三阴经即手少阴心经，手厥阴心包经，手太阴肺经）。

④勾手动作是掌指的蠕动和开合，着重小关节的运动。其主要运动手三阳经（从手走臂、头的外侧），故臂上面有酸胀感。分指与勾手动作的结合，起到了阴阳相济的作用，练此式可运气达于指端（手三阳经即手太阳小肠经，手少阳三焦经，手阳明大肠经。）。

⑤立掌分指动作看似简单，其实不然，它借鉴了武功里朱砂掌、鹰爪功的功夫。内功深厚的人练立掌外撑动作可以练成朱砂掌。勾手动作是练鹰爪力的功夫，功夫高者指掌卷曲如钩就像五把钢钩一样上提，若加练内功指掌插铁砂，内外功夫相合，击人力量无比。

【康复指导】

①5.与4.配合习练，能起到调动手三阳经、手三阴经的作用，它着重于调动经脉的井穴，井穴是混元气进入经脉的重要部位。所以通过习练5.和4.，抻动手三阳经、手三阴经，对经脉的根梢起到作用，能促进经脉气的流通。

②这一式的适应症与4.相类似，以横膈以上的病为主，对大小肠病、慢性肠胃炎、功能性腹泻效果也很好。此外对改善脑血管、脑神经功能也能起到很好的作用。

6. 气意鼓荡（臂肋坚固）

【动作详解】

①两臂圆撑：接上式。身体中正，两臂平伸（图5-71）；两臂于体侧慢慢下落，两手插入地下虚空，捧气上升，至胸前合十（图5-72）；两手边十指交叉边上举至额前（图5-73），两臂内旋，转成掌心斜向上，两臂向前上方圆撑（肩、肘、腕、掌、指各部都要由内下向外上微翻转，向前上方撑出），两臂围成长圆形，手背对向前额（图5-74、图5-74附图）。

图 5-71　　　　　　　　　图 5-72

图 5-73　　　　　图 5-74　　　　图 5-74 附图

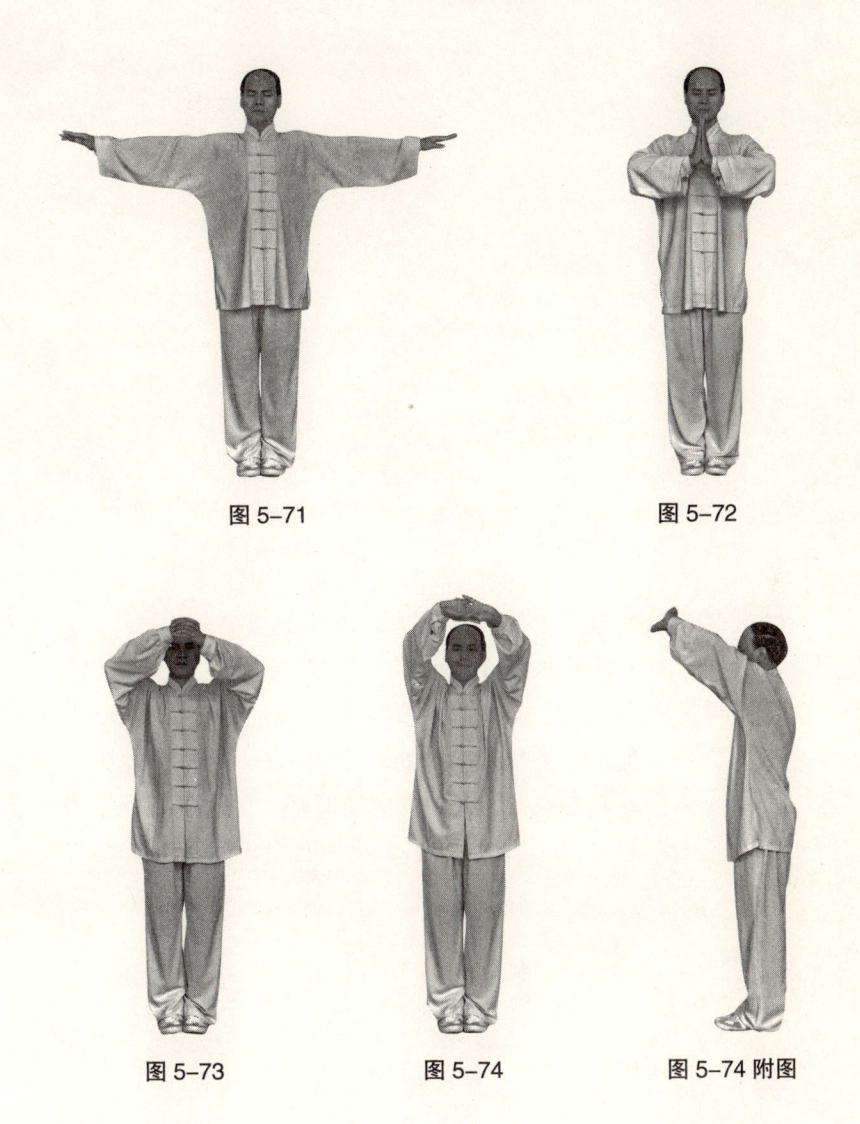

②右肋鼓荡：接上势。以腰带动身体左转 90°，左臂带右臂随之转动，同时左上臂沿左耳方向下落至与左肩平；右上臂转至右耳旁，两臂之间保持圆撑，掌额间距一拳远（约 10 厘米）（图 5-75）；用丹田气冲击右胁肋（右肋鼓荡明劲、暗劲同时用，丹田气推肋、肋推肩，肩带肘、腕，带动身体向右微震动），两臂围成的圆环，呈右高左低，保持圆撑（图 5-76）。

图 5-75 　　　　　　　　　　图 5-76

③左肋鼓荡：接上势。上体转至前方，然后继续右转 90°，右臂带左臂随之转动，同时右上臂沿右耳方向下落至与右肩平，左上臂随之转至左耳旁，两臂之间保持圆撑，掌额间距一拳远（约 10 厘米）（图 5-77）；用丹田气冲击左胁肋（左肋鼓荡明劲、暗劲同时用，丹田气推肋、肩，肩带肘、腕，带动身体向左微震动），两臂围成的圆环，呈左高右低，保持圆撑（图 5-78）；完成最后一次转体动作后，身体转向正前方（图 5-79）。

图 5-77 　　　　　图 5-78 　　　　　图 5-79

动作要领：第一，转动时保持身体中正，手掌始终对向额头，眼与两手交叉处的相对位置保持不变。第二，两臂围成的圆环随动作呈长扁变化，当身体是正身站立时，手与头的距离最远，呈长圆状；身体转至两侧时，圆环呈扁圆状，这时手与头距离最近。左右转体鼓荡动作，要求做18~36次。

【意境指导】

做左右旋转鼓荡动作时，要求意念用丹田气冲击胁肋。初练气意鼓荡往往会觉得要领不易掌握，动作别扭。以下四步动作可以帮助习练者尽快找到感觉，掌握要领。

①两掌敷肋鼓荡：首先将两掌敷于两肋部，拇指尖置于乳下靠外（掌心所敷之处即为鼓荡的主要部位），意念用丹田气冲击一掌所敷之肋（肋有所动）。当习练时感觉到丹田及两肋有气感了可以进入第二步。

②两手下垂鼓荡：两脚踩气分开，与肩等宽，不抬臂做用丹田气直接冲击胁肋的动作。好像身旁贴站着一个人，意念用丹田气冲击胁肋，肋一鼓荡就把这个人一下挤出去（开始动作可以做大一些）。当感觉到丹田及两肋有一定能量了就可进入第三步。

③两手交叉撑肋：两手十指交叉上升至额前，两臂围成圆环习练转体撑肋动作（不做鼓荡）。动作中体会撑劲，在每一个转体的最初，注意肩翻肘拧，意念把气从丹田送到肋，进而送到臂（这样肋肩是一个整的劲）。当感觉到丹田及两肋的真气能向上肢运用，肋一撑就能把气送到臂上去（气充入臂如同轮胎充气），就可以进入第四步。

④两手握拳鼓荡：两臂放松体前抬起，胸前围成圆环，两手握空拳，拳眼向内。身体左转，右肋鼓荡（能自然地用丹田气冲击右胁肋，右肋推右肩，整个肩臂被推动向右上方甩起）；身体右转，左肋鼓荡（要领与右肋鼓荡相同）。悉心体会，久而久之，功到自然成。

【内涵解说】

①气意鼓荡动作，把丹田气鼓荡到两肋，从两肋鼓荡到两臂，使胁肋部得到气的充养。人体两肋是气机传导的重要部位，身体两侧为少阳经脉经过之处，其气弱，故胁肋部的抗御力量较身体别处弱。混元气充实两肋，进而达于两臂，可使胁肋、两臂坚实。少林功夫的练法是先练马步桩，内气充足后，拿铁条、沙包拍打自己的两肋，名曰"单鞭搥肋"。混元太极以健身养生为主，认真习练内气（意气）鼓荡，同样可以达到目的。

②初练本式功可以先用明劲法（用点力量）；熟练之后就要注意动作的刚柔相济（明劲、暗劲同时习练）。初练时，两臂圈成的圆弧拉长与回缩主要是依形而动；熟练后要以意带气，以气带形，从丹田鼓荡至两胁肋连及肘臂。

③《易筋经》膜论曰："故炼筋必须炼膜，炼膜必须炼炁。然而炼筋易而炼膜难，炼膜难而炼炁更难也。先从极难极乱处立定脚根，后向不动不摇处认斯真法。务培其元气，守其中气，保其正气，护其肾气，养其肝气，调其肺气，理其脾气，升其清气，降其浊气，闭其邪恶不正之气。勿伤于气，勿逆于气，勿忧思悲怒以损其气。使气清而平，平而和，和而畅达。能行于筋，串于膜，以至通身灵动，无处不行，无处不到。气至则膜起，气行则膜张。能起能张，则膜与筋齐坚齐固矣。"又曰："内与外对，壮与衰对，壮与衰较，壮可久也，内与外较，外勿略也。内壮言坚，外壮言勇。坚而能勇是真勇也，勇而能坚是真坚也。坚坚勇勇，勇勇坚坚，乃成万劫不化之身，方是金刚之体矣。"气意鼓荡不但要炼气，而且要炼膜，一层一层地从外向里练，又一层一层地从里向外透（皮、肉、筋、脉、骨层层通透），这才叫真正的气意鼓荡，炼炁入骨，百脉畅通。

【康复指导】

①按混元太极健身养生的练法，用丹田内气鼓荡到两肋，使"两肋空松气腾然"，由此可调动少阳之气、胆经气机的生发，增强两肋的功能。肋骨连接脊骨和胸骨，强化两肋，进而达到炼炁入骨，增强人的生命力。丹田内气鼓荡能起到腾膜的作用，两肋气足了对开天门也有帮助。

②练本式功对肝胆的病、胸膜的病、肋膜炎等都有非常好的效果。有些人患腹膜炎后遗症、肠黏膜粘连，练本式功症状将会明显的改善。

7. 俯身拱腰（松通督脉）

【动作详解】

①上举、揉腕：接上式。交叉的双手上举至头顶上方，掌心向上，两臂伸直轻轻上拔（图5-80）；揉腕：肩臂放松，交叉手如托物，在头顶正上方轻轻地揉动，两腕交替沿前、上、后、下的方向划立圆。左腕向前、向上时，带着左肩向上拽，左臂伸直，同时右臂向后、向下放松，右肘微屈（图5-81）；然后右腕向前、向上，带着右肩向上拽，右臂伸直，同时左臂

向后、向下放松，左肘微屈（图5-82）；两腕交替划圆抻动中，注意保持开胸，收腹，腰向后放松，百会上领，下颌回收，尾闾下垂。揉腕动作，要求做3~6次。揉腕结束后，回原位。松开交叉手，转掌心向前，指尖向上（图5-83）。

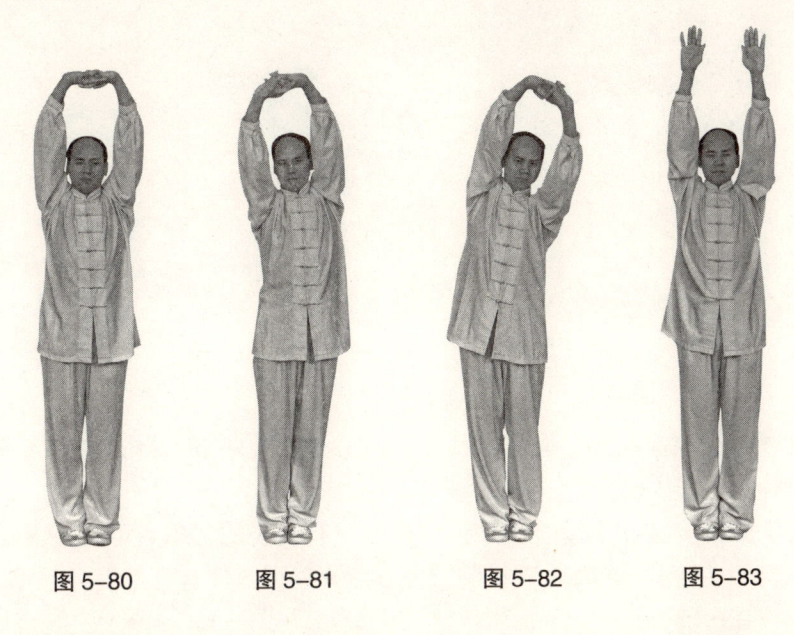

图5-80　　图5-81　　图5-82　　图5-83

②整体慢下：接上势。两臂伸直贴耳，轻轻上拔，把身体每一个关节都牵拉开（图5-84）；全身放松，使上肢、颈项、胸背、腰、下肢依次放松（熟练后似水从头顶灌至足），把拔起的气贯到全身各部（图5-85）；收下颌，头前倾，下颌贴胸，沿胸向下，带着脊柱逐节向下卷曲。首先七节颈椎节节分明地卷曲而下（图5-86），而后十二节胸椎逐节卷曲而下（图5-87），最后是腰椎、骶椎下（图5-88）；在慢下的过程中，注意脊背向上、向后拱，头往里扣，两手向前、向下拽着上体往下卷。

图5-84

第五章　易筋易骨形神桩义解

图 5-85 　　　　图 5-86 　　　　图 5-87 　　　　图 5-88

③收腹拱腰一：接上势。当腰弯到位时，掌心向下，指尖向前，掌根靠近脚趾，两臂放松。

两掌脚前下按：下按时，额头贴小腿（有功夫的习练者可将头沿腿上提，以舒适为度），同时收腹拱腰（图5-89），头部带着脊椎慢慢地蠕动。两掌下按3次。

两掌左侧下按：提胯、收腹，以腰带动上体左转约90°，两臂随体转至脚的左侧，掌心向下，掌根靠近左脚外侧，指尖向左，两掌下按3次（动作要领与脚前下按相同）（图5-90）。

两掌右侧下按：提胯、收腹，以腰带动上体右转约180°，两臂随体转至脚的右侧，掌心向下，掌根靠近右脚外侧，指尖向右，两掌下按3次（动作要领与脚前下按相同）（图5-91）。

图 5-89 　　　　图 5-90 　　　　图 5-91

身体转回正前方，两手沿脚的外侧向后拢气，至脚后捏脚后跟腱，身体重心移于前脚掌，精神集中，用拇指、食指、中指慢慢点按揉搓脚后跟腱。额头贴小腿上提（头沿腿上提，随着功夫的提高头可沿小腿上提至膝部、大腿），同时收腹拱腰（图5-92、图5-92附图）；额头贴腿上提的动作，要求做3次。完成后松开两手，沿脚的外侧向前拢气，回至脚前，掌心向内，指尖向下（图5-93）。

图5-92 　　　图5-92附图 　　　图5-93

④整体慢起一：接上势。脊柱从骶椎开始逐节上拱（上拱前臀部先往上微翘，然后尾闾一扣），一节一节地向上，同时两手臂贴近两耳如提重物，随身体而起，先腰椎起（图5-94），胸椎起（图5-95），再颈椎直起（图5-96），而后头微后仰，玉枕穴放松，两臂向上自然伸直，掌心向前，指尖向上（图5-97、图5-97附图）。

图5-94 　　　图5-95 　　　图5-96

第五章　易筋易骨形神桩义解

243

图 5-97 　　　　　图 5-97 附图

⑤自然松动一：接上势。以腰带动，身体前后自然地松动，向前松动（图 5-98、图 5-98 附图），向后松动（图 5-99、图 5-99 附图）。前后松动动作做 5~7 次，一动全身无处不动，上下揉动，左右开合，从上到下，由里至外，通透放松。

图 5-98 　　　图 5-98 附图 　　　图 5-99 　　　图 5-99 附图

动作②~⑤循环习练 2~3 次，而后再做下面的动作（以下做收腹拱腰要求两手两侧下按）。

⑥整体慢下二：接上势。重复动作②。

⑦收腹拱腰二：接上势。当腰下到位时，两手分别放在两脚的外侧，指尖向前，两掌按地（随着功夫的提高，两掌可向后移），上身贴紧绷直的两腿，重心前移，百会向下，尾闾指天，收腹拱腰（图5-100）；动作姿势持续约 1 分钟，完成后身体放松，掌根离地（图 5-101）。

图 5-100　　图 5-101

⑧整体慢起二：接上势。重复动作④。

⑨自然松动二：接上势。重复动作⑤。动作⑥~⑨循环习练 3~5 次。

⑩拢气下落：接上势。做好最后一次的自然松动后，转掌心相对（图5-102），两掌拢气，体前贯气下落。两掌下落至额前，掌心向下，指尖相对（图 5-103）；下落至胸前，转掌心向内（图 5-104），沿肋弓分手变叉腰（动作要领参照 3.动作①）（图 5-105）。

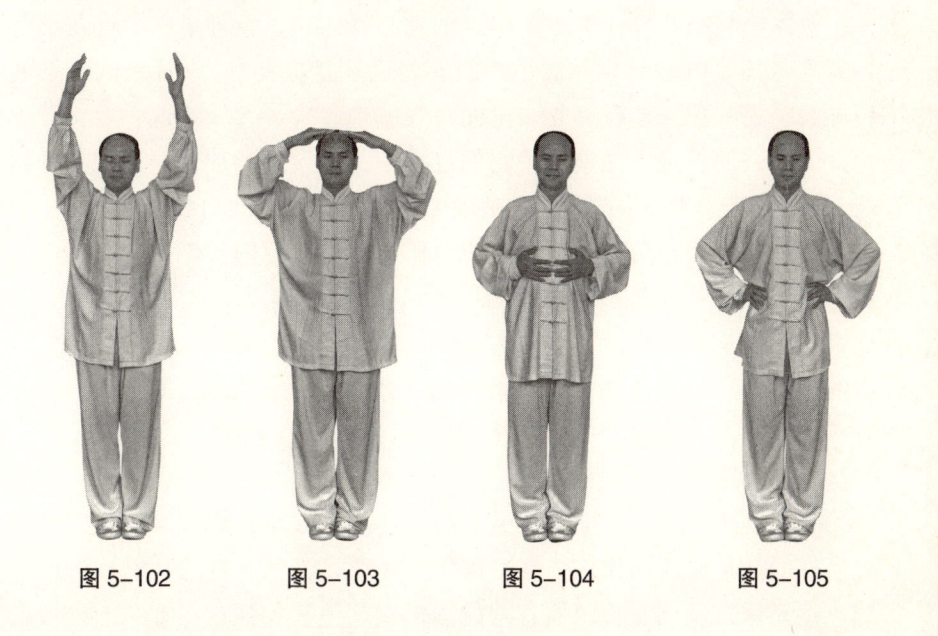

图 5-102　　图 5-103　　图 5-104　　图 5-105

【意境指导】

①上举、揉腕的意境：两臂围成的圆环上举揉腕时，要尽量将手向上拽，意想手腕在上方虚空中揉转，虚空的混元气源源不断地收入体内。随着功夫的提高，划立圆时手腕不仅牵动肘、肩，还要牵动胸、肋、胯、膝、踝各关节随之旋转，待功夫进一步上长后，要牵动脚心一起揉转，打开涌泉穴，把地下虚空的混元气通过涌泉穴收入体内，这样才能达到上下内外一气贯通。

②整体慢下的意境：整体慢下时，注意速度越慢越好，要认真体会体内气机的变化。脊椎逐节卷曲而下时，手与头向前、向下，背部同时向后、向上，每一节脊椎在卷曲拉开的过程中，都要体现出"二争力"，即一边牵拉一边俯身向下，这样把每一节脊椎和周围的韧带都牵拉开。在此过程中意念始终向里敛气，意想真气由椎间隙进入椎管内。在脊椎卷曲而下的同时，把脊柱两侧的膀胱经也松开。随着脊椎的屈伸开合、督脉上下运动，整个脊柱及其两侧组织的功能都得到了调整。

③收腹拱腰的意境：收腹拱腰时，要注意用丹田吸气，即在吸气的同时提前阴，收小腹，用丹田气去贴命门，意注脊柱，气机内敛。在吸气的过程中，以腰带动脊柱往上拱。

④整体慢起的意境：整体慢起要做到心静体松，精神集中。准备上起时，意念丹田真气运行至尾闾（由丹田经会阴走向尾闾），让尾闾先动起来，尾闾一松一扣，还没有起，里面真气就动起来了，做到这一点，即可达到整体功夫的长进。在整体慢起的过程中，要做到形神合一，把拉开的脊柱一节一节地合拢，同时把脊柱两侧的膀胱经及穴位也合住。

⑤自然松动的意境：自然松动的动作虽简单，但内含炼炁入骨、敛炁入髓之诀窍。从形体来讲，是练松筋松骨，形体动作以腰为主宰，腰一动，脊柱也蠕动，从而脊柱带动全身大小关节也随之上下揉动，左右开合，这是形的整体性。而从意念引气来说，是"意引气、气引形、形引气、气动意"，是形、气、神的内外整体练法。

【内涵解说】

①俯身拱腰法是以锻炼脊柱为主的内功习练方法，对于混元太极习练者有很好的深化修炼的作用。在形体上，主要是强化脊柱的功能，进而使大脑（意元体）及周身组织器官功能均得以调整和加强；在意念上神气合

一，使精神直接转化为能量，从而使人体的整体功能进一步得到开发。

②整体慢下的要求是先收下颌，下颌回收找喉头，喉头向后向上找玉枕，玉枕向上找百会，百会虚悬。当下颌开始沿胸向下时，要把颈椎的第一节先动起来，里面的气也就跟着动起来了。第一节颈椎活动开了，下面的每一节脊椎就都能自然地被牵拉开。意念向里敛气，这样对治病、健身均有很好的帮助。通过这个动作，不仅可以把整个脊柱拉开，而且脊柱的各条韧带都能运动开，头也得到了运动，从而调整了整个神经系统。

③初学者与老同志不能心急，重心不要过于前移，应自然放松地做动作。当弯腰有困难时，双手可以微微地往下抓一抓，带动身体慢慢地往下弯，然后以腰带动身体左右转一转，轻轻地拍一拍腿、腘窝，这样就能疏通经络气血，使关节灵活，韧带柔软，以帮助弯腰。当腰弯到一定程度再弯不下去时，可以把小腹收一收，意念丹田气贴脊，意到气到，气足腰松，腰椎一松就容易弯下去了。这是炼炁入骨、入脊及松腰、松胯之诀窍。注意不要急于求成，要量力而行，循序渐进，功到自然成。

④本式主练督脉，兼练足太阳膀胱经。俯身拱腰既可松动脊柱各椎骨，又能抻动两侧足太阳膀胱经，而伸腰则可以加强背部肌肉、筋膜、脊柱韧带等的收缩能力，是武术中炼炁入骨的重要方法，也是封闭周身穴道的基本锻炼内容。

【康复指导】

①本式对整个脊椎的病、背部肌肉的病等都有明显的治疗作用，如颈椎病、椎间盘突出、椎管狭窄椎体骨质增生等。练功时，椎体及其小关节逐节牵拉张开，能起到椎体牵引的作用，使椎间隙增宽，可以减轻椎管内的压力。再通过自然松动，脊柱柔和地运动，逐渐调整椎间盘的位置，使突出的椎间盘减轻对脊髓、神经的压迫，从而达到治疗脊柱疾病之目的。没有病的人认真练本式功，对脊柱也有较强的锻炼作用。

②习练本式功还具有开关通窍的妙用。头面贴紧绷直的两腿，腰部上拱时，四肢用力，敛气入骨，整个上肢（肩、肘、腕、手）和下肢（髋、膝、踝、脚）的关节韧带均能抻动、松开、"节节贯通"，上下肢气血充足通畅，因而四肢及关节的各种疾病均能得以治疗。

③患高血压的病人往往不敢练本式功，其实只要做好慢慢地下、慢慢地起和自然松动，渐渐地进入虚静的状态，意气内敛，阴阳调和，血压就

会慢慢地降下来。只要认真习练，悉心体会，效果是非常显著的。

④练拱腰时，要求头面尽量贴腿，主旨在于松腰，丹田气贴脊，先天气场打开，下丹田真气充足，这样能使形体得到更多的真气充养，使生命力旺盛，为各种疾病的康复创造有利的条件。此正所谓"正气存内，邪不可干"，"精神内守，病安从来"。

8. 转腰涮胯（真气归田）

【动作详解】

①外分下蹲：接上式。两脚尖外开，两脚约成90°（图5-106），而后脚跟分开，两脚平行站立，约与肩等宽（图5-107）；百会上领，身体中正，屈膝微下蹲，躯干与大腿成钝角，膝关节不超过脚尖，全身放松（图5-108）。

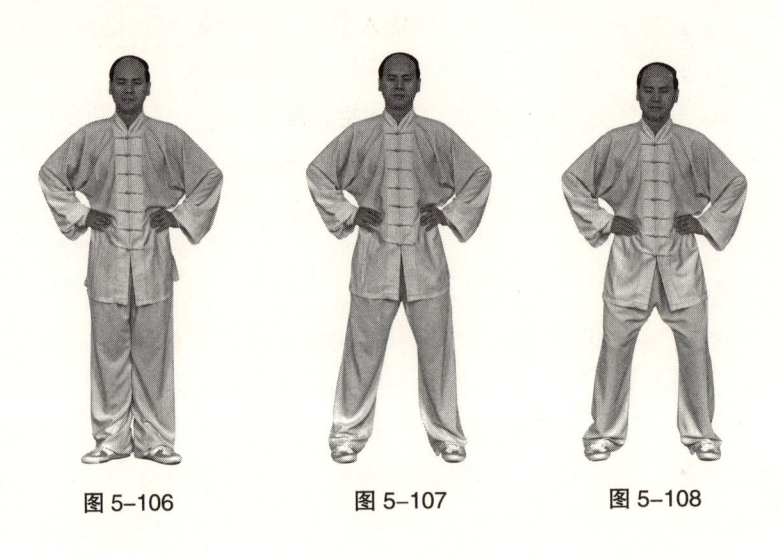

图 5-106　　　　图 5-107　　　　图 5-108

②八方转腰：接上势。以两胯（髋关节）为支点，以尾闾骨为动点划圆，尾闾带着骨盆轻度倾斜旋转；左转，方向是尾闾由中位向前（图5-109）→左前→左（图5-110）→左后→后（图5-111）→右后→右（图5-112）→右前→前，要求旋转18~36圈，完成左转后尾闾回中位；右转，方向是尾闾由中位向前→右前→右→右后→后→左后→左→左前→前，要求旋转18~36圈，完成右转后尾闾回中位。

图 5-109　　　　　　　图 5-110

图 5-111　　　　　　　图 5-112

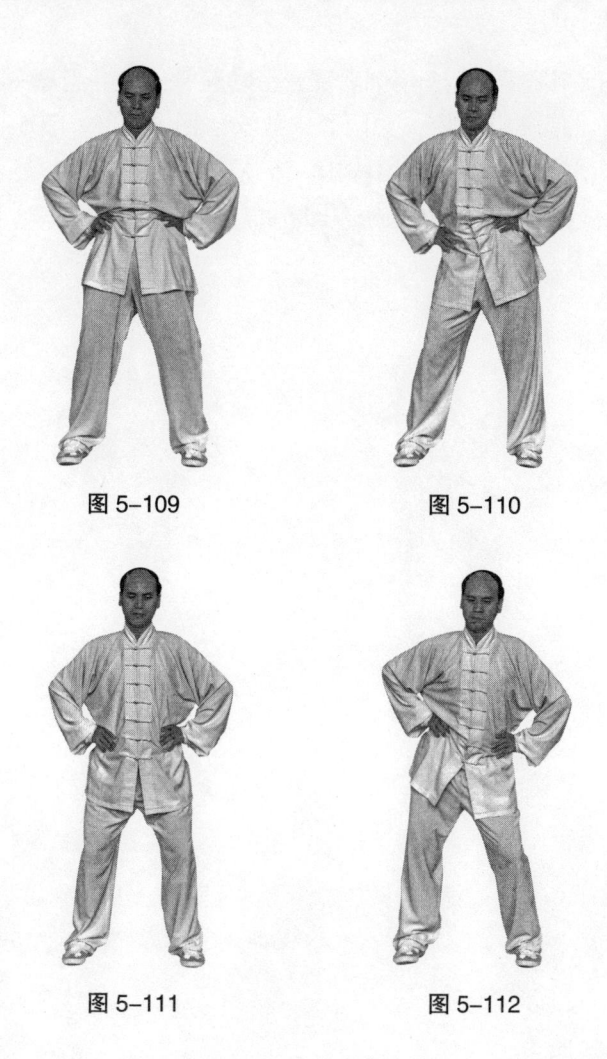

动作要领：初练者首先要把八个方位都转到，可以把两脚间的距离放宽一些，蹲得低一些，把圈转得大一些，这样转虽然难度大，但宜合度。熟练后，用两大腿支着，两胯带着骨盆转有倾斜度的圆。丹田内气动了之后，胯骨不用力，意念丹田与尾闾相融，从丹田里边转动，把丹田、尾闾的气结合起来转小圈，小圈在外形上看不明显，但效果比转大圈好。本式功可以单独习练，左右各转 36~72 圈，如果一次性能转 30~60 分钟更好，悉心体会，内有妙境。

③扣翘尾闾：接上势。尾闾前扣，带动胯骨向前，同时收小腹，扣至不能再扣时，通过臀部与会阴的肌肉收缩，使之再往前扣，要求扣到极点

（图 5-113、图 5-113 附图）；尾闾后翘，带动胯骨向后，当翘到不能再翘时再用力翘一下，使腰眼挤住，会阴肌肉放松（图 5-114、图 5-114 附图）；尾闾前扣后翘动作，要求循环习练 18~36 次，动作结束后，尾闾中正，百会上领，身体慢慢直起，全身放松（图 5-115）。

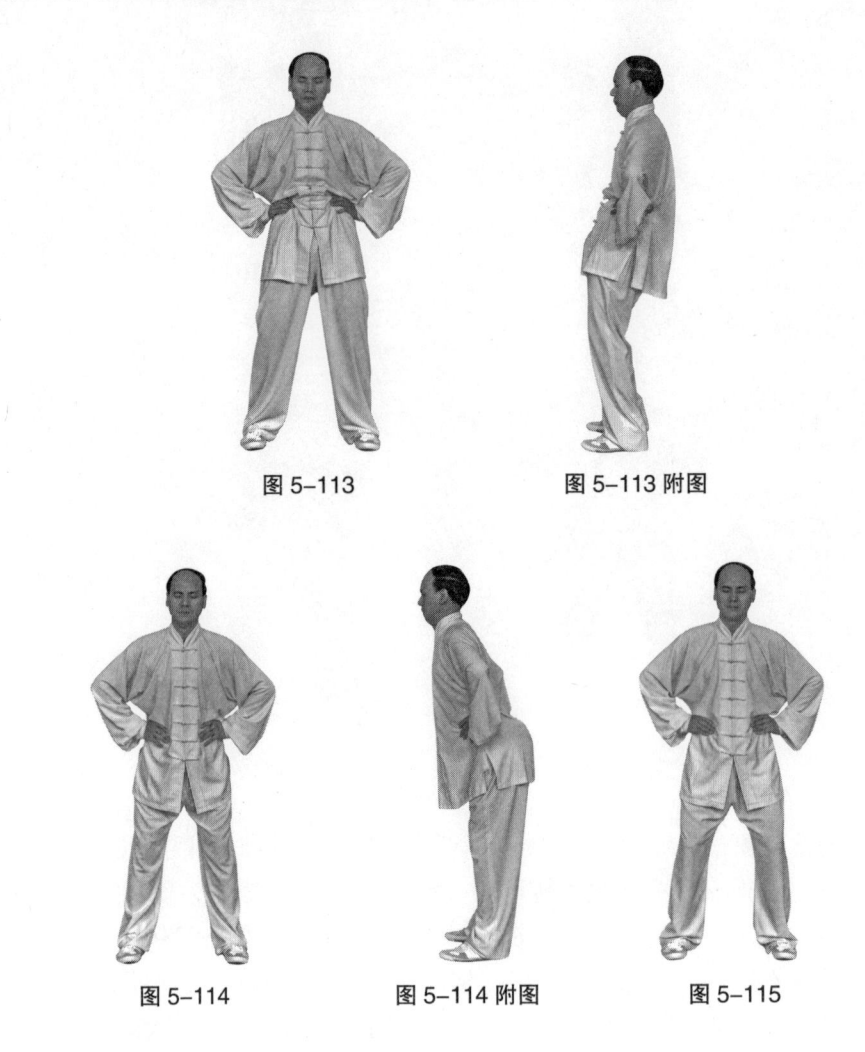

图 5-113　　　　　图 5-113 附图

图 5-114　　　图 5-114 附图　　　图 5-115

【意境指导】

①外分下蹲的意境：两脚踩气分开时，要带着意念运行，意想两腿是两根气柱子插入地下虚空，真气由丹田上下贯通。屈膝下蹲时，注意膝关节不超过脚尖，意想虚灵顶劲、气沉丹田、落地生根。

②八方转腰的意境：旋转中必须注意八个方位都要转到，这样才能牵动全身各关节、经络之气与丹田相连。意想十二经、十五络连于丹田，达到内外相合。比较敏感的人做转腰涮胯，能体会到热呼呼的能量往丹田、两肾、脊柱里走，意注体内，会进入一个若有若无、混混融融的状态，进而体会到天、地、人相合，精、气、神相融的境界。

③扣翘尾闾的意境：尾闾骨向前扣、向后翘带动骨盆做前后摆动时，要借臀部与会阴部肌肉收缩、放松来完成整体动作。在前扣时提前阴，收小腹，丹田气贴脊，意想扣到混元窍里面，体会身体里面空空的状态，这是神入气中，气包神外的意境，使真气内敛到两肾里去，强化两肾的整体功能。后翘时意想脑中心，有时能体会到虚灵明镜的状态，这就是还精补脑的现象。通过前扣和后翘，以意引气，意到气到，气足腰松、窍开。

【内涵解说】

①本式取名为"转腰涮胯（真气归田）"，就是要求大家在练习中达到真气归于下丹田。做转腰涮胯时，尾闾的运动是关键。比如左转腰，开始尾闾下垂，由中位向前，尾闾前扣，会阴上提，收小腹；左前，尾闾向左前扣（旋转），同时小腹拱向左前；向左，骨盆重心移至左胯，左胯高，右胯低，左胯实，右胯虚，臀向左突；左后，尾闾向左后翘；后，尾闾尽力向后翘，把腰眼挤住，会阴放松；右后，尾闾向右后翘；向右，骨盆重心移至右胯，右胯高，左胯低，右胯实，左胯虚，臀向右突；右前，尾闾向右前扣，小腹拱向右前。

②本式功，可收到松腰、垂尾闾、运动尾闾、封闭会阴的作用，一方面，为开拓丹田领域开创了条件，从而把真气引归贮藏于丹田；另一方面，运动尾闾可启动真阳之气，使之沿督脉上升，达到炼精化炁、还精补脑，还能够帮助松开腰俞穴、腰椎关节、骶骨关节。

【康复指导】

①习练本式对下焦的病如妇科、生殖系统、泌尿系统的病有较好的疗效，特别是一些老年人有小便不净或夜尿频多等肾气不足的病症，练这式功效果很好。

②对于心、肝、脾、肺、肾、皮肤、肌肉和内分泌系统及循环系统等疾病也都有很好的康复作用。

9. 平足开胯（分松前后）

【动作详解】

①开前胯：接上式。以两脚跟为定点，左脚尖外撇 90°，右脚尖外撇 90°，两脚约成一字，足跟相对，两脚距离略宽于肩，两腿伸直，身体中正（图 5-116）；松开叉腰的两手，转成掌心向上，指尖向前，两肘后靠；前臂前伸，两肘下垂，贴于两肋，上臂和前臂成直角（图 5-117）；上臂前抬，同时两肘微向内合，两掌升至额前，掌心对印堂，前臂向上，手指指天，肘距略小于肩（图 5-118）。

展臂：两臂内旋，转成掌心向外（拇指位于印堂前），同时上臂向两侧外展至体侧（图 5-119、图 5-120），两臂渐渐下落成一字（图 5-121）。

图 5-116　　　图 5-117　　　图 5-118

图 5-119　　　图 5-120　　　图 5-121

通臂：两臂做右缩左伸（图 5-122），左缩右伸（图 5-123）的蛇形运动。通臂动作要求左右蠕动 6~9 次。结束后两臂平伸。

图 5-122　　　　　　　　图 5-123

本式通臂动作与 4.相类似，所不同的是，本式的通臂是两臂带着上身和腰、胯、腿自然放松地左右运动。初练者学习通臂动作，可以先体会两脚平行站立时，两臂带动身体左右摇动的感觉。注意不要用腰拱着动，要用通臂带动全身整体地摆动。动作熟悉后，将两脚尖外撇成八字，待有了功夫，就可两脚外撇成一字后做通臂动作。

下蹲：身体保持中正，两腿屈膝下蹲（用两膝找两足尖），同时两臂随体下落，当大腿蹲平时，手落至膝前（图 5-124），然后拢气上收至胸前合十，松腰，垂尾闾（图 5-125）。

图 5-124 　　　　　　　　图 5-125

转掌：以中指根为定点，指尖、掌根划圆，腕、肘、肩、胯随之转动，熟练后尾闾也随之转圆，转掌的动作分解如下：指尖由中位向前，同时掌根向内（图5-126）；指尖转向左前，同时掌根向右后；指尖转向左，同时掌根向右（图5-127）；指尖转向左后，同时掌根向右前；指尖转向内，同时掌根向前（图5-128）；指尖转向右后，同时掌根向左前；指尖转向右，同时掌根向左（图5-129）；指尖转向右前，同时掌根向左后（注：转掌以指尖旋转方向代表左右，首先是指尖按逆时针方向旋转为左转，继而指尖按顺时针方向旋转为右转）。如此左转3圈。尔后右转3圈（动作要领与左转相同，方向相反）。完成旋转后，回原位。

图5-126   　　　　　　　图5-127

图5-128   　　　　　　　图5-129

上起：百会上领，身体慢慢直起，两臂随之上升，肘放松微内合，肘距略小于肩，当两腿伸直时，两掌拇指尖升至印堂处（图5-130）。

展臂、通臂、下蹲、转掌、上起五个动作循环练习3~5次。可以反复体会。最后一次上起时合十手置于胸前（图5-131）。

图 5-130 　　　　　　　图 5-131

②开后胯：接上势。左脚尖内扣，右脚跟外翻，呈内八字（足尖尽量向里），两脚尖相距约一脚长（图 5-132）。

前伸环抱：两腿向后绷直，大脚趾定住劲，两胯向外后翻拧，臀向后外翻并上翘；腰从第四腰椎处向前塌，上身前倾约 35°，胸开而不挺；两臂向前环抱，掌心向内，指尖相对（相距约 4 指宽），中指、拇指与印堂在同一水平面上；下颌回收，百会上领（图 5-133、图 5-133 附图）。

图 5-132 　　　　　图 5-133 　　　　　图 5-133 附图

第五章　易筋易骨形神桩义解

255

后仰观天：两膝微屈内扣，圆裆，同时两臂向上、向外划弧展开至两侧，两手臂呈一弧形，掌心向上如同抱着一个大球。腰向后放松，尾闾放松，臀不能往上翘，胯不能向前送出，小腹微收。膻中以上放松向后仰（约30°），下颌收住，头后仰（图5-134、图5-134附图）。

图 5-134 　　　　　　　　　图 5-134 附图

后仰观天动作结束后，百会上顶，上体前倾做前伸环抱。前伸环抱与后仰观天要求循环练习3~5次，每当一姿势摆好后须停留片刻，再做下一个动作。最后一次后仰观天动作结束，百会上领，身体慢慢直起，同时两手向上划弧捧气，至头顶上方，两臂约与肩等宽，掌心斜相对、指尖斜向上（图5-135）；松肩落肘，拢气贯气下落，两手经体前下落，沿面至胸，转掌心向内（图5-136），沿肋弓分手变叉腰（动作要领与3.相同）（图5-137），两脚踩气并拢（图5-138）。

图 5-135

图 5-136 　　　　　图 5-137 　　　　　图 5-138

【意境指导】

①开前胯的意境：足尖外撇时，意想踩着混元气外分。松开叉腰的两手，两臂前伸上抬，托着气向前、向上。完成通臂后下蹲，合十手转掌要沉稳，将两掌挤住，掌与前臂位置相对不变，以手指和掌根的转动来带动身体的转动。当指尖向左旋转时，要用左手推着右手；当指尖向右旋转时，要用右手推着左手，意想两手在身体内虚空中旋转。转掌动作后上起时，要注意百会上领，两掌挤着向上升，意想指尖在体内顶着头壳把身体拉起来，两掌升至额前，拇指尖对向印堂，其目的是引中宫之气升到天目。两手转掌心向外，向两侧外展时，注意拇指保持与印堂同高，意想拇指伸入印堂把天目扒开，体内外混元气连成一个整体。

两手胸前合十上起时，可以发一个倒吸"撕"字音，这样会使丹田气更加充足。进一步修炼，用意念打开全身的毛窍接通虚空，收虚空混元气转化为自己体内的能量。

②开后胯的意境：两臂前伸环抱站数分钟后，敏感的人会出现白气或白光，是练开肺气的景象；做后仰观天动作，腰胯尾闾都要放松，膻中以上向后仰，收住下颌，久立能出现红光或红球的现象，这是开心气的景象。

【内涵解说】

①松前胯、后胯可使下肢的气血活泼、充实。由于习练本式功时经络绷得比较紧，所以在练习中最好不要说话，否则中宫气容易接不上而伤气。本式的每一势都可以在平时当桩法单独练习。

第五章　易筋易骨形神桩义解

257

②松前胯主要是松开髋关节，为以后静坐打下基础。开前胯应注意以下七点：足尖外撇时一定要擦地而分；不要用眼睛看着做动作；踩气外分时身体不能跟着转；初练者踩气时两脚可以逐个分，熟练后应同时外分；身体中正，不要前倾，如果站不稳，可在大小脚趾处加点意念并定住劲；如果初学者或老年人做此动作有难度，分成外八字即可；如果下蹲有困难，可以蹲得高些。

③松后胯主要是松开骶髂关节，动作要求泛臀、塌腰，大腿根部往后绷并往外撑。通过臀部外泛，腰部第四腰椎处往前塌，可使骶髂关节松开，从而扩大丹田的"领域"，加强丹田对真气的摄拿能力，使真气内敛于丹田；由于胆经从大腿侧面上来，膀胱经从大腿后面上来，所以泛臀、塌腰后，两条经脉就在腰眼处会合；膝关节放松、大脚趾稍用力扣，腿内侧放松，外侧用力绷上，使足少阳胆经和足太阳膀胱经的气脉都向上冲，头上顶，使清阳之气上升到头，再通过下颌回收，两臂环抱，使冲上来的气血降到中宫并下降至丹田（真气内敛到丹田）。

【康复指导】

①这一节功对于整个胸背部的病（包括内脏）、背部肌肉、肌腱的病都有治疗作用，没有病的人练本式功对开胸、松背也有很好的锻炼作用。

②本式功不仅对两上肢、两下肢的关节、肌肉、肌腱的疾病有较好的帮助，而且对肝肾病患者也会起到康复的效果。

10. 膝跪足面（三节相连）

【动作详解】

①裹臀下跪：接上式。身体中正，臀部缩紧，胯向前靠，含胸、收腹，两手叉腰，两臂圆撑，肘微前合，下颌内收，百会上领，两膝放松慢慢向下跪 30°~40°，上体与大腿成一斜线（膝关节超过脚尖，背超过后脚跟），全身放松（图 5-139、图 5-139 附图）；下跪动作保持姿势不动 3~5 分钟，年轻人有功夫者可以当桩法单独习练，时间越长越好（初练和身体虚弱者不能强求）。

②身体直起：接上势。百会前扣向前斜上方领，带动身体慢慢直起，身体重心由膝转至足（注意不能用膝往上拱，不然容易栽倒），全身放松（图 5-140）。

图 5-139 　　　　　图 5-139 附图 　　　　图 5-140

动作要领：两膝相合，脚跟不能翘起；膝两侧放松，腘窝处圆撑，膝关节向前拉，大腿与上身成一斜线向地下插；腹往回收；肩胛骨外撑微内扣，百会上领。脚心上提，膝部鹤顶穴上提，会阴上提，章门上提，大包上提，舌抵上腭。周身向下放松，重心落在膝上。若为养生，下跪到 30°~40° 即可；若为练功夫，则须下跪至极限。

【意境指导】

①裹臀下跪的意境：裹臀靠胯时，意想臀部肌肉贴于髋骨，做到骨肉相连，炼炁入骨；下跪时意想跪到脚面，大腿与上身形成的斜线插入地下虚空，上下内外连成一个整体。

②百会上领的意境：要求做到虚灵顶劲，首先意念印堂回收到脑中心，再上到百会，百会上领；进而鼻尖向下找下颌，下颌回收找喉头，喉头向后向上找玉枕，玉枕向上找百会，百会虚悬；进一步鼻尖向下找会阴，意念会阴连于脚心（涌泉穴）上提，两膝鹤顶穴上提，向后一兜过命门至百会，百会上领。

③整体上提的意境：首先身体两侧的髂前上棘找腰阳关穴，髂前上棘进而找章门，章门向下兜会阴，从左右提到大包，再从左右两侧提到头顶（百会）；会阴从体中上提，提到下田、混元窍或百会前 1.5~2 厘米；玉枕部、颈项部向后放松，大椎部、背部向后放松，背向后圆撑，腰部命门放松。达到上下一体，内外合一。

【内涵解说】

①由于练习本式功时全身重心在膝部，因此上起时，动作要慢，一定要

259

百会前扣着上起，使身体重心逐渐由膝转至足。其他各节功都可以反复做，唯独本式功只下跪一次就行。要尽力坚持，当感觉到累了还需再坚持片刻，这样可以使气壅集于膝部。直到实在坚持不住了，再慢慢起来，这时，就像水坝打开了闸门，聚集在膝部的气血一下子冲到了脚上，把下面的经络气血通路冲通，真气就往脚上运行了。冲通之后，再做下跪动作，气血就不再阻塞，跪着也能通过，膝关节就松了。

②膝跪足面三节连，源出于八卦掌的基本功贯三节（胯、膝、踝三个关节贯穿在一起）。武术与气功均重视"三节贯通"本式膝向前跪，移重心于膝部，加大了气血流通阻力，当身体直起时，气就会直冲而下，经反复练习，下肢三节自可连成一体。

【康复指导】

①通过习练本式功，使真气往脚上运行，这样下肢的各部组织均得到营养。其对关节病、静脉炎、骨质增生、风湿病（下肢）有较好的疗效。

②本式功对下肢肌肉、肌腱的病有良好效果，对肝肾病患者也适用。

11. 弹腿翘足（描化太极）

【动作详解】

①左提膝翘足：接上式。重心右移提左腿，大腿抬平，小腿自然下垂（图5-141）。

脚尖翘（脚背上翘，翘到极点，脚趾再往上翘）（图5-142），脚尖点（脚面、脚腕往下点，再用脚趾往回扣）（图5-143）。翘、点动作，要求连续做3次。

图5-141 　　　　图5-142 　　　　图5-143

脚尖划圆（脚背连及脚趾划圆）：首先内转，方向为内、下、外、上，要求内转3圈（图5-144~图5-147）；完成内转练外转，方向为外、下、内、上，要求外转3圈。完成外转后左腿放松慢慢下落回于原位，身体中正（图5-148）。

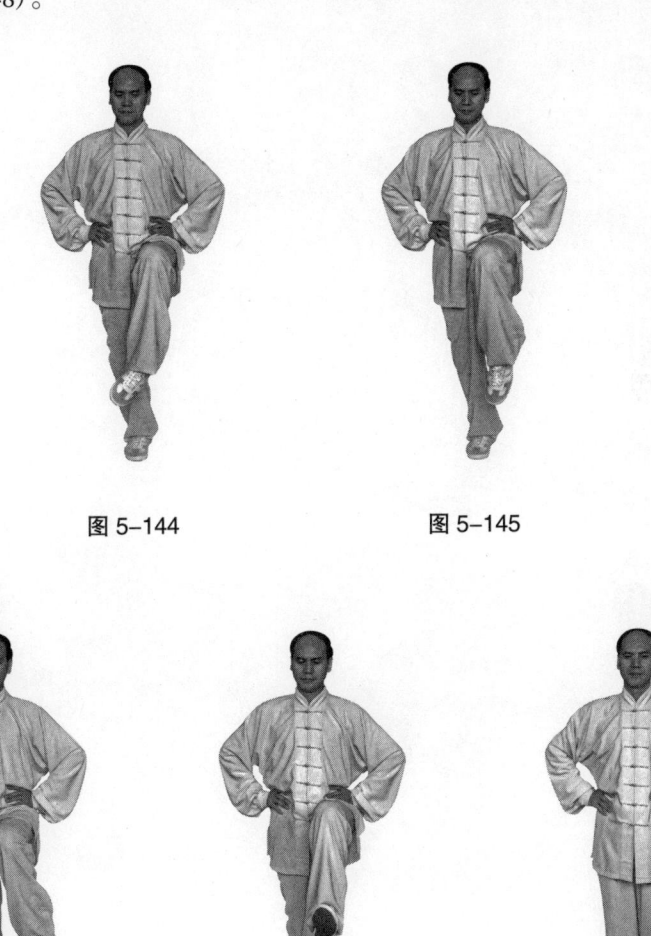

图 5-144　　　　　图 5-145

图 5-146　　　　图 5-147　　　　图 5-148

②右提膝翘足：接上势。重心左移提右腿，大腿抬平，小腿自然下垂（图 5-149）；脚尖翘（图 5-150）；脚尖点（图 5-151）；脚尖划圆（动作要领、要求与①相同，内转（图 5-152~图 5-155）；外转。完成外转后右腿放松慢慢下落回于原位，身体中正（图 5-156）。

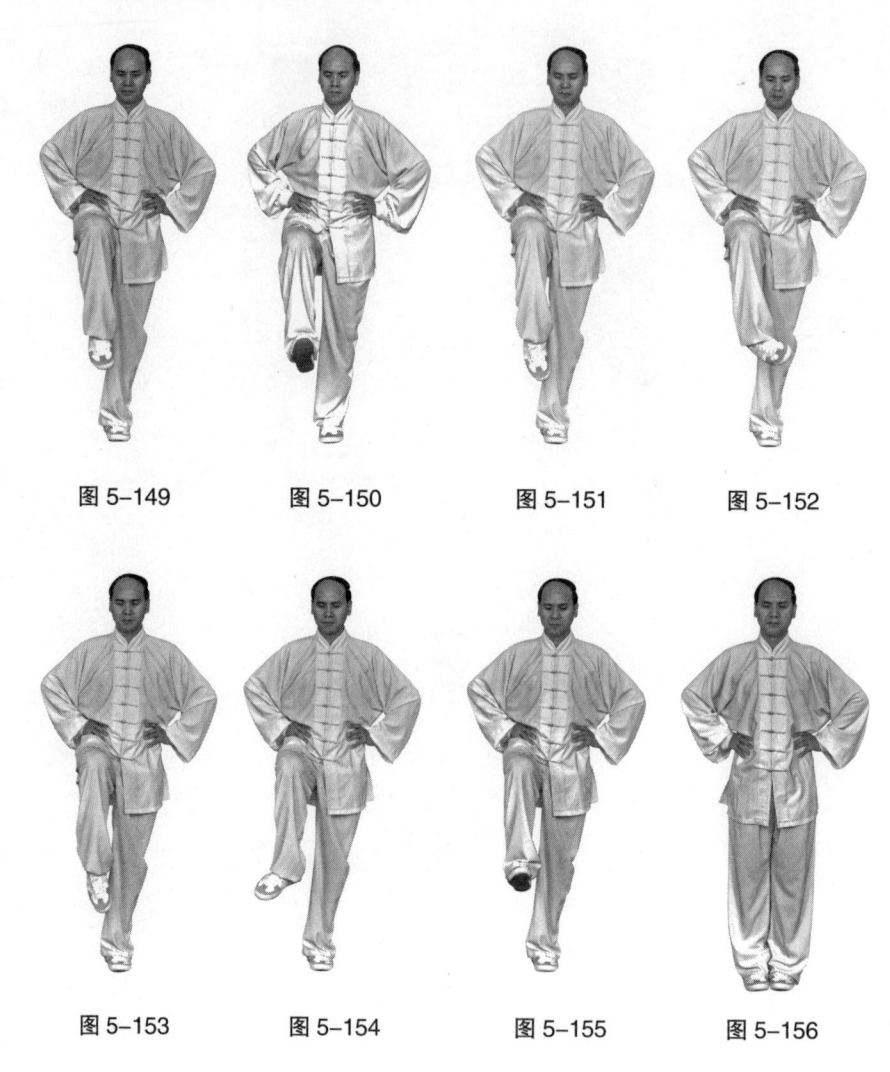

图 5-149　　图 5-150　　图 5-151　　图 5-152

图 5-153　　图 5-154　　图 5-155　　图 5-156

③左弹腿翘足：接上势。重心右移提左腿，大腿抬平，小腿自然下垂。脚尖翘、点（动作要领与①相同），脚尖划圆（动作要领与①相同）；左脚背绷直向左斜前方（与正前方呈 45°角）弹出，大腿根部回收，腿自然伸直

（弹出的腿大腿、小腿成一直线，与地面成 45°角）（图 5-157）。

脚尖翘、蹬、点：脚尖翘（先脚背上翘，翘到极点，然后脚趾再往上翘）（图 5-158）；脚跟蹬（脚跟用内劲前蹬）（图 5-159）；脚尖点（脚面、脚踝往下点，再用脚趾往回扣）（图 5-160）。翘、蹬、点动作，要求连续做 3 次。

脚尖划圆（足背连及脚趾划圆）：首先内转，方向为内、下、外、上（图 5-161~图 5-164），要求内转 3 圈；完成内转练外转，方向为外、下、内、上，要求外转 3 圈。完成外转后左腿放松，大趾内扣，脚心内含，小腿回收，脚落地，回于原位，身体中正（图 5-165）。

图 5-157　　　　图 5-158　　　　图 5-159

图 5-160　　　　图 5-161　　　　图 5-162

第五章　易筋易骨形神桩义解

263

图 5-163　　　　　图 5-164　　　　　图 5-165

④右弹腿翘足：接上势。重心左移提右腿，大腿抬平，小腿自然下垂。脚尖翘、点（动作要领与①相同）。脚尖划圆（动作要领与①相同）；右脚背伸直向右斜前方（与正前方呈45°角）弹出，大腿根部回收，腿自然伸直（弹出的腿大腿、小腿成一直线，与地面成45°角）（图5-166）。

脚尖翘、蹬、点：脚尖翘（图5-167）；脚跟蹬（图5-168）；脚尖点（图5-169）。

图 5-166　　　图 5-167　　　图 5-168　　　图 5-169

脚尖划圆：内转（图 5-170~图 5-173）；外转。完成外转后右腿放松，大脚趾内扣，脚心内含，小腿回收，脚落地回于原位，身体中正（图 5-174）。

图 5-170　　　　　　　　图 5-171

图 5-172　　　图 5-173　　　图 5-174

【意境指导】

①提膝站立的意境：习练单腿站立首先做到形体放松，精神集中。在移动重心的同时微微坐胯，气沉丹田，有落地生根之意；抬腿时身体保持中正，在抬起腿的脚心处，稍加意念，防止全虚和全实的出现。

②翘点划圆的意境：翘、点时，意想丹田气直通脚趾；脚尖旋转时，意想连于虚空划圆，注意旋转动作要圆，犹如脚尖挑着一根易断的丝，小

心翼翼地，不能把丝抻断。无论是抬腿、翘点还是旋足，都要做到松、慢、圆、匀。

【内涵解说】

①弹腿时，腿不能外开45°后再弹出；腿弹出后，身体要保持中正，不能随之转动，胯应微微回收。单腿站立不易平衡，初学者可以目似垂帘，留一线光，神意照体，这样就能站稳。

②本式各动作功用各异，提膝弹腿、翘足主要是运动大腿前面的足阳明胃经；"蹬点"的动作是抻动大腿后面的足太阳膀胱经。在经络学里原穴或俞穴关系脏腑气血，足三阴经和足三阳经的原穴几乎都在脚踝附近，所以转动脚踝，就活动了整个足三阴经和足三阳经的经络元气。弹出腿回收时要大脚趾内扣、脚心内含，带着气向后划弧收回原地。大脚趾内扣可发动足太阴脾经和足厥阴肝经的气机，而脚心内含能调动足少阴肾经，前面诸式调动阳经较多，此式以调动足三阴经为主，起到平调阴阳的作用。

③提膝弹腿主要运动足阳明胃经，这是武功下三路的根本；足的内外划圆，可运动足踝诸关节，运气达到足趾。在武功里脚要有擒拿、封闭等功用非此不能达到。

【康复指导】

①通过本式动作的习练，活动了整个足三阴经和足三阳经，这些经脉气机通了以后，对下肢气血运行有很大的促进作用，这对下肢关节、肌肉、肌腱的疾病有很好的康复作用。

②由于收腿时，大脚趾内扣调动了（足厥阴）肝经和（足太阴）脾经，脚心内含又调动了（足少阴）肾经，所以习练本式功对肝肾病患者也有很大的帮助。

12. 回气归一（转返混元）

【动作详解】

①抱球上升：接上式。松开叉腰的双手，两掌前伸至小腹前，两臂与肩等宽，掌心相对如抱球（图5-175）；两掌抱球体前上升，捧至头顶前上方（图5-176、图5-176附图）。

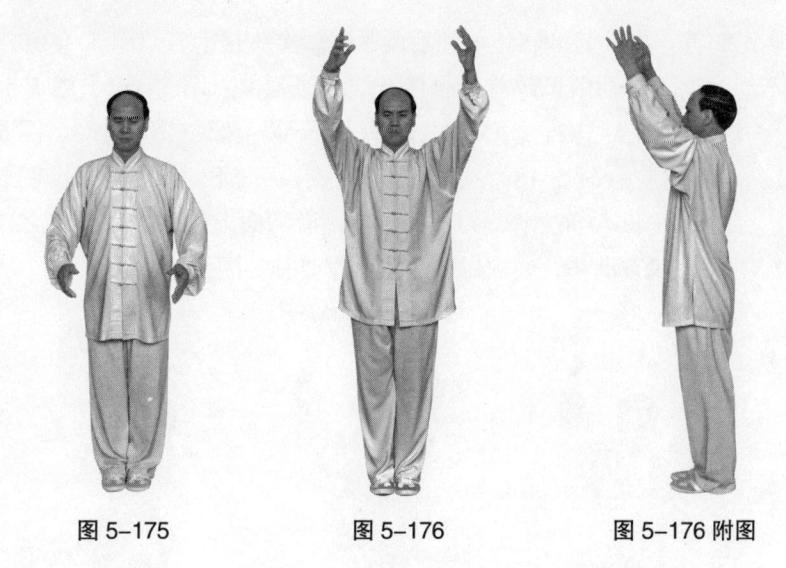

图 5-175　　　　　　图 5-176　　　　　　图 5-176 附图

②转体划圆：接上势。以腰带动上体左转同时渐渐下蹲，两臂抱球随身体至左侧，松肩落肘，划弧下落（图 5-177）；大腿逐渐蹲平的同时上体回转，两臂随体落至正前方，两掌至膝前，松腕，指尖斜向下（图 5-178）；上体顺势右转同时渐渐直起，两臂随体至右侧，并将两肩微微地上起，以肩带肘带腕慢慢上升（图 5-179）；大腿快要伸直时上体回转，两掌随体升至头顶前上方（转体时两手间距离不变）。如此连转 3 圈。然后右转划圆，两臂抱球由右侧下落，左侧上升，动作要领与左转相同，方向相反，连转 3 圈。

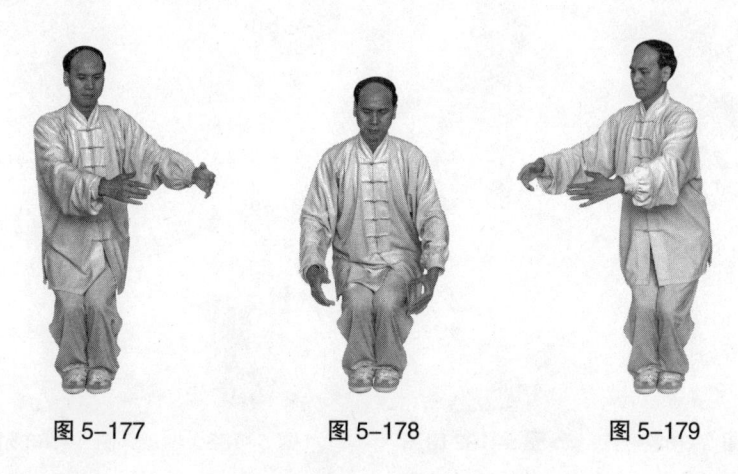

图 5-177　　　　　　图 5-178　　　　　　图 5-179

③正鹤首：接上势。转体划圆后两手臂举至头顶上方（图5-180）；两臂静置不动，以腰带动做正鹤首，收住下颌，拔颈椎（图5-181、图5-181附图），头后仰（图5-182、图5-182附图），下颌上翘（图5-183、图5-183附图），下颌向前（图5-184、图5-184附图）、向下（图5-185、图5-185附图），向内（图5-186、图5-186附图），沿胸向上拔颈椎（图5-187、图5-187附图），鹤首动作，要求做3次（动作要领参阅3.）。

图5-180　　　图5-181　　　图5-181附图

图5-182　　图5-182附图　　图5-183　　图5-183附图

图 5-184　　图 5-184 附图　　图 5-185　　图 5-185 附图

图 5-186　　图 5-186 附图　　图 5-187　　图 5-187 附图

④开顶：接上势。身体中正（图 5-188），两掌臂依次做降、合、开、升、合、开动作。降：双手抱球往下拉，如履头顶（图 5-189）。合：两手掌根斜向里合，依掌根、掌、指的顺序边落边合（不要合拢）（图 5-190）。开：松肩，肘向两侧下落，带动掌、指斜向下边拉边开，中指尖落于两耳上沿，掌指与前臂呈一斜线（图 5-191）。升：沿"开"的路线返回，上升至头顶（图 5-192）。合：两手掌斜向里向上合，依指、掌、掌根的顺序边

升边合（不要合拢）（图 5-193）。开：两手依指、掌、掌根的顺序边升边开（掌根不超出青龙角）（图 5-194）。开顶动作手掌的行走路线如"X"状，这动作从整体来看如同一朵盛开的莲花。如此重复 3 次。

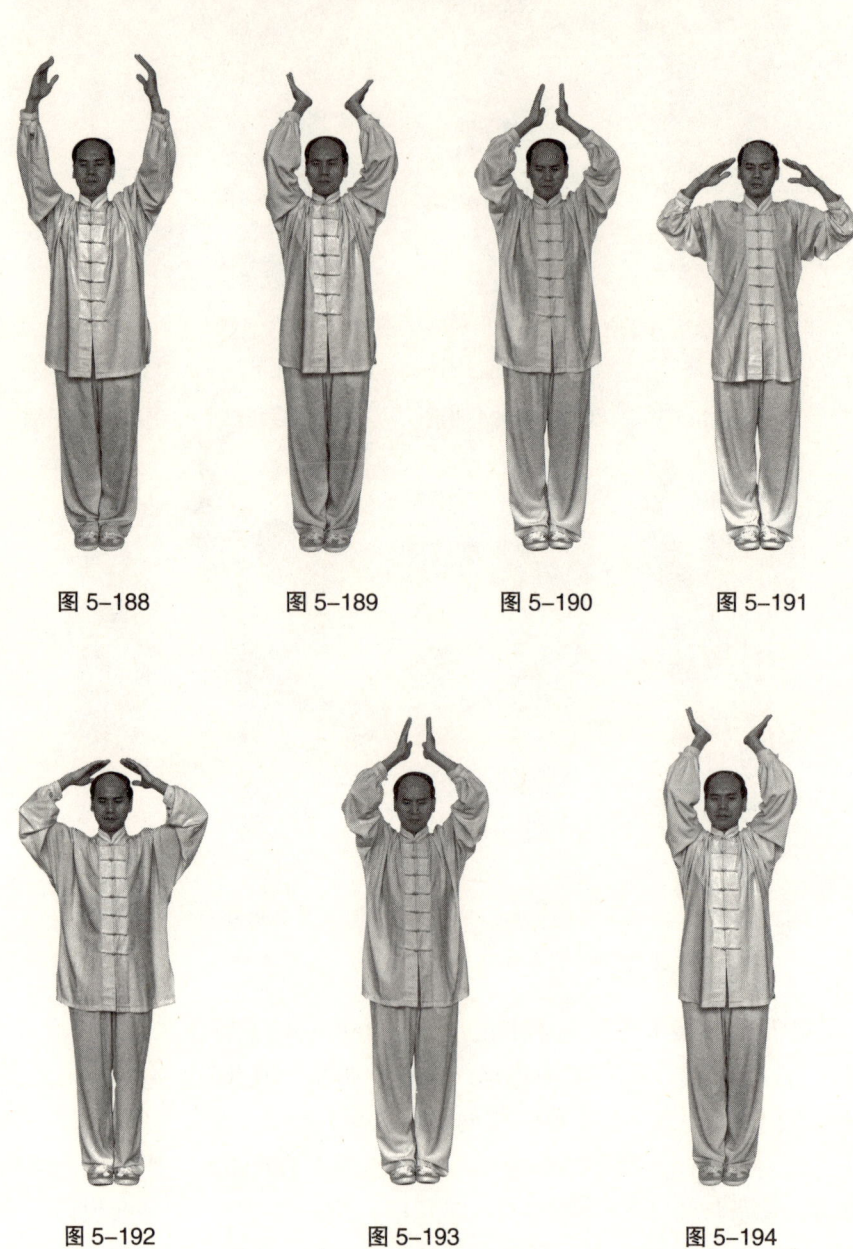

图 5-188　　图 5-189　　图 5-190　　图 5-191

图 5-192　　图 5-193　　图 5-194

⑤海底寻宝：接上势。两手上提拢气，手腕间距离约与肩等宽，掌心微含斜向下（图5-195）；松肩落肘，两臂拢气向落，贯入头顶，外导内行，贯通贯透全身。两手沿头面（图5-196），至胸前，转掌心向内，指尖相对（手掌与身体似接非接）（图5-197），两手至腹，逐渐转指尖向下（图5-198），沿两腿正面向下导引（身体随着导引屈膝下蹲），经大腿，膝关节（图5-199），小腿，两手敷于足面，指尖向前，臀微高于大腿，胸脯轻贴于大腿，头放松，两膝并拢（图5-200）。

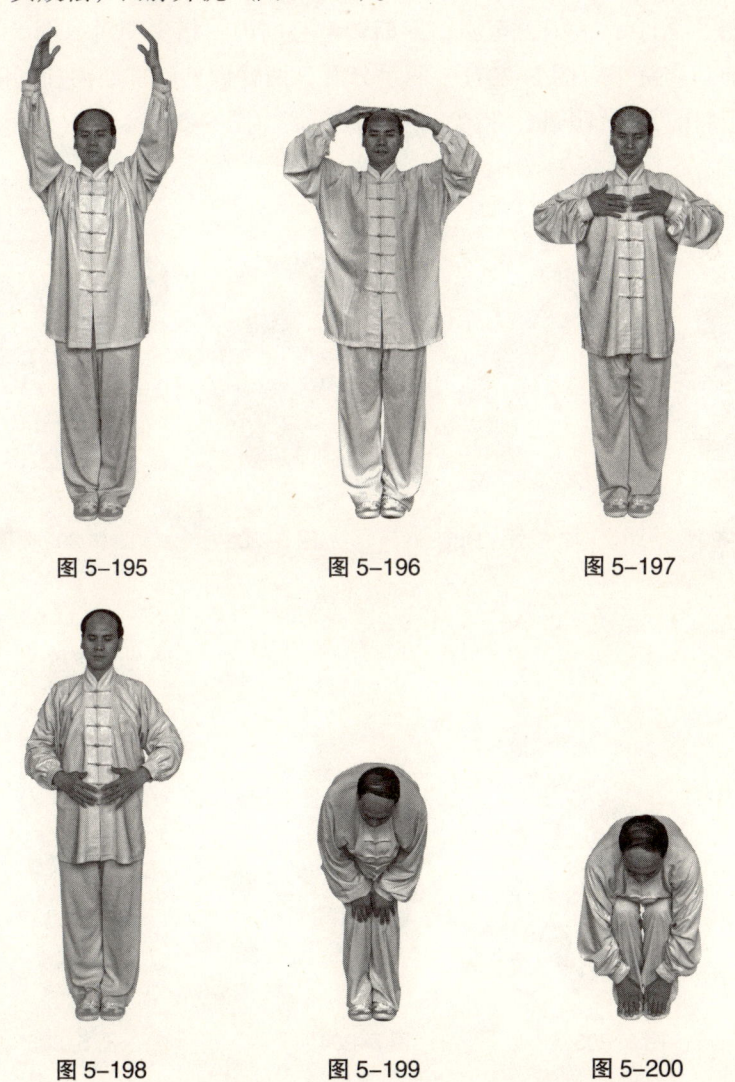

图 5-195　　图 5-196　　图 5-197

图 5-198　　图 5-199　　图 5-200

收腹拱腰：两手下按，重心前移，大腿近乎与地面平，脚跟不离地，手心用意念透过脚心，与地下虚空相接（图 5-201、图 5-201 附图）；吸气上提，重心后移至脚跟，收小腹，腰向上拱，臀部随腰向后、向上微提（图 5-202、图 5-202 附图），要求下按、上提动作做 3 次。完成最后一次动作后，背部脊柱轻轻地提住，两手稍起，微离足面，手心内含，两手在足面各向外转 90°，成掌心相对，指尖向下，于两脚外侧（图 5-203）；两掌拔气经脚背至小腿内侧（图 5-204），掌心向内，两手向上导引，经小腿，膝关节（图 5-205），大腿，至腹，逐渐转掌心向内，指尖相对（图 5-206），升至胸前与肩窝平（图 5-207），两手分开，两臂内旋转掌心向前同时两肘下垂立于肩前，上臂贴肋，指尖向上微高于肩（图 5-208）。

图 5-201 　　图 5-201 附图 　　图 5-202 　　图 5-202 附图

图 5-203 　　图 5-204 　　图 5-205

图 5-206 　　　　　图 5-207 　　　　　图 5-208

⑥左右拢气贯气：接上势。右手坐腕向前推出，掌心外突，指尖回翘，掌与臂成直角，与肩等高，手臂似直非直（图5-209）；松腕，掌指向前放松，小指带动手臂外旋，转成掌心向左，指尖向前，五指舒展，掌心微含（图5-210）；以腰带动向左拢气（转体时以腰带肩，肩带肘，肘带腕，腕带掌指），手臂随身体向左转至90°，拇指掐中魁穴（中魁穴位于中指中节正中），其余四指轻轻并拢（图5-211、图5-211附图），继续向后拢气到身后（图5-212），屈肘绕肩（同时腰带着上体回转），手由肩的上方回收至左胸前气户穴（身体正好转正），中指点按气户（气户穴位于锁骨下缘中点），打开气的门户向里贯气（图5-213）；左手坐腕向前推出，掌心外突，指尖回翘，掌与臂成直角，与肩等高，手臂似直非直（图5-214）；松腕，掌指向前放松，小指带动手臂外旋，转成掌心向右，指尖向前，五指舒展，掌心微含（图5-215）；以腰带动向右拢气，手臂随身体向右转至90°，拇指掐中魁（图5-216），继续向后拢气到身后（图5-217），屈肘绕肩（同时腰带着上体回转），手由肩的上方回收至右胸前气户穴（身体正好转正），中指点按气户（图5-218）。

图 5-209

第五章　易筋易骨形神桩义解

273

混元太极拳拳学

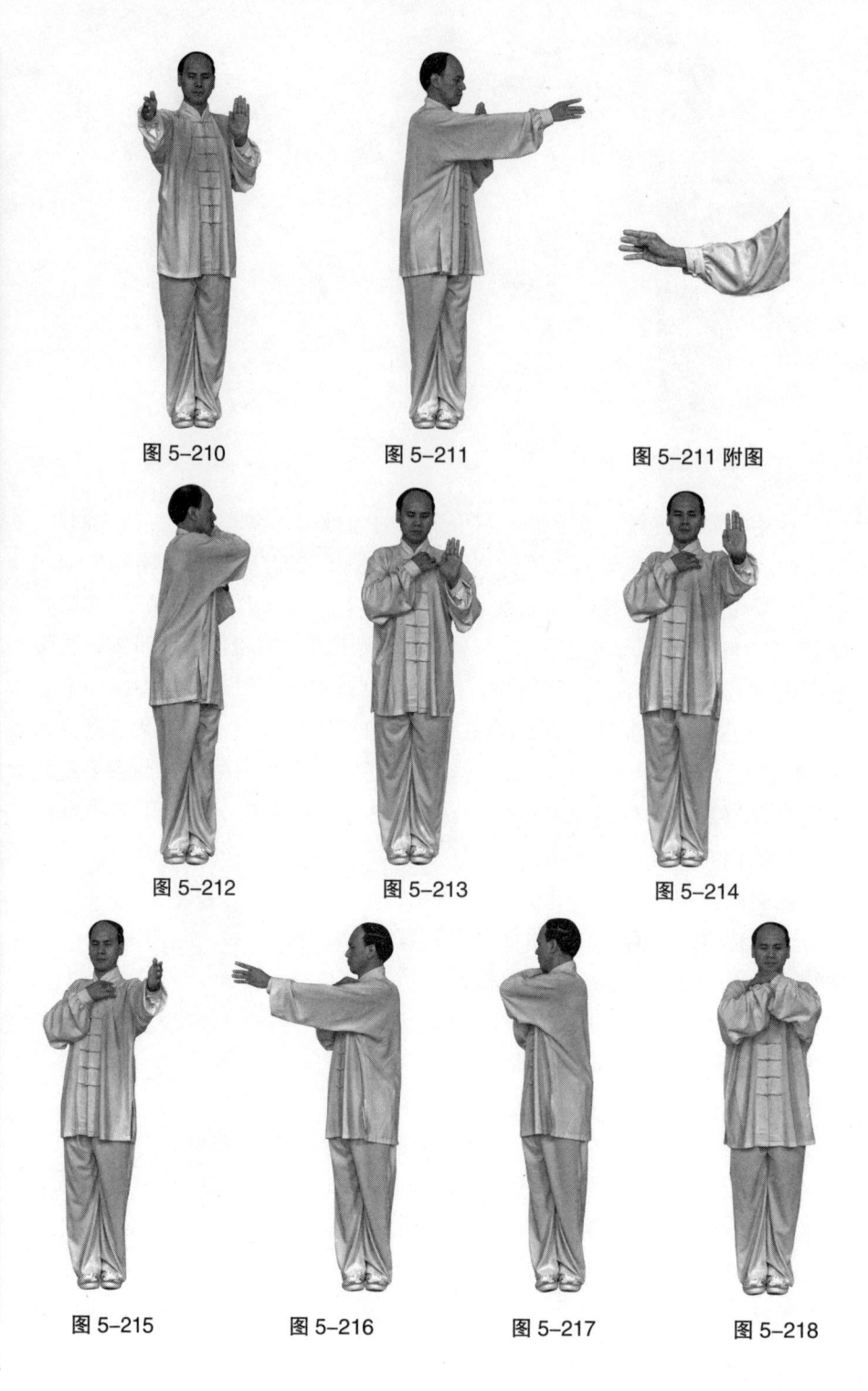

图 5-210　　　　　图 5-211　　　　　图 5-211 附图

图 5-212　　　　　图 5-213　　　　　图 5-214

图 5-215　　　图 5-216　　　图 5-217　　　图 5-218

⑦发音、转掌合十：接上势。身体中正，两前臂在胸前呈十字交叉状，两上臂向前下方倾斜，与身体约成45°（图5-219）；姿势保持不变，做3次呼吸，要求先吸后呼。吸气时中指轻轻地向里按，呼气时中指微放松，同时默念"吽（hong）"或"通（tong）"。建议初学者默念时发"通（tong）"字音，待功夫提高后再改为"吽（hong）"，可以反复体会。发音后，松开掐诀的手指，两前臂外撑带动掌腕前推至上臂和前臂成90°，手腕相接不动，两手掌外翻成掌心向上（掌心内含），手指自然舒展（图5-220）；以腕为轴，两掌分别向两侧旋转成莲花掌，掌心斜相对（图5-221）；两掌相合，指尖向上，成合十手，置于胸前（图5-222）。

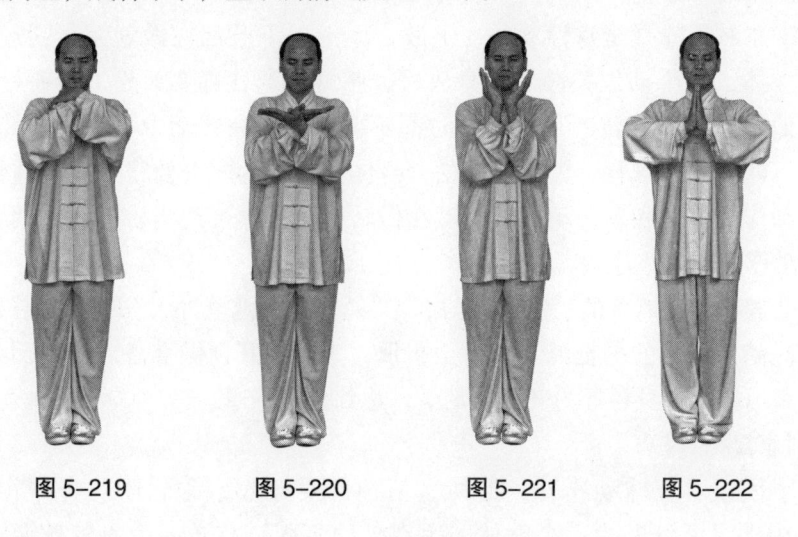

图5-219　　图5-220　　图5-221　　图5-222

【意境指导】

①开顶的意境：在开顶的整体动作中，意念要始终放在体内。降，意想双手抱着上方虚空的大气球于头顶，虚空混元气源源不断地贯入体内；合，两手掌根斜向里合，意想两手在体内相合，感觉到空空荡荡；开，两掌向两侧下落，意想混元气贯通全身。做升、合、开时两手沿原路线上升，意想地下虚空的混元气源源不断地进入体内。过头顶时，两手外开上升，如同一朵盛开的莲花，意念体内真气把天门打开，体内似有一根无形的气线冉冉升起，穿过头顶天门，升至上方虚空。意识里把自己比作是一个"胎儿"，而虚空是一个具有无限能量的"母体"，一根形似彩带的气线将"胎儿"与"母体"相连，这是人天混融的境界。

②发音的意境：默念"通"或"吽"音，其目的主要是用声符来冲开天门。初学者宜念"通"，用"通"字音把中宫气调动起来往上冲。发"通"音前要舌抵上腭，舌抵上腭能引动气机，发音时从骶骨处有股气冲上来，经过一段时间的认真习练，天门处会有跳动，这样的跳动表明天门穴、卤门穴、大脑皮质的气脉通了。跳动有很多层次，如在局部上跳、在骨膜上跳、在脑子里跳，练功之后都会感觉到，习练者不必追求也不必理会。发"吽"音是从身体之中直接上冲天门，这是提高者功夫达到一定的层次后，在发音中启动体内气机来冲开天门。

【内涵解说】

①左右旋球是全身性动作，上肢、躯干、下肢都在做划弧转圈运动，浑然一体。这个动作关键是全身放松，胳膊、脊柱都要放松，肩要松活，不要僵硬地抱着球转，下落上升时都不要绷劲。在转动中下蹲时要轻松，身体不能前倾和撅臀。关节要放松，身体和两臂的配合要得当，整体性转动，动作要自然和谐。动作熟练后在做转体时身体可适当后仰，使两臂划圆的动作更加完整连续。

②做3个正鹤首的动作要领与3."鹤首龙头意气冲天"中的鹤首要领相同。鹤首的目的是把混元气引至头顶，为下面开顶做准备。经前面各式的认真习练，全身各处的气都充足了，达到全身畅通。

【康复指导】

①做左右旋球动作时，形体、精神都要放松，意念球与身体相连，身体内外混元气融为一个整体，手在外面划弧，抱着一个大气球源源不断地向里贯气。这样能使体内脏腑之气混然一体，从而调整、强化体内的混元气。

②做正鹤首主要是引导气机上行，对大椎穴气机流通有直接促进作用。大椎穴是督脉、手足三阳经的会穴，故可导引清阳之气上升。

③本式通过混元归一，把全身的混元气都均匀布开，再通过开顶等后半部的动作（回气归一），接收十方虚空的混元气。在头上开顶的动作，可收上方虚空的混元气进入体内；按地气推揉的动作，收地下虚空的混元气进入体内；手在胸前做回气的动作，收前后左右（四面八方）的混元气贯入体内。另外通过回气归一也把身体周围气场的混元气都收回到体内，进一步强化人体整体功能。

13. 开合敛气（天人合一）

【动作详解】

①开合敛气：接上式。拇指对膻中做开合：外开，两掌不超过两乳头（图 5-223），内合，似接非接（图 5-224），连做 3 次，可以反复体会。两掌保持似接非接，上升至鼻端；拇指尖对鼻端做开合：外开，两掌不超过两颧骨（图 5-225），内合，似接非接（图 5-226），连做 3 次，可以反复体会，两掌保持似接非接，上升至印堂。拇指第一节对印堂做开合：外开，两掌不超过两眉中（图 5-227），内合，两掌似接非接（图 5-228），连做 3 次，可以反复体会，两掌保持似接非接，上升至卤门。整个拇指斜对着卤门做开合：外开，两掌不超过两眉中（图 5-229），内合，两掌似接非接（图 5-230），连做 3 次，可以反复体会；两掌保持似接非接，上升至头顶百会，掌根对百会，离头顶约 10 厘米处做开合：外开，两掌勿超过两青龙角（图 5-231），内合，两掌似接非接（图 5-232），连做 3 次，可以反复体会。

图 5-223　　图 5-224　　图 5-225　　图 5-226

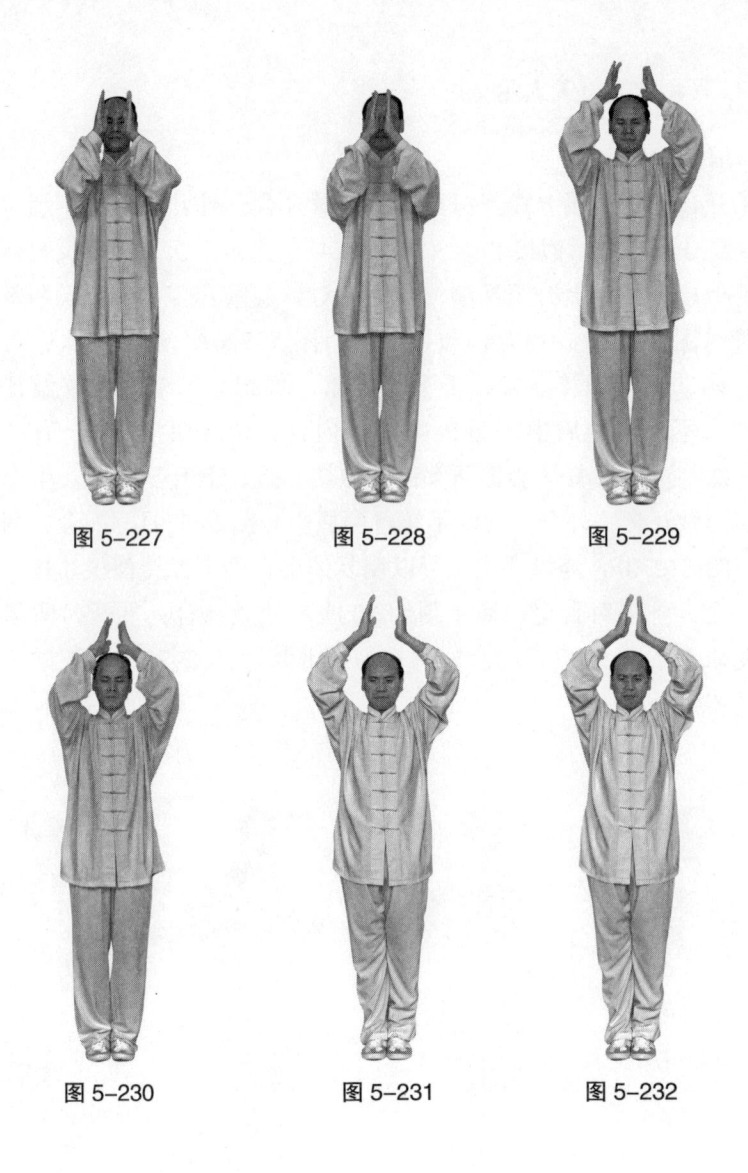

图 5-227　　　　　图 5-228　　　　　图 5-229

图 5-230　　　　　图 5-231　　　　　图 5-232

②天人合一：接上势。两掌相合上举，至头顶上方虚空，轻轻上拔（图 5-233），转掌心向前（图 5-234），慢慢地撕拉开，两臂向两侧外分下落成一字，掌心向前，指尖向外（图 5-235、图 5-236）；转掌心向上，指尖向外（图 5-237），体前合拢，合至与肩等宽高，臂似直非直，掌心微含，中指末端回翘，指尖回照印堂（图 5-238）；两臂屈肘回抽，至腋下大包穴，掌心向上，两肘外开，指尖向内，中指点按大包穴，同时配合开胸，向内

贯气（图 5-239）；转指尖向后，掌臂向后伸出（图 5-240、图 5-240 附图），两臂外展至体侧（图 5-241），松腕，两臂外旋转掌心向前（图 5-242），向前拢气回收，男左女右（男左手在里，女右手在里），两手虎口交叉，重叠于混元前（重叠手离身体约 1 厘米）（图 5-243）。

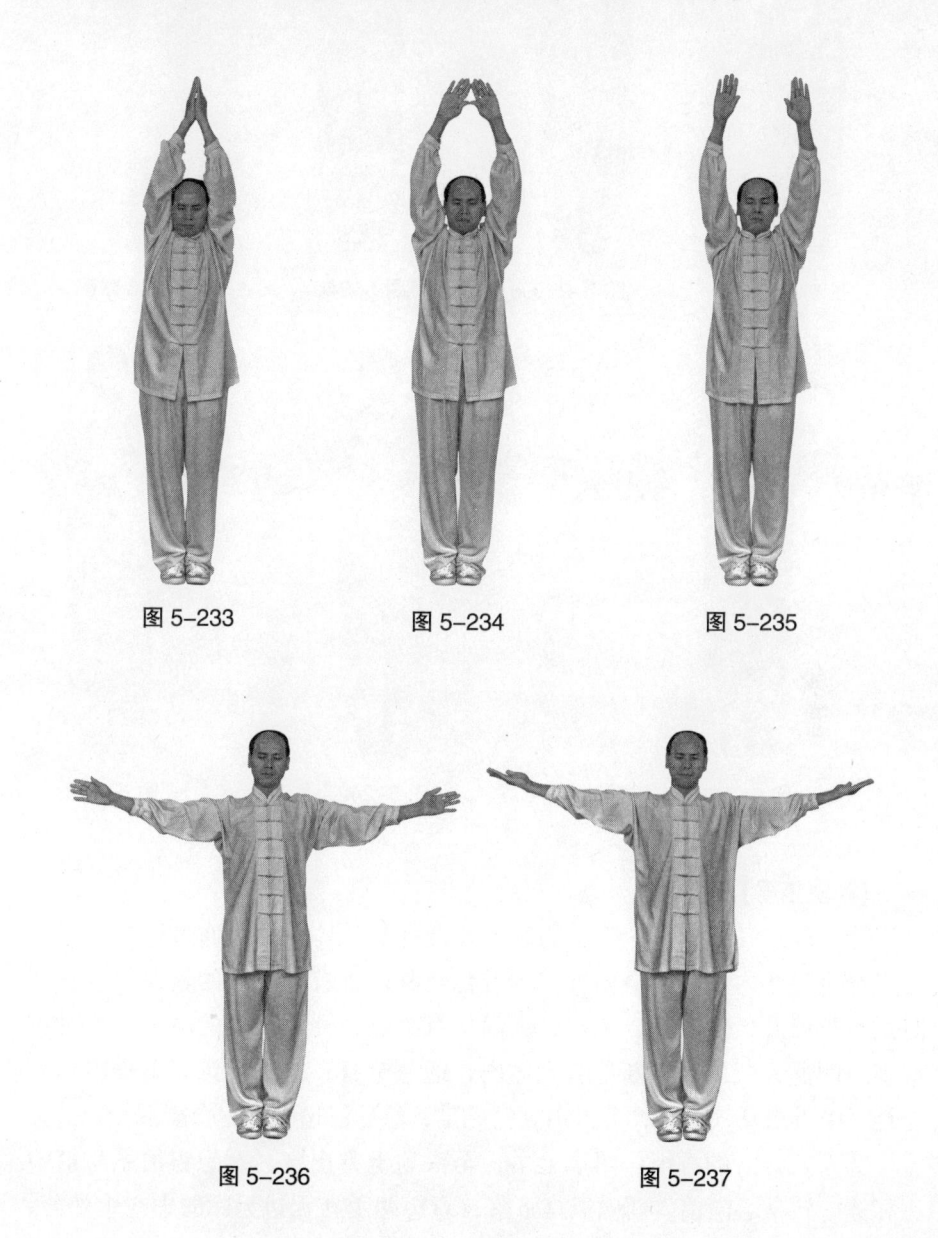

图 5-233

图 5-234

图 5-235

图 5-236

图 5-237

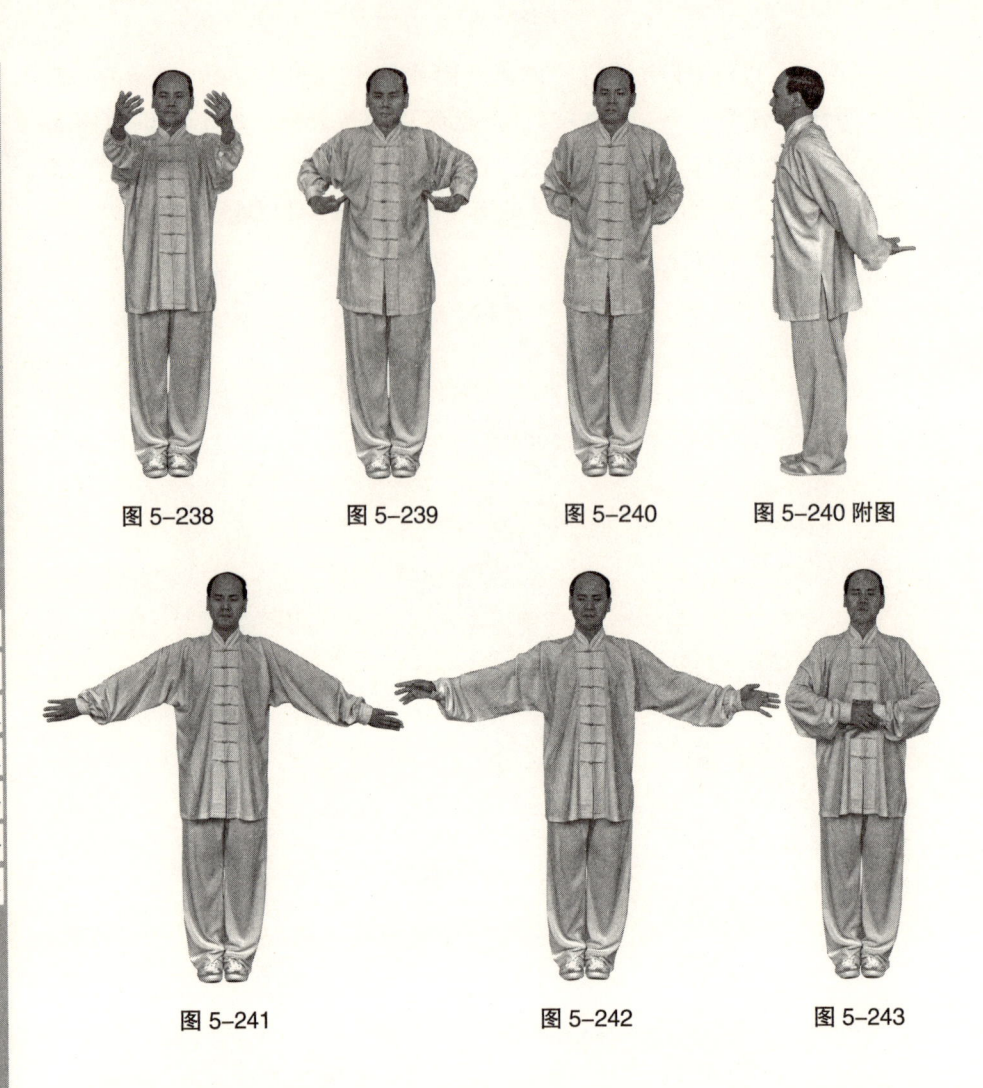

图 5-238　　　　图 5-239　　　　图 5-240　　　　图 5-240 附图

图 5-241　　　　　　图 5-242　　　　　　图 5-243

【意境指导】

①开合敛气的意境：本式的 5 个开合都是整体开合，通过这 5 个开合可以产生一些内景，体会内外气的混化，其内含有开天门的整体信息。开时意想丹田开，五心开，天目、天门、百会开，开至无边的虚空，合时意想虚空的混元气源源不断地收入体内，通透全身；进一步意想下丹田真气充足，中丹田真气充足，上丹田真气充足，然后三田合一，合于混元。

②天人合一的意境：两掌上举，至头顶上方虚空，意想银河系与脑中心相连。转掌心向前，两侧天穹下落，意想两手在无边无际的虚空中外分。

体前合拢时意想搅起天地之混元气，向体内合拢，把天地的灵气都收回体内。中指回照印堂，意想脑中心，虚灵明镜。腋下贯大包，意想中丹田，空空荡荡。意想下丹田，若有若无。然后两臂向后伸出，外展，意想在无边无际的虚空中，体侧转掌，再一次拢着虚空混元气回收，贯进体内，意想三田合一，合于混元，达到天、地、人相合，精、气、神相融的境界（这一意境，其内奥妙无穷）。

【内涵解说】

①5个开合是全身气机的开合，这其中的奥妙，习练者在熟练的过程中慢慢体会。做开合时要做到以腰带动，这样不但窍穴在开合，而且五心连于体内都在开合，有的人做开合时会感到内脏恍恍惚惚的，头也跟着开合，整个身体的气机都跟着开合，达到神清气爽。

②本式功中有以形引气的内容，有以意引气的内容，有以声引气的内容，三种引气方式融为一体，集中得以体现。本式功中还有形体的开合、呼吸的开合和意念的开合，三种开合融为一体，它不但可以引动全身气机之开合，而且是"开天门""凝神入室"的关窍。练功时要"外敬内静"，"心澄貌恭"，"如待贵人"，练之久久，妙意自知。

【康复指导】

①习练者内功修炼到一定层次后，在做5个开合中，手上会有一种拉不开、合不拢的感觉；当手中有很强的气感后，想自己就是一个气态人，一开从体内开到虚空，一合把虚空的混元气合于体内通透全身。

②在上面开合的基础上，进一步意想两手开合、丹田开合，丹田开合脊柱也在开合，脊柱两边膀胱经、五脏六腑的穴位连于脏腑在呼吸。打开全身的毛窍、穴道和腠理，广收天地之混元。这是"炼精化炁、炼炁化神"的心法。

③进入高层次开合，以形体动作的开合去引动全身气机的开合（上至百会，下至涌泉），最后内气带动脊柱，全身的关节都在开合，经络穴位在呼吸，全身处处是丹田，全身处处是气路。达到"炼神还虚、炼虚合道"的意境。

14. 返回无极（一炁混元）

【动作详解】

①揉腹聚气：接上式。重叠手按顺时针方向（由左、下、右、上的方向运动）从小到大旋转9圈（注：第9圈是最大的圈，要求上不超过璇玑

穴，下不低于骶骨，左右不超过身体两侧）（图 5-244~图 5-246），停于气海穴（图 5-247）；再按逆时针方向（由左、上、右、下的方向运动）由大到小转 9 圈回至混元。两掌敷于混元，周身中正，安静，收气，养气（图 5-248），静养 1~2 分钟。

②两手还原：接上势。敷于混元的两手向两侧分开，还原体侧，两手自然下垂，周身中正，全身放松，两眼含着神光慢慢地睁开（图 5-249）。

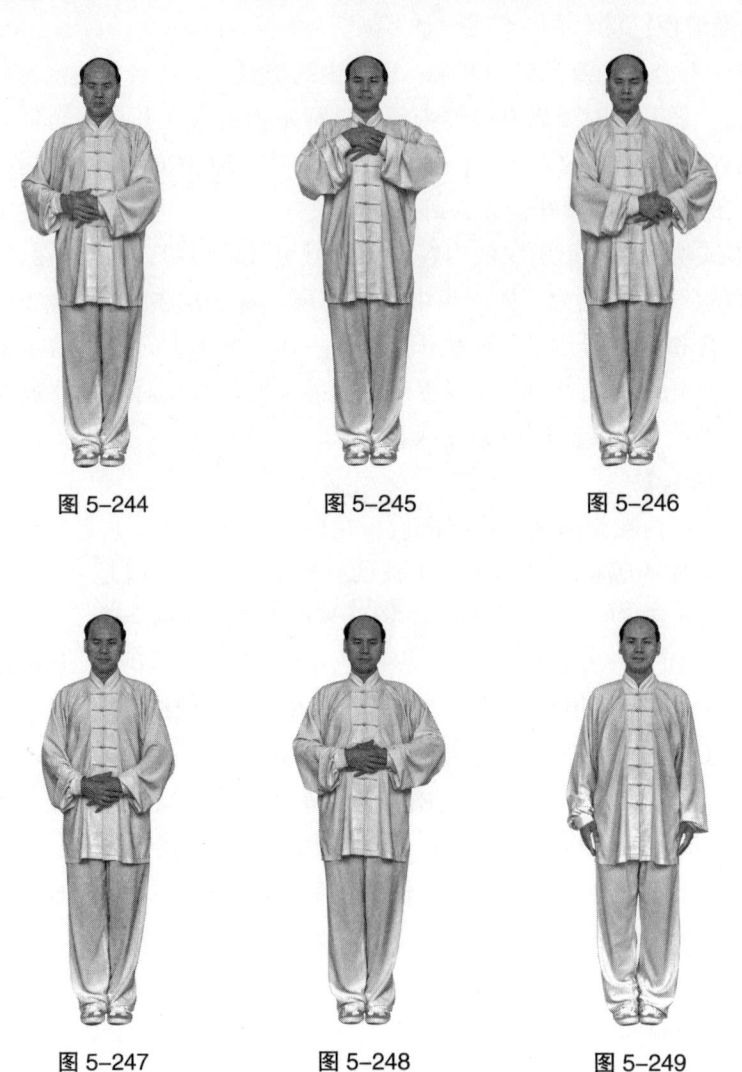

图 5-244　　　　图 5-245　　　　图 5-246

图 5-247　　　　图 5-248　　　　图 5-249

【意境指导】

①揉腹聚气的意境：双手由小到大旋转揉气时，意想气随意动，体内气随手由小转大；由大到小旋转回混元时，体内气也随手由大转小回到混元。最后的收气，意念至关重要，如果练了以后不收气，就达不到健康之目的。收气的诀窍在于"敛"气，意想把虚空的混元气和身体周围的混元气都收到体内（神意照体，体察身体内哪里需要气就向哪里想）。

②收气、养气的意境：收气时不但躯体（皮、肉、筋、脉、骨）放松，关键还在于神意放松，气是随着意念变化的，要意想全身毛孔都在收气，气机随意念一层一层地向里渗透。意想天地人合，合于混元；五心相合，合于混元；三田相合，合于混元；五脏脏真之气相合，合于混元。进一步意想全身的皮肤光滑、细腻，肌肉有力有弹性，经络气血通畅，骨骼坚固，关节灵活，韧带柔软，五脏、六腑、血液、细胞功能正常。

【内涵解说】

①要练好易筋易骨形神桩，需做到以下几点。第一，发挥形体运动的引气作用，这就要求形体动作必须符合要求，而且认真地、一丝不苟地完成动作。第二，发挥神意的主导作用，不仅要集中精神做动作，而且在做每一式动作时，都要有明确的目的。这就需要练功时不仅明确每一式功的效用，而且要有取得该效用的信心，有了这个强烈的信念，往往可收到事半功倍的效果。第三，注意练功层次的递进，不可急于求成。首先做到能够闭着眼睛顺利而自如地完成整套功的习练，对意念观照开合升降的运用，要在意念已经能够较好地集中，形体比较放松、自然的基础上进行，否则，不仅收不到应有的效应，反而分散了精神，影响效果。

②易筋易骨形神桩的整套功法安排得非常周到细致，全身各部均得到锻炼。在笔者云游参学的十几年中，虽学过的好功法不少于十几种，包括少林易筋、洗髓内功等，但可以说都不及易筋易骨形神桩全面深刻。这套功从躯干来说，锻炼了头部、颈项、胸（含胸骨）、背（含脊柱）、胁肋（含肋骨）、腹部等；从上肢来说，锻炼了肩（含关节、韧带）、上臂（含肱骨）、肘（含关节）、前臂（含桡骨、尺骨）、腕、掌、指（含关节、韧带）等；从下肢来说，锻炼了胯（含骨盆）、大腿（含股骨）、膝盖（含膝关节、髌骨）、小腿（含胫骨、腓骨）、踝、足、趾（含关节、韧带）等等。因此，易筋易骨形神桩对中老年健身、养生效果十分明显，对中学生、大学生强

身健体意义非常重大。勤加习练，功用无穷。

【康复指导】

①本式是最后一节功，其目的在于返回无极，一炁混元。本式动作虽然简单，但非常重要，需认认真真的做，千万不能以为练功快结束了，有松懈的思想。在旋转揉气中，手在外面揉，体内气也随手而动，意念要连着体内揉转，悉心体会，气随意注，形随气转，内有妙境。通过收式把全身的气都进行调理，身体周围气场的气也收回到体内。

②收气、养气是关键，收气时意念要回到体内（神返身中气自回），只有神意在体内，外面的混元气才能收回到体内。气机随意念一层一层地向里渗透，脏腑之气与混元相融，意到气到，气到病除，气足窍开。然后意想三田合一，合于混元，静静地濡养，感觉到身轻气爽的景象，这就完成了整个练养的过程。达到气满混元身，健康而长寿。

总之，本桩法既是习练内家功夫（抻筋拔骨、松筋松骨、炼炁入骨、敛炁入脏、元炁洗髓）之上乘心法，又是修道者修身养性（凝神聚精、炼精化炁、炼炁化神、人天混融、天人合一）益寿延年的法宝。需要习练者勤学苦练，悉心体悟，理法圆融，步步深入，内外贯通，方能成就。诗曰：勤学研练为何因，立志调和精气神；君求长生须保精，纯精化炁除病根。五气归元坐金莲，三昧真火运乾坤；凝神还虚方为道，脱胎换骨修真人。

第三节　易筋易骨形神桩口令词

1. 混沌无极（心静体松）

两脚并拢，周身中正，两手自然下垂。百会上领，下颌回收，虚灵顶劲，气沉丹田，落地生根，目平视前方（约10秒钟）。目光合着意念匀速回收，两眼轻轻闭合，把神收回来，把气收回来，收到大脑中心。闭着眼睛向里看，耳朵向里听，用意念体察脑中心，空空荡荡，虚灵明镜。以脑中心虚灵明镜的状态向下察照全身，全身连成一个整体。头部放松，颈项部、胸背部放松，腰腹部放松，两脚平铺于地，两上肢、两下肢放松，全身从上到下，由里至外通透放松，松。

大家心心相印，信息相通，我们共同用意念想虚空，无边无际，想体内，无形无象，灵明的意识察照体内外的太虚。用八句口诀的意境进一步强化大气场："顶天立地，形松意充，外敬内静，心诚貌恭，一念不起，神注太空，神意照体，周身融融。"

2. 精气神合（气贯三田）

意念两掌插入地下虚空，掌指微微地动一动，混融地气。大指带动，转臂，中指带动，翘掌。按地拉气，前推，无边无际，后拉，无形无象；推，拉；推，拉。松腕，转掌，插入地下虚空，在浓浓的大气海中心，捧起灵通混元气，体前上升，与肚脐平，两臂回收，意注下丹田，腰腹部放松。转阴掌，摸着气外展，意想在无边无际的虚空中延展，至体侧，向后拢气，回照命门，先天气场真气充足，下丹田炼精化炁。两手顺势上提，至腋下贯大包，意想两只巨大的手伸向体内虚空，十根气柱子在体内相接，胸背部放松，中丹田炼炁化神。两手向前伸出，托着一个大气球，无边无际，与肩等宽高，中指回照印堂，头部放松，上丹田炼神还虚。肘臂外撑，外展，虚无，展成一字。大指带动，转阴掌，小指带动，顺势转阳掌划弧向上捧气，若有若无的境界，至头顶上方，两掌相合，轻轻上拔，意想银河系。沿体中线慢慢下落，天河精气源源不断地进入体内，落至胸前成合十手。安静。

3. 鹤首龙头（意气冲天）

掌跟分开，沿肋弓分手变叉腰。

正向鹤首：收下颌，拔颈椎，头后仰，下颌上翘，向前、向下、向内沿胸向上拔颈椎，一节一节地拔起来；头后仰，下颌上翘，向前、向下、向内沿胸向上拔颈椎；头后仰，下颌上翘，向前、向下、向内沿胸向上拔颈椎；头后仰，下颌上翘，向前、向下、向内沿胸向上拔颈椎；头后仰，下颌上翘，向前、向下、向内沿胸向上拔颈椎；头后仰，下颌上翘，向前、向下、向内沿胸向上拔颈椎。

反向鹤首：下颌沿胸向下，向前、向上、头后仰，百会上顶，收下颌，把整个脊柱一节一节地拔起来；下颌沿胸向下，向前、向上、头后仰，百会上顶收下颌；下颌沿胸向下、向前、向上，头后仰，百会上顶收下颌；

下颌沿胸向下、向前、向上，头后仰，百会上顶收下颌；下颌沿胸向下、向前、向上，头后仰，百会上顶收下颌；下颌沿胸向下、向前、向上，头后仰，百会上顶收下颌。头中正。

龙头：左青龙角向左倾斜，注意虚实的变化，向左上方上顶划弧，右青龙角向右倾斜，向右上方上顶划弧；左青龙角向左倾斜，向左上方上顶划弧，右青龙角向右倾斜，向右上方上顶划弧；左青龙角向左倾斜，向左上方上顶划弧，右青龙角向右倾斜，向右上方上顶划弧；左青龙角向左倾斜，向左上方上顶划弧，右青龙角向右倾斜，向右上方上顶划弧；左青龙角向左倾斜，向左上方上顶划弧，右青龙角向右倾斜，向右上方上顶划弧；左青龙角向左倾斜，向左上方上顶划弧，右青龙角向右倾斜，向右上方上顶划弧。头中正。

4. 寒肩缩项（融通臂肩）

仙鹤从静止到飞翔。意想头顶蓝天，脚踩大地，自己是一个顶天立地的气柱子。松开叉腰的双手，转掌心向上，前臂前伸，与上臂成直角；上臂抬，把气带起来，与肩等宽高，外展，虚无，展成一字，转掌心向外，前臂下落。前臂起，清阳之气上升，前臂落，贯通全身；起，落，自由自在；起，落，成一字。旋腕，前转，一、二、三；后转，一、二、三。寒肩缩项，头带着颈项，尾闾带着脊柱，两手带着两臂，四点同时向第四胸椎集中，想到一个圆球在里面鼓荡，肩开项松，伸至无边无际的虚空；寒肩缩项，向里收，炼炁入骨，肩开项松，松筋松骨；寒肩缩项，肩开项松。

通臂：一、二、三，自己体会。大关节蛇形，小关节蠕动，达到虚无的境界。两臂平伸。

5. 立掌分指（畅通经脉）

中指带动立掌，想自己的手指接通银河系，掌根连于地球，手心融合蔚蓝的虚空。外撑，空空荡荡，内含，恍恍惚惚；撑，命门向后放松，整体的向外开，内含，神意照体；外撑，内含。外撑，轻轻地撑住。

分指：大、小指分，二、四指分，掌心外撑，无边无际，二、四指合，大、小指合，空空荡荡；分，分，外撑，融化了，合，合，混化气化了；分，分，外撑，合，合。

勾手：松腕，两指掌卷曲如钩，指尖相接，向掌心内上提，立腕，舒指，逐节伸直。松腕，两指掌卷曲如钩，指尖相接，向掌心内上提，立腕，舒指，逐节伸直。松腕，两指掌卷曲如钩，指尖相接，向掌心内上提，立腕，舒指，逐节伸直。手放平。

通臂：一、二、三，自己体会。两只通明透亮的气态手在无限的虚空收万物之灵气。两臂平伸，体侧慢慢下落，插入地下虚空，体前捧气上升，胸前合十。安静。

6. 气意鼓荡（臂肋坚固）

合十手边交叉边上举，至额前，翻掌心向上，两臂圆撑。身体左转，右肋鼓荡，身体右转，左肋鼓荡；身体左转，右肋鼓荡，身体右转，左肋鼓荡；身体左转，右肋鼓荡，身体右转，左肋鼓荡；身体左转，右肋鼓荡，身体右转，左肋鼓荡；身体左转，右肋鼓荡，身体右转，左肋鼓荡；身体左转，右肋鼓荡，身体右转，左肋鼓荡；身体左转，右肋鼓荡，身体右转，左肋鼓荡。身体转正，交叉手上举至头顶上方。

7. 俯身拱腰（松通督脉）

揉腕，一、二、三、四、五、六。两手松开，转掌心向前，上臂夹耳，轻轻上拔。颈椎下，胸椎下，腰椎下。脚前下按，一、二、三；身体左转，左侧下按，一、二、三；身体右转，右侧下按，一、二、三；身体转正，两手向后拢气，掐脚后跟腱，头面贴腿，拱腰，一、二、三。两手松开，拢气向前，上臂夹耳，腰椎起，胸椎起，颈椎直起。自然松动，一动以腰带动，上下揉动，左右开合。轻轻上拔。颈椎下，胸椎下，腰椎下。脚前下按，一、二、三；身体左转，左侧下按，一、二、三；身体右转，右侧下按，一、二、三；身体转正，两手向后拢气，掐脚后跟腱，头面贴腿，拱腰，一、二、三。两手松开，拢气向前，上臂夹耳，腰椎起，胸椎起，劲椎直起。自然松动。轻轻上拔。颈椎下，胸椎下，腰椎下。脚前下按，一、二、三；身体左转，左侧下按，一、二、三；身体右转，右侧下按，一、二、三；身体转正，两手向后拢气，掐脚后跟腱，头面贴腿，拱腰，一、二、三。两手松开，拢气向前，上臂夹耳，腰椎起，胸椎起，劲椎直起。自然松动，放松。

下面做收腹拱腰两掌两侧下按。轻轻上拔，接通银河系。颈椎下，胸椎下，腰椎下，两侧下按，拱腰，用体呼吸，重心前移，五心着地；两手松开，腰椎起，胸椎起，颈椎直起，自然松动，大家可以打着哈欠来做拱腰，好像睡在床铺上，似睡非睡，进入恍惚的境界，来体会炼炁入骨。轻轻上拔。颈椎下，胸椎下，腰椎下，两侧下按，拱腰，脊柱用力向上拱，敛炁入髓；两手松开，腰椎起，胸椎起，颈椎直起，自然松动，内外无别，人天混融。轻轻上拔。颈椎下，胸椎下，腰椎下，两侧下按，拱腰，气冲动尾闾，尾闾向上振颤；两手松开，腰椎起，胸椎起，颈椎直起，自然松动。轻轻上拔。颈椎下，胸椎下，腰椎下，两侧下按，拱腰，意念掌心穿过地球，在地下虚空收气；两手松开，腰椎起，胸椎起，颈椎直起，自然松动。轻轻上拔。颈椎下，胸椎下，腰椎下，两侧下按，拱腰；两手松开，腰椎起，胸椎起，颈椎直起，自然松动，轻轻上拔。颈椎下，胸椎下，腰椎下，两侧下按，拱腰；两手松开，腰椎起，胸椎起，颈椎直起，自然松动，放松。转掌心相对，意注体内，拢球、贯球下落，上丹田，两掌体前下落，外导内行，中丹田。沿肋弓分手变叉腰。安静。

8. 转腰涮胯（真气归田）

两脚踩气分开，与肩等宽，平行站立，百会上领，两腿屈膝微下蹲，提会阴，封闭前后阴，尾闾带动骨盆倾斜地旋转。左转，一、二、三、四、五、六、七、八、九，九、八、七、六、五、四、三、二、一，一、二、三、四、五、六、七、八、九，九、八、七、六、五、四、三、二、一。尾闾中正。右转，一、二、三、四、五、六、七、八、九，九、八、七、六、五、四、三、二、一，一、二、三、四、五、六、七、八、九，九、八、七、六、五、四、三、二、一。尾闾中正。

扣翘尾闾，前扣，扣，后翘，翘；前扣，扣，后翘，翘；前扣，扣，后翘，翘；前扣，扣，后翘，翘。尾闾中正，百会上领，身体慢慢直起。

9. 平足开胯（分清前后）

开前胯：左脚尖外撇，右脚尖外撇，成一字。松开叉腰的双手，转掌心向上，前臂前伸与上臂成直角，上臂抬，掌与额平，翻掌心向外，两臂外展，前臂下落成一字。

通臂：一、二、三。两臂平伸，下蹲，臂随体下落，经膝前拢气，胸前合十。左转，一、二、三；右转，一、二、三。百会上领，身体慢慢直起，合十手升至额前，翻掌心向外，两臂外展成一字。

通臂：一、二、三。两臂平伸，下蹲，臂随体下落，经膝前拢气，胸前合十。左转，一、二、三；右转，一、二、三。百会上领，身体慢慢直起，合十手升至额前，翻掌心向外，两臂外展成一字。

通臂：一、二、三。两臂平伸，下蹲，臂随体下落，经膝前拢气，胸前合十。左转：一、二、三；右转：一、二、三。百会上领，身体慢慢直起，合十手至胸前。

开后胯：左脚尖内扣，右脚跟外撇，成一字。两腿后绷，两臂前伸环抱，体微前倾，泛臀，塌腰，百会上领，下颌回收。身体直起，屈膝内扣，两臂向上划弧，外展，掌心向上如托物，头后仰观天，腰部命门向后放松，膻中以上向后倾斜，收下颌；前伸环抱（约停20秒），后仰观天（约停20秒）；前伸环抱（约停20秒），后仰观天（约停20秒）。百会上领，身体慢慢直起，两手向上划弧捧气，拢气贯气下落，至胸前，沿肋弓分手变叉腰，两脚踩气并拢。

10. 膝跪足面（三节相连）

身体中正，裹臀靠胯，含胸收腹，松膝，松踝，向下跪。大腿与上体成一斜线，下颌内收，用鼻尖找会阴，涌泉穴上提，百会上顶，全身放松（入静音乐约3分钟）。百会前扣上领，身体慢慢直起，全身放松。

11. 弹腿翘足（描化太极）

重心右移提左腿，大腿抬平，小腿自然下垂。脚尖翘，脚尖点；翘，点；翘，点。内转，一、二、三，外转，一、二、三，左腿慢慢下落。重心左移提右腿，大腿抬平，小腿自然下垂。脚尖翘，脚尖点；翘，点；翘，点。内转，一、二、三，外转，一、二、三，右腿慢慢下落。重心右移提左腿，脚尖翘，脚尖点；翘，点；翘，点。内转，一、二、三，外转，一、二、三。脚背伸直向左斜前方弹出，大腿跟部回收，腿伸直，脚尖翘，脚跟蹬，脚尖点；翘，蹬，点；翘，蹬，点。内转，一、二、三，外转，一、

二、三。大趾内扣，脚心内含，收回落地。重心左移提右腿，脚尖翘，脚尖点；翘，点；翘，点。内转，一、二、三，外转，一、二、三。脚背伸直向右斜前方弹出，大腿跟部回收，腿伸直，脚尖翘，脚跟蹬，脚尖点；翘，蹬，点；翘，蹬，点。内转，一、二、三，外转，一、二、三。大脚趾内扣，脚心内含，收回落地。

12. 回气归一（转返混元）

松开叉腰的双手，两掌前伸，小腹前抱球，意想在地下虚空捧气上升、升，升至头顶前上方。左转：左下、下，膝前，右上、上，头顶上方；左下、下，膝前，右上、上，头顶上方；左下、下，膝前，右上、上，头顶上方。右转：右下、下，膝前，左上、上，头顶上方；右下、下，膝前，左上、上，头顶上方；右下、下，膝前，左上、上，头顶上方。以腰带动做鹤首，正鹤首：一、二、三。开顶：降、合、开，升、合、开；降、合、开，升、合、开；降、合、开，升、合、开。拢气贯气下落，虚空浓浓的混元气像毛毛细雨一样向体内渗透，把全身清洗得干干净净，沿头面，至胸，外导内行，贯通贯透全身，至腹，屈膝弯腰，大腿，膝，小腿，两手敷于足面。下按，按到地下虚空，吸气，上提拱腰；按，提；按，吸气，提，轻轻的提住。两手分开，拔地中气，拔起一根通明透亮的气柱子，收一收，经身体的前面内侧向上导引，脚背，小腿，膝，大腿，小腹，意注体内，向里收，至胸前转掌心向前，立于肩前。右手坐腕向前推出，无边无际，松腕转掌，以腰带动向左拢气，90°掐中魁，继续向后，屈肘绕肩，点按气户，打开气的门户向里贯；左手坐腕向前推出，无边无际，松腕转掌，以腰带动向右拢气，90°掐中魁，继续向后，屈肘绕肩，点按气户，身体中正。发三次"吽"字音：吸气，"吽"；吸气，"吽"；吸气，"吽"。松开掐诀的手指，掌臂前推，转莲花掌，莲花开，莲花合，万物的信息合于我心，胸前合十。安静，静。

13. 开合敛气（天人合一）

膻中开合，外开，不要超过两乳头，合，似接非接，向体内收气；开，合；开，合。两掌上升，至鼻端。外开，不要超过两颧骨，合，想五官连于五脏；外开，合；开、合。两掌上升，至印堂。开，天目开，不要超过两眉心，合；开，天目开，合；开，天目开，合。两掌上升，至头顶，斜对着囟门。天门开，合；天门开，合；天门开，合。两掌上升，至百会。五心开，合；五心开，合；五心开，合。两掌相合上举，至头顶上方虚空，轻轻上拔，转掌心向前，慢慢地撕拉开，两侧天穹下落，成一字。转掌心向上，托天合拢，把天地的灵气都收回体内，与肩等宽高，中指回照印堂，向里收，虚灵明镜。落肘回抽，至腋下贯大包，空空荡荡。向后伸出，外展，无边无际，体侧松腕转掌，拢气回收，男左女右，虎口交叉，混元前重叠。

14. 返回无极（一炁混元）

旋转揉气，顺时针由小到大，一、二、三、四、五、六、七、八、九，至气海；逆时针由大到小，九、八、七、六、五、四、三、二、一，两掌敷于混元。安静，收气，养气，静（静养 1~2 分钟）。

从练功境界慢慢地走出来，打开心窍，发"心"字音，吸气，"心（xin）"，吸气，"心（xin）"。两手分开，还原体侧，含着神光，两眼慢慢地睁开。

附　录

一、八式混元太极拳

1. 混沌无极（心静体松）　　2. 太极出世（开合升降）
3. 无极化生（划弧转体）　　4. 来去自如（右揽雀尾）
5. 拨云见日（左弓步单鞭）　6. 莲花盛开（捧球上升）
7. 天人合一（太极还原）　　8. 返回无极（一炁混元）

二、十二式混元太极拳

1. 混沌无极（心静体松）　　2. 太极出世（开合升降）
3. 无极化生（划弧转体）　　4. 来去自如（右揽雀尾）
5. 拨云见日（左弓步单鞭）　6. 太极合元（回气归元）
7. 无极化生（划弧转体）　　8. 来去自如（左揽雀尾）
9. 拨云见日（右弓步单鞭）　10. 莲花盛开（捧球上升）
11. 天人合一（太极还原）　 12. 返回无极（一炁混元）

三、十六式混元太极拳

1. 混沌无极（心静体松）　　2. 太极出世（开合升降）
3. 无极化生（划弧转体）　　4. 来去自如（右揽雀尾）
5. 拨云见日（左弓步单鞭）　6. 来去自如（右揽雀尾）
7. 拨云见日（左弓步单鞭）　8. 来去自如（右揽雀尾）
9. 拨云见日（左弓步单鞭）　10. 来去自如（右揽雀尾）
11. 拨云见日（左弓步单鞭）　12. 来去自如（右揽雀尾）
13. 拨云见日（左弓步单鞭）　14. 莲花盛开（捧球上升）

15. 天人合一（太极还原）　　　16. 返回无极（一炁混元）

四、二十式混元太极拳

1. 混沌无极（心静体松）　　　2. 太极出世（开合升降）
3. 无极化生（划弧转体）　　　4. 来去自如（右揽雀尾）
5. 拨云见日（左弓步单鞭）　　6. 玉女穿梭（四方推掌）
7. 来去自如（左揽雀尾）　　　8. 来去自如（右揽雀尾）
9. 拨云见日（左弓步单鞭）　　10. 雁落沙滩（左仆步下势）
11. 上步七星（右虚步交叉拳）　12. 退步跨虎（左虚步推掌）
13. 转身摆莲（转身双摆脚）　　14. 拉弓射虎（马步开弓）
15. 飞针走线（右虚步抢手）　　16. 千变万化（进步搬拦捶）
17. 如封似闭（左弓步双推掌）　18. 莲花盛开（捧球上升）
19. 天人合一（太极还原）　　　20. 返回无极（一炁混元）

五、二十二式混元太极拳

1. 混沌无极（心静体松）　　　2. 太极出世（开合升降）
3. 金童观图（原地云手）　　　4. 彩云追月（后旋太极球）
5. 腾云驾雾（前旋太极球）　　6. 凤凰展翅（开合转体）
7. 八仙过海（右转走八卦）　　8. 仙人指路（卷肱式）
9. 扭转乾坤（左转走八卦）　　10. 仙人指路（卷肱式）
11. 龙游天下（混元缠丝）　　　12. 玉女穿梭（缠丝穿梭）
13. 猿猴献果（左搂膝拗步）　　14. 猿猴献果（右搂膝拗步）
15. 野马分鬃（左右抢手）　　　16. 金童观图（左右云手）
17. 金鸡独立（左右独立）　　　18. 来去自如（右揽雀尾）
19. 来去自如（转身揽雀尾）　　20. 莲花盛开（捧球上升）
21. 天人合一（太极还原）　　　22. 返回无极（一炁混元）

六、二十八式混元太极拳

1. 混沌无极（心静体松）
2. 太极出世（开合升降）
3. 无极化生（划弧转体）
4. 来去自如（右揽雀尾）
5. 拨云见日（左弓步单鞭）
6. 来去自如（右揽雀尾）
7. 拨云见日（左弓步单鞭）
8. 来去自如（右揽雀尾）
9. 拨云见日（左弓步单鞭）
10. 来去自如（右揽雀尾）
11. 拨云见日（左弓步单鞭）
12. 来去自如（右揽雀尾）
13. 拨云见日（左弓步单鞭）
14. 太极合元（回气归元）
15. 无极化生（划弧右转体）
16. 来去自如（左揽雀尾）
17. 拨云见日（右弓步单鞭）
18. 来去自如（左揽雀尾）
19. 拨云见日（右弓步单鞭）
20. 来去自如（左揽雀尾）
21. 拨云见日（右弓步单鞭）
22. 来去自如（左揽雀尾）
23. 拨云见日（右弓步单鞭）
24. 来去自如（左揽雀尾）
25. 拨云见日（右弓步单鞭）
26. 莲花盛开（捧球上升）
27. 天人合一（太极还原）
28. 返回无极（一炁混元）

七、三十六式混元太极拳

1. 混沌无极（心静体松）
2. 太极出世（开合升降）
3. 无极化生（划弧转体）
4. 来去自如（右揽雀尾）
5. 来去自如（左揽雀尾）
6. 拨云见日（右弓步单鞭）
7. 金童观图（右开步云手）
8. 拨云见日（右弓步单鞭）
9. 雁落沙滩（右仆步下势）
10. 金鸡独立（左右独立）
11. 回头望月（左右倒卷肱）
12. 燕子斜飞（左弓步斜挪）
13. 提手上势（左虚步推掌）
14. 白鹤亮翅（右虚步亮掌）
15. 猿猴献果（右搂膝拗步）
16. 探腰望海（右虚步海底针）
17. 乘风破浪（右弓步闪通背）
18. 掩手肱拳（右弓步冲拳）
19. 青龙出水（缠丝撇身捶）
20. 千变万化（进步搬拦捶）
21. 来去自如（左揽雀尾）
22. 来去自如（右揽雀尾）

23. 拨云见日（左弓步单鞭）　　24. 金童观图（左开步云手）
25. 拨云见日（左弓步单鞭）　　26. 雁落沙滩（左仆步下势）
27. 上步七星（右虚步交叉拳）　28. 退步跨虎（左虚步推掌）
29. 转身摆莲（转身双摆脚）　　30. 拉弓射虎（马步开弓）
31. 飞针走线（右虚步抢手）　　32. 千变万化（进步搬拦捶）
33. 如封似闭（左弓步双推掌）　34. 莲花盛开（捧球上升）
35. 天人合一（太极还原）　　　36. 返回无极（一炁混元）

八、四十六式混元太极拳

1. 混沌无极（心静体松）　　　2. 太极出世（开合升降）
3. 无极化生（划弧转体）　　　4. 来去自如（右揽雀尾）
5. 来去自如（左揽雀尾）　　　6. 拨云见日（右弓步单鞭）
7. 金童观图（右开步云手）　　8. 拨云见日（右弓步单鞭）
9. 雁落沙滩（右仆步下势）　　10. 金鸡独立（左右独立）
11. 回头望月（左右倒卷肱）　　12. 燕子斜飞（右弓步斜掤）
13. 提手上势（右虚步推掌）　　14. 白鹤亮翅（左虚步亮掌）
15. 猿猴献果（左搂膝拗步）　　16. 探腰望海（左虚步海底针）
17. 乘风破浪（左弓步闪通背）　18. 掩手肱拳（左弓步冲拳）
19. 青龙出水（缠丝撇身捶）　　20. 千变万化（进步搬拦捶）
21. 铁脚破身（独立右蹬脚）　　22. 铁脚破身（转身左蹬脚）
23. 猿猴献果（左搂膝拗步）　　24. 猿猴献果（右搂膝拗步）
25. 来去自如（左揽雀尾）　　　26. 拨云见日（右弓步单鞭）
27. 野马分鬃（左右抢手）　　　28. 来去自如（右揽雀尾）
29. 拨云见日（左弓步单鞭）　　30. 金童观图（左开步云手）
31. 拨云见日（左弓步单鞭）　　32. 玉女穿梭（四方推掌）
33. 来去自如（左揽雀尾）　　　34. 来去自如（右揽雀尾）
35. 拨云见日（左弓步单鞭）　　36. 雁落沙滩（左仆步下势）
37. 上步七星（右虚步交叉拳）　38. 退步跨虎（左虚步推掌）
39. 转身摆莲（转身双摆脚）　　40. 拉弓射虎（马步开弓）
41. 飞针走线（右虚步抢手）　　42. 千变万化（进步搬拦捶）

43. 如封似闭（左弓步双推掌）　　44. 莲花盛开（捧球上升）

45. 天人合一（太极还原）　　　46. 返回无极（一炁混元）

九、六十四式混元太极拳

1. 混沌无极（心静体松）　　　2. 太极出世（开合升降）
3. 无极化生（划弧转体）　　　4. 来去自如（右揽雀尾）
5. 来去自如（左揽雀尾）　　　6. 拨云见日（右弓步单鞭）
7. 金童观图（右开步云手）　　8. 拨云见日（右弓步单鞭）
9. 雁落沙滩（右仆步下势）　　10. 金鸡独立（左右独立）
11. 回头望月（左右倒卷肱）　　12. 燕子斜飞（左弓步斜掤）
13. 提手上势（左虚步推掌）　　14. 白鹤亮翅（右虚步亮掌）
15. 猿猴献果（右搂膝拗步）　　16. 探腰望海（右虚步海底针）
17. 乘风破浪（右弓步闪通背）　18. 掩手肱拳（右弓步冲拳）
19. 青龙出水（缠丝撤身捶）　　20. 千变万化（进步搬拦捶）
21. 来去自如（左揽雀尾）　　　22. 来去自如（右揽雀尾）
23. 拨云见日（左弓步单鞭）　　24. 金童观图（左开步云手）
25. 拨云见日（左弓步单鞭）　　26. 提手上势（右虚步推掌）
27. 白鹤亮翅（左虚步亮掌）　　28. 猿猴献果（左搂膝拗步）
29. 探腰望海（左虚步海底针）　30. 乘风破浪（左弓步闪通背）
31. 掩手肱拳（左弓步冲拳）　　32. 青龙出水（缠丝撤身捶）
33. 千变万化（进步搬拦捶）　　34. 铁脚破身（独立右蹬脚）
35. 双峰贯耳（铁拳取穴）　　　36. 铁脚破身（转身左蹬脚）
37. 猿猴献果（左搂膝拗步）　　38. 猿猴献果（右搂膝拗步）
39. 来去自如（左揽雀尾）　　　40. 拨云见日（右弓步单鞭）
41. 野马分鬃（左右抢手）　　　42. 来去自如（右揽雀尾）
43. 拨云见日（左弓步单鞭）　　44. 玉女穿梭（四方推掌）
45. 来去自如（左揽雀尾）　　　46. 拨云见日（右弓步单鞭）
47. 神马探路（高探马右穿掌）　48. 猛虎下山（单摆脚指裆捶）
49. 来去自如（左揽雀尾）　　　50. 来去自如（右揽雀尾）
51. 拨云见日（左弓步单鞭）　　52. 金童观图（左开步云手）

53. 拨云见日（左弓步单鞭）　　54. 雁落沙滩（左仆步下势）
55. 上步七星（右虚步交叉拳）　56. 退步跨虎（左虚步推掌）
57. 转身摆莲（转身双摆脚）　　58. 拉弓射虎（马步开弓）
59. 飞针走线（右虚步抢手）　　60. 千变万化（进步搬拦捶）
61. 如封似闭（左弓步双推掌）　62. 莲花盛开（捧球上升）
63. 天人合一（太极还原）　　　64. 返回无极（一炁混元）

十、九十九式混元太极拳

1. 混沌无极（心静体松）　　　2. 太极出世（开合升降）
3. 无极化生（划弧转体）　　　4. 来去自如（右揽雀尾）
5. 拨云见日（左弓步单鞭）　　6. 提手上势（右虚步推掌）
7. 白鹤亮翅（左虚步亮掌）　　8. 猿猴献果（左搂膝拗步）
9. 手挥琵琶（左虚步挥掌）　　10. 猿猴献果（左搂膝拗步）
11. 猿猴献果（右搂膝拗步）　 12. 手挥琵琶（右虚步挥掌）
13. 提手上势（左虚步推掌）　 14. 白鹤亮翅（右虚步亮掌）
15. 猿猴献果（右搂膝拗步）　 16. 猿猴献果（左搂膝拗步）
17. 千变万化（进步搬拦捶）　 18. 如封似闭（左弓步双推掌）
19. 莲花盛开（捧球上升）　　 20. 抱虎归山（右开步护心拳）
21. 来去自如（右揽雀尾）　　 22. 肘底看捶（云手肘底捶）
23. 回头望月（左右倒卷肱）　 24. 燕子斜飞（右弓步斜掤）
25. 提手上势（右虚步推掌）　 26. 白鹤亮翅（左虚步亮掌）
27. 猿猴献果（左搂膝拗步）　 28. 探腰望海（左虚步海底针）
29. 乘风破浪（左弓步闪通背） 30. 掩手肱拳（左弓步冲拳）
31. 青龙出水（缠丝撇身捶）　 32. 千变万化（进步搬拦捶）
33. 来去自如（右揽雀尾）　　 34. 拨云见日（左弓步单鞭）
35. 金童观图（左开步云手）　 36. 拨云见日（左弓步单鞭）
37. 神马探路（高探马左穿掌） 38. 太公钓鱼（独立右拍脚）
39. 太公钓鱼（独立左拍脚）　 40. 左蹬一跟（独立左截脚）
41. 猿猴献果（左搂膝拗步）　 42. 猿猴献果（右搂膝拗步）
43. 武松打虎（进步栽捶）　　 44. 白蛇吐信（右穿掌冲心拳）

45. 千变万化（进步搬拦捶）　　46. 铁脚破身（独立右蹬脚）
47. 英雄迎敌（左弓步打虎式）　48. 英雄迎敌（右弓步打虎式）
49. 右蹬一跟（独立右截脚）　　50. 双峰贯耳（铁拳取穴）
51. 铁脚破身（独立左蹬脚）　　52. 铁脚破身（转身右蹬脚）
53. 千变万化（进步搬拦捶）　　54. 如封似闭（左弓步双推掌）
55. 莲花盛开（捧球上升）　　　56. 抱虎归山（左开步护心拳）
57. 来去自如（左揽雀尾）　　　58. 拨云见日（右弓步单鞭）
59. 野马分鬃（左右抢手）　　　60. 来去自如（左揽雀尾）
61. 拨云见日（右弓步单鞭）　　62. 金童观图（右开步云手）
63. 拨云见日（右弓步单鞭）　　64. 雁落沙滩（右仆步下势）
65. 金鸡独立（左右独立）　　　66. 回头望月（左右倒卷肱）
67. 燕子斜飞（左弓步斜掤）　　68. 提手上势（左虚步推掌）
69. 白鹤亮翅（右虚步亮掌）　　70. 猿猴献果（右搂膝拗步）
71. 探腰望海（右虚步海底针）　72. 乘风破浪（右弓步闪通背）
73. 掩手肱拳（右弓步冲拳）　　74. 白蛇吐信（左穿掌冲心拳）
75. 千变万化（进步搬拦捶）　　76. 来去自如（左揽雀尾）
77. 来去自如（右揽雀尾）　　　78. 拨云见日（左弓步单鞭）
79. 金童观图（左开步云手）　　80. 拨云见日（左弓步单鞭）
81. 玉女穿梭（四方推掌）　　　82. 来去自如（左揽雀尾）
83. 拨云见日（右弓步单鞭）　　84. 神马探路（高探马右穿掌）
85. 猛虎下山（单摆脚指裆捶）　86. 来去自如（左揽雀尾）
87. 来去自如（右揽雀尾）　　　88. 拨云见日（左弓步单鞭）
89. 雁落沙滩（左仆步下势）　　90. 上步七星（右虚步交叉拳）
91. 退步跨虎（左虚步推掌）　　92. 转身摆莲（转身双摆脚）
93. 拉弓射虎（马步开弓）　　　94. 飞针走线（右虚步抢手）
95. 千变万化（进步搬拦捶）　　96. 如封似闭（左弓步双推掌）
97. 莲花盛开（捧球上升）　　　98. 天人合一（太极还原）
99. 返回无极（一炁混元）

十一、一百二十八式混元太极拳

1. 混沌无极 （心静体松）
2. 太极出世 （开合升降）
3. 无极化生 （划弧转体）
4. 来去自如 （右揽雀尾）
5. 拨云见日 （左弓步单鞭）
6. 金童观图 （左开步云手）
7. 拨云见日 （左弓步单鞭）
8. 雁落沙滩 （左仆步下势）
9. 金鸡独立 （左右独立）
10. 回头望月 （左右倒卷肱）
11. 燕子斜飞 （右弓步斜掤）
12. 提手上势 （右虚步推掌）
13. 白鹤亮翅 （左虚步亮掌）
14. 猿猴献果 （左搂膝拗步）
15. 手挥琵琶 （左虚步挥掌）
16. 猿猴献果 （左搂膝拗步）
17. 猿猴献果 （右搂膝拗步）
18. 手挥琵琶 （右虚步挥掌）
19. 燕子斜飞 （左弓步斜掤）
20. 提手上势 （左虚步推掌）
21. 白鹤亮翅 （右虚步亮掌）
22. 猿猴献果 （右搂膝拗步）
23. 探腰望海 （右虚步海底针）
24. 乘风破浪 （右弓步闪通背）
25. 掩手肱拳 （右弓步冲拳）
26. 青龙出水 （缠丝撤身捶）
27. 千变万化 （进步搬拦捶）
28. 来去自如 （左揽雀尾）
29. 拨云见日 （右弓步单鞭）
30. 野马分鬃 （左右抢手）
31. 来去自如 （右揽雀尾）
32. 拨云见日 （左弓步单鞭）
33. 玉女穿梭 （四方推掌）
34. 来去自如 （左揽雀尾）
35. 拨云见日 （右弓步单鞭）
36. 金童观图 （右开步云手）
37. 拨云见日 （右弓步单鞭）
38. 神马探路 （高探马右穿掌）
39. 铁脚破身 （独立左蹬脚）
40. 铁脚破身 （转身右蹬脚）
41. 千变万化 （进步搬拦捶）
42. 如封似闭 （左弓步双推掌）
43. 莲花盛开 （捧球上升）
44. 抱虎归山 （右开步护心拳）
45. 来去自如 （右揽雀尾）
46. 肘底看捶 （云手肘底捶）
47. 回头望月 （左右倒卷肱）
48. 燕子斜飞 （右弓步斜掤）
59. 提手上势 （右虚步推掌）
50. 白鹤亮翅 （左虚步亮掌）
51. 猿猴献果 （左搂膝拗步）
52. 探腰望海 （左虚步海底针）
53. 乘风破浪 （左弓步闪通背）
54. 掩手肱拳 （左弓步冲拳）
55. 青龙出水 （缠丝撤身捶）
56. 千变万化 （进步搬拦捶）

299

57. 来去自如（右揽雀尾）	58. 拨云见日（左弓步单鞭）
59. 金童观图（左开步云手）	60. 拨云见日（左弓步单鞭）
61. 神马探路（高探马左穿掌）	62. 太公钓鱼（独立右拍脚）
63. 太公钓鱼（独立左拍脚）	64. 飞龙升天（腾空二起脚）
65. 左蹬一跟（独立左截脚）	66. 猿猴献果（左搂膝拗步）
67. 猿猴献果（右搂膝拗步）	68. 武松打虎（进步栽捶）
69. 白蛇吐信（右穿掌冲心拳）	70. 千变万化（进步搬拦捶）
71. 铁脚破身（独立右蹬脚）	72. 英雄迎敌（左弓步打虎式）
73. 英雄迎敌（右弓步打虎式）	74. 右蹬一跟（独立右截脚）
75. 双峰贯耳（铁拳取穴）	76. 铁脚破身（独立左蹬脚）
77. 铁脚破身（转身右蹬脚）	78. 千变万化（进步搬拦捶）
79. 如封似闭（左弓步双推掌）	80. 莲花盛开（捧球上升）
81. 抱虎归山（左开步护心拳）	82. 来去自如（左揽雀尾）
83. 拨云见日（右弓步单鞭）	84. 野马分鬃（左右抢手）
85. 来去自如（左揽雀尾）	86. 拨云见日（右弓步单鞭）
87. 金童观图（右开步云手）	88. 拨云见日（右弓步单鞭）
89. 雁落沙滩（右仆步下势）	90. 金鸡独立（左右独立）
91. 回头望月（左右倒卷肱）	92. 燕子斜飞（左弓步斜掤）
93. 提手上势（左虚步推掌）	94. 白鹤亮翅（右虚步亮掌）
95. 猿猴献果（右搂膝拗步）	96. 探腰望海（右虚步海底针）
97. 乘风破浪（右弓步闪通背）	98. 掩手肱拳（右弓步冲拳）
99. 白蛇吐信（左穿掌冲心拳）	100. 千变万化（进步搬拦捶）
101. 来去自如（左揽雀尾）	102. 来去自如（右揽雀尾）
103. 拨云见日（左弓步单鞭）	104. 金童观图（左开步云手）
105. 拨云见日（左弓步单鞭）	106. 玉女穿梭（四方推掌）
107. 来去自如（左揽雀尾）	108. 拨云见日（右弓步单鞭）
109. 神马探路（高探马右穿掌）	110. 猛虎下山（单摆脚指裆捶）
111. 来去自如（左揽雀尾）	112. 来去自如（右揽雀尾）
113. 拨云见日（左弓步单鞭）	114. 神马探路（高探马左穿掌）
115. 猛虎下山（单摆脚指裆捶）	116. 来去自如（右揽雀尾）
117. 拨云见日（左弓步单鞭）	118. 雁落沙滩（左仆步下势）

119. 上步七星（虚步交叉拳）　120. 退步跨虎（左虚步推掌）
121. 转身摆莲（转身双摆脚）　122. 拉弓射虎（马步开弓）
123. 飞针走线（右虚步抢手）　124. 千变万化（进步搬拦捶）
125. 如封似闭（左弓步双推掌）　126. 莲花盛开（捧球上升）
127. 天人合一（太极还原）　128. 返回无极（一炁混元）

十二、混元太极拳拳法基本功

1. 混沌无极（心静体松）　2. 抻筋拔骨（六合拔筋）
3. 松筋松骨（起落松动）　4. 炼炁入骨（组合压腿）
5. 太极还原（转腰抖动）　6. 返回无极（一炁混元）

十三、混元太极拳桩法基本功

1. 拔筋（上拔筋、左拔筋、右拔筋、后拔筋、前拔筋、下拔筋）
2. 压腿（正压腿、侧压腿、弓步压腿、仆步压腿、竖叉、横叉）
3. 踢腿（正踢腿、十字腿、外摆腿、里合腿、侧踢腿、双摆脚）
4. 桩功（马步桩、并步桩、三体桩、无极混元桩、童子拜佛桩）
5. 走功（太极步、摆扣步、开步运手、八卦转圈、趟泥直行步）
6. 转功（转尾闾、转骨盆、转腰椎、转胸椎、转颈椎、转丹田、转关节、转筋骨、转窍穴、转混元）

十四、混元太极揉手基本功

1. 平圆单缠丝（平圆单揉手）　2. 平圆双缠丝（平圆双揉手）
3. 立圆单缠丝（立圆单揉手）　4. 立圆双缠丝（立圆双揉手）
5. 折叠单缠丝（折叠单揉手）　6. 折叠双缠丝（折叠双揉手）
7. 混元四正法（双揉四正法）　8. 混元换手法（双揉换手法）
9. 混元变化法（双揉变化法）　10. 运用四劲法（明暗听化法）

后　记

　　人们对事物的正确认知，往往需要经过由实践到认识，再由认识到实践，多次反复才能够完成，需要不断地总结经验，才能有所发现，有所发明，有所创造，有所前进。中国传统文化经过了五千年的磨砺和积淀，在对宇宙和生命运动的认知上有着不同于西方科学的独特见解。混元太极理论沿袭了传统太极文化的精髓，认为万事万物最基本的组成是原始混元气，它是一种无形无象的能量、信息、物质，宇宙间各种自然运动（包括生命运动），都是在原始混元气的基础上运行的，它们之间有着统一的运化规律和密不可分的相互联系。

　　今天，在迎接生命科学新世纪的曙光中，我们更要高度重视对传统文化遗产的挖掘和整理。混元太极是在继承"传统太极""道家混元派内丹术""少林易筋、洗髓内功"的基础上，经深入挖掘，反复实践，锐意创新的一门新学科。它把传统文化和现代文化有机地结合在一起，在此基础上研究人体生命科学奥秘，指导人们通过科学的锻炼获得身心健康。

　　混元太极阐述了人与自然是一个整体，人与万物同源于初始混元气，这个层次的混元气是最根本的混元气。并指出习练混元太极的过程就是人与自然混化的过程，也是从人天混融到天人合一的整体过程。混元太极从功法到套路，动作千变万化，层次井然。每个动作有起有落，起是动的开始，落是暂时的静。外形静时内气欲动，内气静时外形欲发。形断气不断，气断意不断，意断神相连，达到形无形，意无意，无意之中有真意，此境界是混元太极之上乘功夫。

　　混元太极拳有9个主要套路。"八式"和"十二式"虽然不是主要套路，但是它是混元太极拳的基础，后面的主要套路都是在它的基础上演化而成的。"来去自如"转"拨云见日"（动作名称：揽雀尾转单鞭）不仅能单独循环习练，而且是整体套路来回衔接的重要式子。所以说"来去自如"和"拨云见日"是混元太极拳的精髓之一。"十六式"和"二十八式"

混元太极拳是以初学者和身体虚弱者习练为主的，它既能健身养生又能治疗慢性疾病，并且不需要太大的空间场地，一人习练仅需三四平方米的空间，老弱者亦可在室内习练；"三十六式"混元太极拳就需要有一定的范围场地才能习练。前面5套拳动作简单，舒展大方，男女老少皆宜，适合全民健身；"四十六式"和"六十四式"混元太极拳都是比赛套路；"九十九式"、"一百二十八式"混元太极拳以及揉手（推手）是为有功底的人向高层次武功习练做准备的。

"混元太极"自编创以来，先后在俄罗斯、新西兰、德国、加拿大、意大利、比利时等国家，以及中国香港、台湾地区和北京、上海、天津、重庆、湖南、河南、浙江、黑龙江、吉林、辽宁、山东、江苏、安徽等省市进行了小范围的教学，深受太极拳和健身爱好者的喜爱。特别是《混元太极拳入门》《混元太极拳健身养生学》出版发行后，越来越多的人感到"混元太极"功法（拳法）和系统理论是当代健身养生的好方法，应该进一步推广，让更多人受益。在混元太极发展的进程中，还需要广大习练者的大力支持，向我们多提宝贵的建议。欢迎广大朋友登陆我们的网站 http://www.hytj.org，http://www.hunyuantaiji.com；或手机发送"混元太极健身"到12114；或访问我们的博客：http://blog.sina.com.cn/u/1813048802，与我们共同学习、探讨，共同研练、进步，共同分享和谐、长寿之道。

"上健身养生车，修混元太极课，探生命科学路，享百岁健康福"。在争取人类生命自由解放的道路上，我们今时的努力就是未来的希望。今后还将陆续编写出版"延龙入道内经系列"书籍：《混元太极拳功法学》《九十九式混元太极拳》《混元太极拳道学》《混元太极人体生理探秘》《混元太极内功循经心法》《混元太极拳自然疗法》等。愿为人民造福，为健身、养生事业做出新的贡献。

释延龙
2013年春于
青岛崂山

图书在版编目(CIP)数据

混元太极拳拳学 / 释延龙著. -北京：人民体育出版社，
2015（2015.5.重印）
（延龙入道内经系列丛书）
ISBN 978-7-5009-4671-7

Ⅰ.①混… Ⅱ.①释… Ⅲ.①太极拳-基本知识
Ⅳ.①G852.11

中国版本图书馆 CIP 数据核字（2014）第 124494 号

*

人民体育出版社出版发行
三河兴达印务有限公司印刷
新 华 书 店 经 销

*

787×960 16开本 19.75 印张 308 千字
2015 年 1 月第 1 版 2015 年 5 月第 2 次印刷
印数：5,001—8,000 册

*

ISBN 978-7-5009-4671-7
定价：46.00 元

社址：北京市东城区体育馆路 8 号 （天坛公园东门）
电话：67151482（发行部） 邮编：100061
传真：67151483 邮购：67118491
网址：www.sportspublish.com
（购买本社图书，如遇有缺损页可与邮购部联系）